Cristina Allemann-Ghionda
Wolf-Dietrich Bukow (Hrsg.)

Orte der Diversität

Interkulturelle Studien

Herausgegeben von
Georg Auernheimer
Wolf-Dietrich Bukow
Christoph Butterwegge
Hans-Joachim Roth
Erol Yildiz

Cristina Allemann-Ghionda
Wolf-Dietrich Bukow (Hrsg.)

Orte der Diversität

Formate, Arrangements
und Inszenierungen

VS VERLAG

Bibliografische Information der Deutschen Nationalbibliothek
Die Deutsche Nationalbibliothek verzeichnet diese Publikation in der
Deutschen Nationalbibliografie; detaillierte bibliografische Daten sind im Internet über
<http://dnb.d-nb.de> abrufbar.

1. Auflage 2011

Lektorat: Frank Engelhardt

VS Verlag für Sozialwissenschaften ist eine Marke von Springer Fachmedien.
Springer Fachmedien ist Teil der Fachverlagsgruppe Springer Science+Business Media.
www.vs-verlag.de

Umschlaggestaltung: KünkelLopka Medienentwicklung, Heidelberg
Gedruckt auf säurefreiem und chlorfrei gebleichtem Papier
Printed in Germany

ISBN 978-3-531-17499-0

Inhalt

III Institutionelle Inszenierung von Diversität

Einleitung

Cristina Allemann-Ghionda / Wolf-Dietrich Bukow

Seit den 1960er Jahren hat sich einerseits unter sozialwissenschaftlich informierten Experten – und hier angestoßen durch die qualitativ-konstruktive Rückbesinnung innerhalb der Humanwissenschaften – sowie andererseits innerhalb zivilgesellschaftlicher Bewegungen – und hier angestoßen durch verschiedene Emanzipationsbewegungen innerhalb der fortgeschrittenen Industriegesellschaften – eine neue, nicht an traditionellen Normen und Werten orientierte Sichtweise über *gender*, Ethnizität und Körperlichkeit angebahnt. Sie hat seither unter dem Begriff *diversity* immer breitere Kreise gezogen. Die Debatte erwies sich mit der Zeit als äußerst komplex. Die jeweiligen Diskursstränge wurden weitgehend unabhängig voneinander und fast vollkommen isoliert geführt. Nicht zuletzt deshalb zog sich der Prozess über einen langen Zeitraum hin. Diese getrennte Betrachtungsweise betraf nicht nur die einschlägigen wissenschaftlichen Diskurse und die zivilgesellschaftlichen Debatten, sondern auch die Diskursfelder der einzelnen thematischen Segmente: hier die feministische und *gender*-Debatte, dort die interkulturelle, die anti-rassistische und die Ethnizitätsbewegung bzw. die dazu gehörenden Diskurse, wieder anderswo das Thema der institutionellen Behandlung von Alter und von Behinderung, später – wiederum – ganz anderswo lokalisiert – die Frage der sexuellen Orientierung bzw. Identität. Wenn sich Diskurse berührten und in einen Austausch traten, dann war es eher ein Austausch zwischen Wissenschaft und Zivilgesellschaft im Blick auf jeweils ein spezifisches Themensegment. Theorie und Praxis kamen noch eher segmentspezifisch zusammen, als dass innerhalb der Theorie oder innerhalb der Praxis verwandte Fragestellungen gemeinsam aufgenommen wurden. Erste Ansätze einer weniger fragmentierten Betrachtung (namentlich in den Kombinationen „Rasse und Klasse"; „Ethnizität und *gender*" usw.) gab es schon in den 1960er Jahren in der nordamerikanischen Schwarzenbewegung. Aber erst seit den 1990er Jahren zeichnet sich ein ausgeprägter Austausch zwischen parallelen Diskursen ab ausgehend von der Idee, dass Minderheiten, die nach verschiedenen Merkmalen und Kriterien definiert werden, den gleichen Mechanismen der Distinktion und oft auch der Diskriminierung unterliegen. Somit lautet nach dieser integrierten Sichtweise die wissenschaftliche und politische Grundfrage schließlich: „Anerkennung von Differenzen im Rahmen einer gesellschaftlichen Diversität".

Genau besehen, kamen die Anstöße zu einer über Themensegmente hinaus gehende Verknüpfung der kritischen Diskurse in den letzten Jahren nicht ganz zufällig zunächst einmal von der Seite, die einst schon eine hohe Sensibilität dafür gezeigt hatte. Es ist heute wieder die Minderheitenthematik, die dazu den Anstoß gegeben hat. In der Minderheitenforschung ist man auf parallel laufende Trends gestoßen, hier vor allem innerhalb der Geschlechter- und der Ethnizitätsproblematik ("doppelte Diskriminierung"). Dort wurde registriert, dass es sich bei den vorgefundenen Differenzdefinitionen um eine diskriminierend gemeinte Reformulierung von Differenzlinien des Alltags handelt, um Differenzlinien, die bis heute weniger einer bloßen binären Strukturierung als vielmehr der Einschreibung von Macht dienen. Wenig später ist man umgekehrt auch von der feministischen Thematik her auf analoge Parallelen gestoßen. Nur ist es hier insofern anders, als hier bemerkt wurde, dass die Machtlinien nicht parallel sondern gegenläufig verlaufen. Hier ist es keine doppelte Diskriminierung, sondern eine weitergereichte Diskriminierung, wie die "Weißen-Forschung" belegt.

Weniger zu erwarten war aber, dass auch von einer ganz anderen Seite Anstöße gekommen sind. Die Emanzipationsbewegungen des letzten Jahrhunderts haben nämlich, was die *gender*-Thematik betrifft, schon früh in der politischen Öffentlichkeit einen Prozess der Umorientierung ausgelöst. Die Politik hat sich der Thematik angenommen und allmählich in ihrem eigenen institutionellen Bereich und dann auch in dem ihr zugänglichen betrieblichen Rahmen die Geschlechterthematik auf die Tagesordnung gesetzt und damit in diversen Organisationen über die Schiene *gender mainstreaming* deutliche Reaktionen ausgelöst. Anders als oben, wo man zwei Themensegmente (*gender* und Ethnizität) miteinander zu verknüpfen trachtete, wurde hier zunächst einmal Praxis und Theorie, aber eben nur im Blick auf ein Segment, die Geschlechterthematik, zu verbinden versucht.

Heute sind wir an einem Punkt, an dem die Gesamtthematik der Diversität in all ihren Facetten und ihrer Vielschichtigkeit sowohl praktisch als auch theoretisch auf einen gemeinsamen Diskurs zielt. Auf den ersten Blick erscheint dies weder theoretisch noch praktisch problematisch. Theoretisch ist es, bedient man sich eines konstruktivistischen Rahmens, durchaus realistisch, weil die verschiedenen Themen innerhalb dieses Rahmens gut verhandelbar und auch differenzierbar sind. Und praktisch, sollte man meinen, geht es um die Überwindung machtimprägnierter Differenzlinien, was ja in einer fortgeschrittenen Moderne ein gemeinsames Anliegen sein sollte. Genauer besehen ist dies aber nicht so einfach, wie schon das lange Nebeneinander der Diskurse und Bewegungen erahnen lässt:

a. Das gilt ganz offenkundig in praktischer Hinsicht: Praktisch ist dies in jedem Fall brisant, weil die Analysen, die in dem jeweiligen Segment gemacht wurden und werden, für die andere Sparten zu einer Herausforderung werden können. Und was theoretisch plausibel sein mag, dass sowohl *gender* als auch Ethnizität als auch Körper (genauer: deren Wahrnehmung, deren semantische Objektivierung und deren Behandlung in Institutionen) gesellschaftliche Konstruktionen sind, ist zivilgesellschaftlich brisant. Es ist unschwer zu erkennen, dass es so wenig ein "natürliches" soziales Geschlecht (*gender*) wie eine "angeborene" Ethnizität oder einen "normalen" Körper gibt, sondern dass das, was darunter gefasst wird, immer wieder und von Situation zu Situation auszuhandeln ist bzw. als ausgehandelte und machtimprägnierte Konstruktion zur Verfügung gestellt und erwartet wird. In der Alltagspraxis ist also mit einer mehr oder minder entwickelten Anerkennung von Diversität zu rechnen, einer mehr oder weniger und oft nur sektoriell praktizierten Anerkennung von Differenzen und ihrer Konstruiertheit. Es zeichnet sich nämlich heute in Industriebetrieben, in Behörden und in kommunalen Einrichtungen ab, dass es an konturierten Vorstellungen darüber fehlt, was nun eigentlich die konkreten Herausforderungen von Diversität sind. So besteht die Gefahr, dass die aus praktischer Vernunft heraus entstandenen Ansätze eines neuen Umgangs mit Diversität mangels theoretischer Schärfe alsbald wieder versanden oder zu einer reinen Floskel mit Marketingeffekt verblassen. Wenn schon die menschliche Interaktion im Alltag ganz unterschiedliche Akzentuierungen der Differenz zum Ausdruck bringt, also das Bewusstsein für Diversität je nach Sparte ganz unterschiedlich entwickelt ist, dann dürfte innerhalb von Institutionen, die ja, wie das ihnen Max Weber schon vor gut hundert Jahren attestiert hat, sehr träge sind, noch viel evidenter sein. Es erstaunt kaum, wenn gerade Betriebe hier auf ein reduziertes Verständnis von Diversität im Sinne des *gender mainstreaming* drängen und dieses *diversity mainstreaming* nennen, also die Förderung von Frauen mit der Inklusion von Diversität gleichsetzen. Ist dies schlicht der praktischen Vernunft einer ökonomisch denkenden Institution geschuldet, oder ist dies eher affirmativ gemeint, weil es sich in das politische Klima einfügt und ökonomisch vorteilhaft erscheint? Oder ist es einfach so, dass hier Diversität nicht als Handlungsformat, sondern als Produktionsfaktor in Rechnung gestellt wird? Zu erwähnen ist in diesem Zusammenhang, dass eine transnationale Organisation wie die Europäische Kommission hier aktiv ist und in einer ersten Phase Antidiskriminierungsrichtlinien formuliert hat, die alle Segmente und Differenzlinien ansprechen und deren diskriminierende Behandlung anprangern bzw. die Mitgliedstaaten dazu animieren, Diskriminierungen gesetzlich entgegenzuwirken. In der EU geht der Trend jedoch dahin, von gesonderten Richtlinien zu allen möglichen Diskriminierungen wie Rassismus, Sexismus, Homophobie, Ausgrenzung von Behinderten u. v. a. m., zu einer integrativen Diversitätspolitik vorzustoßen. Ähnliche Tendenzen sind in der Diversitätspolitik besonders aufgeschlossener Kommunen – vor allem Großstädte – auszumachen.

b. Eine umfassende Betrachtung von Diversität ist aber auch theoretisch zumal aus sozialwissenschaftlicher Sicht brisant, weil diese Konstruktionen aufgrund ihrer jeweils speziellen Einbettung ungleichzeitig entwickelt und unterschiedlich mit Macht assoziiert werden mögen, sie also fast zwangsläufig interferieren und durchaus auch gegeneinander ausgespielt werden können. Eine kritische Einstellung gegenüber der Geschlechterthematik impliziert noch lange nicht, dass derjenige auch antirassistisch eingestellt ist und umgekehrt. Analog gilt das für mögliche Konsequenzen gegenüber der Körperthematik.

Vor dem Hintergrund des aktuellen Forschungsstandes kommt es darauf an, den Diskurs, der bislang immer noch eher Sparten- und Theorie- bzw. praxisspezifisch geführt wurde, stärker als bislang zu verknüpfen, den interdisziplinären Austausch zu organisieren und bereits miteinander verknüpfte Diskursansätze in den Mittelpunkt zu rücken.

Diese Textsammlung geht aus einem Symposium hervor, das unter dem Namen „Orte der Diversität: Gesellschaftliche Formate, institutionelle Arrangements, virtuelle Inszenierungen" am 23.-24. Oktober 2009 vom *Center for Diversity Studies (cedis)* der Humanwissenschaftlichen Fakultät der Universität zu Köln im Schloss Wahn (bei Köln) veranstaltet wurde. Die Ziele der Zusammenkunft, an welcher rund vierzig Personen – Wissenschaftler/innen, Studierende und weitere Interessierte – teilgenommen haben, wurden so beschrieben:

- Es sollte der Versuch einer interdisziplinären und international vergleichenden Klärung des Begriffs Diversität bzw. *diversity* unternommen werden, der seit einigen Jahren von zahlreichen Institutionen und von den Medien geradezu inflationär und vermutlich nicht immer reflektiert gebraucht wird, wird doch so viel Verschiedenes und manchmal Diffuses darunter verstanden.

- Auf der Grundlage von Präsentationen und Diskussionen von bzw. über Ergebnisse empirischer Untersuchungen sollten über das tagtägliche Erleben von Diversität im urbanen und institutionellen Kontext, in Unternehmen sowie in den Medien, Erfahrungen und Wissen zusammengetragen werden. Es ging also um das Einkreisen von Orten der Diversität im Blick auf die hier genannten Segmente, um die dabei genutzten gesellschaftlichen Formate und daher auch um darauf abhebende institutionelle Arrangements und virtuelle Inszenierungen innerhalb der Medien, der Bildung und der Öffentlichkeit im Allgemeinen.

■ Durch eine Mischung von wissenschaftlichen Präsentationen und Beispielen aus der Praxis sollte der Dialog zwischen Wissenschaft und verschiedenen Praxisfeldern angeregt werden.

Das Ziel dieser Unternehmung war deshalb zunächst einmal ganz strategisch gemeint: Austausch von Überlegungen und Auslösen von Synergieeffekten. Damit sollte die Basis geschaffen werden, um die Entwicklungen, wie sie sich in Betrieben und in Institutionen abzeichnen, theoretisch genauer reflektieren und einschätzen zu können. Dazu sollte eine Übersicht über die historische und aktuelle Entwicklung des Begriffs Diversität den theoretischen Hintergrund bilden.

Was jetzt vorliegt, spiegelt zu einem guten Teil die Debatte des Symposiums wider, geht aber einen Schritt weiter und reagiert auch auf die Diskussionsergebnisse. Darüber hinaus haben sich die Autoren darum bemüht, die Anknüpfungspunkte zur jeweils einschlägigen wissenschaftlichen Diskussion noch deutlicher heraus zu arbeiten. Wer die Beiträge studiert, wird auch bemerken, das mitunter nur sehr vorsichtig, ja provisorisch argumentiert wird. Dies ist vor allem der Tatsache geschuldet, dass die Komplexität der Diversitätsthematik angesichts der Heterogenität vorliegender Detaildebatten etwa seitens der Wirtschaftswissenschaften oder seitens der Geschlechterforschung abschließende Formulierungen schlicht verhindert.

Die hier versammelten Beiträge knüpfen deshalb sehr akzentuiert an die hier skizzierte Entwicklung und Erweiterung des Begriffs Diversität in den einschlägigen Wissenschaften und in den zivilgesellschaftlichen Diskursen an. Wissenschaftler aus verschiedenen Disziplinen sind vertreten. Der Blick reicht über Deutschland und Westeuropa hinaus, zum einen, indem die in der Forschung über Diversität bisher verhältnismäßig wenig beachtete transnationale Migration von Ost- nach Westeuropa beleuchtet wird, zum anderen, indem das urbane Zusammenleben in einem Stadtteil New Yorks und dessen Visualisierung (was zugleich Bewusstmachung und fotografische Darstellung meint) Thema ist. Die Verquickung von Ethnizität, Nationalität, *gender* und soziokultureller Herkunft kommt in mehreren Beiträgen zur Geltung Die Inszenierung von Diversität in der Welt der Bildmedien (insbesondere in der bildenden Kunst und im Film), in der Politik und Praxis der Unternehmen, in Fremdsprachenunterricht der Institution Schule und schließlich in einer Institution wie dem Gesundheitswesen (einschließlich der Ausbildung von zukünftigen Ärzten) runden das Bild ab.

Das Buch richtet sich an Wissenschaftler, die aus verschiedenen Disziplinen heraus (Soziologie, Ethnologie, Psychologie, Erziehungswissenschaft, Politikwissenschaft, Philosophie, u. a.) zu diesem Themenkomplex forschen. Handlungstheoretische und praxisorientierte Anregungen sind ebenfalls für Experten von Nutzen, die als Berater, Multiplikatoren, Dozenten und Trainer in Verwaltungen, Behörden, Bildungseinrichtungen, sozialen Diensten, in Unternehmen sowie in den Medien Programme zur reflektierten Berücksichtigung von Diversität entwerfen oder darin praktisch tätig sind. Die Einsichten, die die im Sammelband enthaltenen Beiträge anbieten, scheinen uns, den Herausgebern, umso aktueller, als die Diskussion in der Öffentlichkeit von kontroversen Ansichten über den Stellenwert der Diversität gekennzeichnet und gezeichnet ist. Einige Differenzmerkmale oder – Linien sind dabei virulenter als andere. Die so genannte Integrationsdebatte – ein Dauerbrenner in der deutschen Gesellschaft und in anderen Einwanderungsländern – wird zur Zeit durch aggressive Thesen, die von vielen nicht mehr für möglich gehalten wurden, angefacht. Gleichzeitig stellt sich die europäische Diversitätspolitik im Internet so dar, als wäre die Anerkennung der Vielfalt (der soziokulturellen Hintergründe, der Mehrsprachigkeit, der sexuellen Identitäten, der Religionen, usw.) nunmehr für die Mehrheit der Bevölkerung eine Selbstverständlichkeit und ein kostbares Gut, das um jeden Preis zu verteidigen sei. In Wirklichkeit liegen hinsichtlich der Wahrnehmung und Behandlung von Diversität in der Gesellschaft wie in der Politik mehr als heftig kontrastierende Auffassungen vor. Die in den wissenschaftlichen Diskursen vorherrschende Position, dass Diversität ein „normales" Phänomen ist, das es ebenso wenig nach irgend welchen erfundenen Standards zu verurteilen (oder gar zu bekämpfen) als naiv zu verherrlichen gelte, ist der rote Faden, der diese Textsammlung zusammenhält.

Abschließend sei allen gedankt, die an der Entstehung dieses Bandes mitgewirkt haben. Ganz besonders sei dem Rektorat der Universität zu Köln gedankt, das durch eine Zuwendung die Produktion dieses Buches ermöglicht hat. Isabella Dauth danken wir sehr herzlich für ihre Mitarbeit als Editionsassistentin.

Köln, im November 2010   Cristina Allemann-Ghionda
                                          und Wolf-Dietrich Bukow

I

Orte und Formate der Diversität

Orte und Worte der Diversität – gestern und heute

Cristina Allemann-Ghionda

"We are deeply diverse in our internal characteristics (such as age, gender, general abilities, particular talents, proneness to illnesses, and so on) as well as in external circumstances (such as ownership of assets, social backgrounds, environmental predicaments, and so on). It is precisely because of such diversity that the insistence on egalitarianism in one field requires the rejection of egalitarianism in another." (Sen 1995, S. xii)

"Diversity in society is one of the spices of life, as well as providing competitive advantages in international diplomacy and trade. Perhaps most important is that from a social systems perspective, cultural diversity enhances society's adaptability: Alternatives are present in the social system from which to draw when attempting to meet changing circumstances, due to changes in a society's ecological, or political context, whether arriving from within or outside a society." (Segall u.a. 1999, S. 323)

1. Anmerkungen zur historischen Entwicklung der Idee „Inklusion von Diversität" und der sozialwissenschaftlichen Reflexion darüber

In diesem Beitrag wird der Versuch unternommen, den Begriff "Diversität" zu verorten. Die verhältnismäßig junge, nicht hierarchisierende Sicht der menschlichen Diversität ist in der Philosophie und in den Sozialwissenschaften wie in der Programmatik vieler Institutionen der vorherrschende, angesagte Diskurs. Wie gesellschaftliche Institutionen idealerweise mit Diversität interagieren sollten, ist gegenwärtig Richtlinien, Internetauftritten sowie Einladungen zu Tagungen und Debatten der supranationalen und insbesondere der europäischen Institutionen zu entnehmen. Heute – ebenso wie gestern – ist die positive Einstellung zu Diversität keineswegs eine auf gesellschaftlichem Konsens beruhende, universell geteilte Position; Gegenbewegungen in Gesellschaft und Politik sind nicht zu übersehen. Der Unterschied zwischen gestern und heute ist, dass Gesetze und vorherrschende wissenschaftliche Diskurse eindeutig die Diversität "zelebrieren" und schützen.

Die vorangestellten Zitate fassen exemplarisch zusammen, wie der Begriff „Diversität" bzw. *diversity* im gegenwärtig vorherrschenden wissenschaftlichen Diskurs verstanden wird – zumindest in dem Diskurs, der Diversität als normales, nicht abzulehnendes Phänomen auffasst, beschreibt und analysiert. Der erste Autor, Amartya Sen, ist Philosoph und Nobelpreisträger für Ökonomie. Die vier Autoren des zweiten Zitates, Marshall H. Segall, Pierre R. Dasen, John W. Berry und Ype H. Poortinga, die aus der Anthropologie und der Psychologie kommen, erforschen empirisch das Phänomen der menschlichen Verhaltensweisen in ihren „ökokulturellen Zusammenhängen" (Segall u.a. 1999, S. 57). Im hier wiedergegebenen Zitat gehen sie weiter in Richtung Normativität und betonen – auf ihre international vergleichenden empirischen Untersuchungen zurückgreifend – die Vorteile der menschlichen Diversität für Diplomatie und Handel, aber auch – noch allgemeiner – für die soziale Adaptabilität. Gemeint ist konkret: Wer sich dessen bewusst ist und im Idealfall in der eigenen Biographie erfahren und durch eigenes Erleben verarbeitet hat, dass es viele unterschiedliche, sozial und geographisch verortete Werte- und Normensysteme gibt, die sich zudem konstant wandeln und teilweise einander beeinflussen und verändern, wird eher in der Lage sein, so die Position von Segall u.a., sich auf neue Anforderungen einzustellen als jemand, der in seinem eigenen, ererbten ökokulturellen Zusammenhang gefangen geblieben ist.

Die von beiden Zitaten suggerierte wohlwollende Selbstverständlichkeit bei der Betrachtung von Diversität als Normalität hat sich parallel in den Wissenschaften (insbesondere in den Sozialwissenschaften, mit der sozialkonstruktivistischen, der linguistischen und der qualitativen Wende einhergehend), in den internationalen Organisationen und in Bürgerbewegungen (insbesondere sei hier an das *Civil Rights Movement* der 1960er und 1970er Jahre in den Vereinigten Staaten erinnert) herausgebildet. Historisch gewachsene Hierarchien und wertende Gegenüberstellungen werden in Frage gestellt. Es wird versucht zu begründen, weshalb Hierarchien, die historisch zu allen möglichen Ausgrenzungen und Diskriminierungen verleitet haben, weder theoretisch noch empirisch zu rechtfertigen sind. Die deskriptive Sichtweise, die zugleich essentialistische Selbstverständlichkeiten in Frage stellt und den Konstruktivismus als erkenntnistheoretische Position zugrundelegt, wird zum paradigmatischen Diskurs. An dieser Reflexion über die Beziehung zum „Anderen" und zur Diversität beteiligen sich mehrere Disziplinen – von der Philosophie zur Politikwissenschaft, von der Ethnologie bzw. Kulturanthropologie zur Soziologie, von der Psychologie (insbesondere: der *cross-cultural psychology*) zu der Erziehungswissenschaft. Je nach kultureller Tradition und epistemologischer Position der jeweiligen Disziplin wird die Argumentation über die „Einbeziehung des Anderen" eher theoretisch sein (Habermas 1996), oder es werden Daten empirisch erhoben und analysiert, die die menschliche Diversität und deren Behandlung durch die Menschen selbst fassbarer machen sollen (Todd 1994; Berry u.a. 2006).

Das Thema „Diversität" ist jedoch nicht aus dem Nichts und plötzlich auf die gesellschaftliche und wissenschaftliche Bühne getreten. Beim Versuch, die Genese der zeitgenössischen Betrachtung des Phänomens Diversität zu verstehen, kann es hilfreich sein, historische Vorboten aufzuspüren. Es versteht sich von selbst, dass in diesem Rahmen nur eine sehr grobe und skizzenhafte sowie einseitige Darstellung möglich ist. Die Perspektive kann nur westlich, ja, vorwiegend europäisch sein, weil es Aufgabe eines monumentalen vergleichenden Forschungsvorhabens wäre, die Geschichte des menschlichen Umgangs mit der Diversität zu schreiben. Daran müssten Forscher aus allen Erdteilen beteiligt sein. Dabei müsste auf mehreren Ebenen geforscht werden. Die erste Ebene wäre der empirisch erfasste oder historisch zu rekonstruierende Umgang mit Diversität in verschiedenen Gesellschaften. Hierbei wäre wiederum zu unterscheiden zwischen der Makroebene (Welt; Gesellschaften), der Meso-Ebene (institutionelle Systeme, z. B. Bildungssysteme oder Kommunen oder Krankenhäuser und ihre Politik gegenüber der Diversität bzw. deren Umsetzung), und der Mikroebene (Interaktion zwischen Individuen und nicht institutionellen Gruppen). Eine weitere, übergeordnete Ebene (Metaebene) wäre der Diskurs und das Selbstverständnis der Wissenschaften über den Umgang und die Thematisierung der Diversität im historischen Wandel. Je nach geografischer, historischer, religiöser, nationaler und soziokultureller Perspektive würden mit hoher Wahrscheinlichkeit unterschiedliche Bilder und Interpretationen entstehen. Die Methoden des wissenschaftlichen Vergleichs müssten rigoros und koordiniert zur Anwendung kommen. Es müsste dabei offengelegt werden, ob jeweils eine *emic* oder eine *etic* Perspektive eingenommen wird. Der idiographisch orientierte Blick von innen *(emic)* wir ein anderer als der nomothetisch orientierte Blick von außen *(etic)* sein (vgl. Segall u.a. 1999, S. 39-41). Forscher aus nicht westlichen Ländern und Kulturen, die sich auf andere Wissenschaftstraditionen berufen als die im Westen vertretenen, haben möglicherweise andere erkenntnistheoretische Interessen und Positionen, die im westlichen (oder enger fokussiert: im westeuropäischen) wissenschaftlichen Austausch noch wenig bekannt sind (Scheidgen u.a. 2005).

Mit dem Vorbehalt, dass eine historische Rekonstruktion notgedrungen nur ethnozentrisch und partiell sein kann, sei im Folgenden auf einige Segmente hingewiesen, die eine zur heutigen Diskussion führende Linie erkennen lassen. Zur historischen Entwicklung des Diskurses über Differenz und Diversität unter besonderer Berücksichtigung der ersten Begegnung zwischen Europa und Amerika ab 1492, aber vor allem ab 1519-1521, als Cortez und seine Männer zum ersten Mal den Azteken begegneten (Todorov 1982), hat der bulgarisch-französische Sozialwissenschaftler und Historiker Tzvetan Todorov herausragende Forschungsbeiträge geleistet. Aufgrund der Analyse schriftlicher und bildlicher Zeugnisse – vor allem die zwischen 1547 und 1585 verfasste, zweisprachige Chronik des Franziskaners Bernardino de Sahagún, die als *Codex Florentinus* bekannt ist (Sahagún 1956)[1] – interpretiert Todorov die physische Auseinandersetzung und verbale wie non-verbale Kommunikation zwischen den europäischen „Entdeckern" der Ureinwohner Amerikas im ersten Drittel des sechzehnten Jahrhunderts. Diese Begegnung habe (parallel zum Konflikt, denn es war eine politische und militärische Konfrontation) erstmals auf beiden Seiten Berichte und Reflexionen über die Eigenheiten und Verschiedenheiten der beiden Kulturen – der spanischen, christlichen einerseits, der aztekischen, nicht christlichen andererseits – generiert. Selbst wenn die Perspektive des Franziskaners Sahagún insofern ethnozentrisch war, als die eigene Kultur und vor allem die eigene Religion maßgebend waren und blieben, hat die akribische Beschreibung eine Beschäftigung mit dem Anderen und eine Reflektion darüber initiiert, die in gewisser Weise relativistisch ist und die Frage nach der *Art der Auseinandersetzung* mit dem Anderen aufwirft. Zumindest wird die Ebene der Negierung der „anderen" Kultur als menschliche Kultur verlassen, nachdem nach der allerersten Begegnung die weißhäutigen, hoch zu Ross daherkommenden Spanier zunächst als Götter, und die eher rot- oder dunkelhäutigen Azteken mit ihrer seltsamen Sprache und Bekleidung zunächst als Tiere – oder jedenfalls als minder entwickelte Menschen (womöglich ohne Seele) – wahrgenommen worden waren. In Sahagúns Chronik werden die religiösen Bräuche der Azteken in ihren unvorstellbaren Grausamkeiten beschrieben. Dem Chronisten wird nicht verborgen geblieben sein, dass die Inquisitoren im Namen der Religion nicht gerade zimperliche Methoden gebrauchten, weshalb man sich unter anderem fragt, was mit den ausgedehnten Beschreibungen der blutrünstigen Riten der Azteken bezweckt wurde. Offensichtlich ist das Bestreben, deren Gesellschaft und die zugrunde liegenden Werte sowie die davon abgeleiteten Normen und Verhaltensweisen zu verstehen. Sahagúns Chronik enthält auch zahlreiche Aspekte des aztekischen Lebens – nicht nur die Zeremonien, sondern auch alltägliche Bräuche wie zum Beispiel die Methoden der Kindererziehung und die Organisation höherer Schulen für den Adel (Leonard 1971, S. 142f.). Oberstes Ziel der umfassenden ethnografischen Aufzeichnungen war die Christianisierung der Azteken; um dieses Ziel zu erreichen, war es nötig, so viel Wissen wie möglich über sie zu erwerben und effektiv mit ihnen zu kommunizieren. Zu Sahagúns Lebenswerk gehört auch die Gründung des *Colegio Imperial de Santa Cruz de Tlatelolco* (1536), ei-

---

1   Mit Hilfe einheimischer Adliger, Gelehrter und Ältester hat Sahagún das gesprochene *Nahuatl* (die lokale Sprache der Azteken) in lateinischen Buchstaben transkribieren und das Beschriebene mit eigens angefertigten Zeichnungen illustrieren lassen.

ner höheren Lehranstalt, an welcher aztekische junge Männer (vornehmlich Adlige, aber nicht nur) zu Priestern ausgebildet wurden. Die Dozenten waren nicht nur Europäer, sondern es befanden sich auch Azteken darunter. Der Lehrstoff (in spanischer, lateinischer und lokaler Sprache erteilt) beinhaltete nicht nur die damals üblichen Inhalte, sondern auch aztekische Kulturkunde. Dass das Ziel seiner Tätigkeiten Missionierung war, ändert nichts an seinen wissenschaftlichen Verdiensten. Dank Sahagúns Aufzeichnungen wurde Wissen zu Tage gefördert, das sonst weitgehend verborgen geblieben und verloren gegangen wäre. Er gilt als der Begründer der modernen Kulturanthropologie und der amerikanischen Studien.

Die Erschließung Amerikas und der anderen Erdteile durch Europäer, die Kolonisierung und die Einrichtung der Sklaverei haben im wissenschaftlichen Diskurs und in der Politik, in Europa und dann auch in Amerika und anderen englischsprachigen Weltregionen das Thema der Auseinandersetzung mit dem Anderen – mit der Alterität – unausweichlich erscheinen lassen. Die historisch-philosophische Entwicklung des Diskurses über Diversität in der französischen Philosophie, Historiographie und Politik wird von Todorov in einem weiteren Buch nachgezeichnet. Darin rekonstruiert er die Argumentationsfiguren, die auf der Suche nach einer Position zwischen den beiden Polen Universalismus und Relativismus nach und nach entfaltet wurden. Die explizit westliche und reflektiert universalistische Perspektive des Autors fasst er selbst im Begriff des *„humanisme bien tempéré"* zusammen (Todorov 1989, S. 505).

Die gelehrte Thematisierung menschlicher Diversität und räsonierende Aussagen zur hierarchisierenden und ethnozentrischen Bewertung von einzelnen Menschen und Gruppen aufgrund von Sitten und Verhaltensweisen, die vom Gewohnten abweichen und Differenz signalisieren, finden sich vielleicht erstmals und in Ansätzen beim Zeitgenossen des Mönchen Sahagún, Michel de Montaigne (1533-1592), insbesondere im ersten Buch seiner *Essais* (1580 bis 1588) unter der Überschrift *„ Über die Gewohnheit und dass ein in Brauch stehendes Gesetz nicht leichterdings geändert werden sollte"* (Montaigne 1956, S. 158ff.). Darin kommentiert Montaigne Beispiele von Verhaltensweisen, die zwar aus der Sicht der damaligen Sitten seiner sozialen Gruppe (des französischen Adels) absonderlich erscheinen mögen, aber durch Vernunft gestützt und begründet werden können. Mehrere Linien der Differenz, wie wir heute sagen, sind in seinen Ausführungen vertreten: Klasse, Ethnie, Gender, sexuelle Orientierung.[2]

---

2   Jedoch damals noch nicht *ability* im Sinne einer angenommenen physischen und psychischen Normalität; Körperlichkeit (Alter, Behinderung, Änderung der sexuellen Identität) und das Postulat, niemanden aufgrund physischer oder psychischer Merkmale zu diskriminieren, scheinen erst im späten zwanzigsten Jahrhundert in das Bewusstsein der wissenschaftlich Schreibenden zu rücken.

Montesquieu (1689-1755) führt in seinem Briefroman *Lettres Persanes* (1721 zunächst anonym veröffentlicht) den Diskurs der Normalität von subjektiv fremd erscheinenden Sitten weiter (Montesquieu 1721/1973). Der Protagonist, der persische Herr Usbek, reist in Begleitung seines Freundes Rica quer durch Europa bis nach Paris. In seinen Briefen an Freunde, denen er in den bereisten Ländern begegnet ist, beschreibt er das, was er sieht und erlebt, auf eine gespielt naive Art – so, wie ein Einwohner einer entfernten Zivilisation den Westen beschreiben könnte oder wie ein Einwohner eines westlichen Landes ein für ihn exotisches Land beschreiben würde. Im Fokus sind besonders, aber nicht nur, Sitten, Lebensbedingungen und Alltag der französischen Gesellschaft des achtzehnten Jahrhunderts. Aus früheren Jahrhunderten sind Berichte über „fremde" Sitten und gesellschaftliche Institutionen nicht unbekannt; man denke an Marco Polos *Il Milione* (Moule/ Pelliot 1938) sowie an viele zusammenhängende Berichte oder episodische Beobachtungen bei Autoren der griechischen und der römischen Antike, an Zeugnissen von arabischen Autoren und v. a. m. (ausführlicher in Allemann-Ghionda 2004, S. 18ff.). Allerdings ist die erkenntnistheoretische Haltung, die bei Montaigne und bei Montesquieu zum Vorschein kommt, qualitativ anders als bei früheren Autoren. Szientismus und Aufklärung prägen die nüchterne, rationale, explizit vergleichende Betrachtung nicht vertrauter Sitten. Der „fremde Blick", den hier Montesquieu als einer der Ersten beredt literarisch inszeniert und zugleich kommentiert, trägt zu jenem Kulturrelativismus bei, der in der Folge von weiteren Autoren des achtzehnten Jahrhunderts verkörpert und *ad absurdum* geführt werden sollte. Der Roman *Lettres Persanes* vereint in der Hauptfigur Usbek die Widersprüche der Auseinandersetzung mit Diversität. Usbek, zwischen seinen modernistischen Ideen und seinem islamischen Glauben zerrissen, wird durch die Revolte der Frauen seines Harems und die Selbsttötung seiner Favoritin Roxana hart bestraft.

Voltaire hat in verschiedenen Werken das Thema des Kulturrelativismus bearbeitet. In *Zadig* (Voltaire 1747) kritisiert er seine eigene und die dargestellte Gesellschaft. Im *Traité sur la tolérance* (Voltaire 1763) stellt der Philosoph den religiösen Fundamentalismus (insbesondere der Jesuiten, bei denen er übrigens groß geworden war) an den Pranger. In mehreren Werken verarbeitet der Deist Voltaire, der den Islam hochschätzte, Einflüsse nicht westlicher (aber auch westlicher) Kulturen, von der griechisch-römischen Antike zum Orient. Auf verschiedene Arten wird in Voltaires Werk der *emic-etic* Perspektivwechsel literarisch dargestellt und reflektiert.

Jean-Jacques Rousseau erörtert in seiner Abhandlung *Discours sur l'origine et les fondements de l'inégalité parmi les hommes* die Frage des Ursprungs der Ungleichheit ausgehend vom Gedanken, dass Macht- und Statusunterschiede nicht von Natur aus vorkommen (Rousseau 1755/2008). Seine These, dass Ungleichheit von Menschen gemacht sei, war zu seiner Zeit gedanklicher Sprengstoff und seine Antwort ist bis heute in der Diversitätsdiskussion leitend – nämlich die Lesart der Ungleichheit als soziale Konstruktion. Was damals – kurz vor der Französischen Revolution – vom Establishment als soziales und politisches Sakrileg rezipiert wurde (das Dogma der „natürlichen" hierarchischen Anordnung der gesellschaftlichen Stände wurde dekonstruiert, was automatisch zur Demontage von Autorität führen musste) wird heute im dominierenden wissenschaftlichen Diskurs als Selbstverständlichkeit gehandelt.

Seit der amerikanischen Unabhängigkeitserklärung (Verfassung von 1787) und der Französischen Revolution (Verfassung von 1792) ist das Thema der Gleichheit und der Gleichstellung von Menschen unterschiedlicher Herkunft und Religion sowie beiderlei Geschlechter zum institutionellen Bestandteil der politischen Rhetorik geworden. Condorcets Programm einer nationalen Erziehung stützt sich auf die damals revolutionäre Idee, dass alle – Jungen und Mädchen jeglicher Herkunft – ein Recht auf Bildung haben und dass der Staat dieses Recht zu garantieren hat (Condorcet 1792). Die Matrix solcher politischer Erklärungen im Sinne der Enthierarchisierung der menschlichen Diversität, wie sie schon zuvor (bei Montaigne, Montesquieu u.a.) in Ansätzen zum Ausdruck kam, wurde nachhaltig vom Gedankengut der Aufklärung und insbesondere von den Postulaten der Gleichheit und der Anerkennung, der sozialen Gerechtigkeit sowie von der zugrunde liegenden Idee der Menschenrechte inspiriert. Dass die politische und gesellschaftliche Praxis immer und überall den Prinzipien hinterherhinkt, sei an dieser Stelle zunächst ausgeklammert – ebenso wie die Tatsache, dass im politischen Diskurs seither immer wieder Positionen auftauchen und mitunter die Oberhand gewinnen, die „natürliche" Ungleichheit glaubhaft machen wollen.

Die Definition und Behandlung der im Sinne Amartya Sens breit aufgefassten, (a) angeborenen, dann individuell erworbenen, und (b) sozial wie institutionell konstruierten Differenzen ist jedoch nicht nur ein konzeptuelles, theoretisches und semantisches, also ein abstraktes, allenfalls in der Rhetorik der Politik angesiedeltes Thema. Vielmehr ist damit die Frage verknüpft, an welcher Theorie sich Institutionen explizit oder implizit orientieren, wenn sie Strategien des „Umgangs" mit Diversität entwickeln. Wie Sen es auf den Punkt bringt: Aus heutiger Sicht kann es nicht nur um eine Polarisierung zwischen *egalitarianism* (sinngemäß: Ideologie und Praxis der Gleichbehandlung) auf der ganzen Linie und Ablehnung von Gleichbehandlung, also Sonderbehandlung gehen. Vielmehr wird in manchen Fällen und unter gewissen Bedingungen Gleichbehandlung dem Postulat der Gerechtigkeit und der Menschenrechte dienen; in anderen Fällen aber wird Sonderbehandlung die bessere Lösung sein, weil dadurch besonderen Bedürfnissen und Rechten Rechnung getragen werden kann. Bei der Entscheidung, wann und wo und in welchem Ausmaß besonderen Bedürfnissen und Rechten entsprochen werden sollte, stellt sich – unter Umständen – das Dilemma der Vereinbarkeit mit der in einem bestimmten Land geltenden Ordnung sowie mit den Menschenrechten. Niemand wird ernsthaft in Frage stellen wollen, dass Personen mit einer körperlichen Behinderung (zum Beispiel Blindheit oder Bewegungseinschränkung) eine besondere Behandlung – zum Beispiel in Bildungsinstitutionen – erfahren sollten. Viel schwieriger wird es, wenn es um konkurrierende religiöse Ansprüche oder um Gleichstellungsfragen (Frau und Mann) geht, die in verschiedenen Kulturen, Ländern und Religionen möglicherweise unterschiedlich gesehen werden, weil die aufklärerischen Postulate der Menschenrechte und der daraus abzuleitenden Gleichbehandlung und Gleichstellung nicht universell anerkannt werden.

Der nordamerikanische und der französische Diskurs über Anerkennung, Respekt und Gleichheit von Differenz(en), wie sie in den beiden Verfassungen ihren ersten Niederschlag gefunden haben, weisen Gemeinsamkeiten sowohl in der politischen Rhetorik als auch in philosophischen und anderen wissenschaftlichen Diskursen auf. Die Tatsache, dass die beiden Verfassungen verwandt sind – die französische ist ideell und chronologisch eine Tochter der nordamerikanischen – erklärt die Gemeinsamkeiten: Respekt, Gleichheit, Anerkennung der Differenz bei gleichzeitiger Betonung der nationalen Einheit. Allerdings unterscheiden sich die darauf aufbauenden Diskurse der französischen und der angloamerikanischen Tradition (die in sich nicht homogen sind) in einem fundamentalen Punkt. Die nordamerikanischen Verfassungen (USA, Kanada) anerkennen nicht nur die Rechte der Individuen, sondern auch die Rechte der Gruppen – der *communities,* insbesondere der Minderheiten. Dabei sind Letztere nicht nur als ethnische und kulturelle Gruppen zu verstehen, sondern sie werden auch entlang der oben genannten Differenzlinien als *communities* bezeichnet. Dagegen anerkennt die französische Verfassung ausschließlich die Rechte der einzelnen Bürger *(citoyens).* Diese beiden Modelle stellen diametral entgegengesetzte Pole und Ansätze der Behandlung von Diversität dar: einerseits Kommunitarismus / Partikularismus / Differentialismus (also Sonderbehandlung für Gruppen), andererseits Universalismus (also Gleichbehandlung ohne Rücksicht auf Unterschiede) in verschiedenen Spielarten und Graden der Radikalität. Alle Nationen und ihre Institutionen übernehmen in Bezug auf die Behandlung von ethnischen und kulturellen Gruppen in der einen oder anderen Weise das eine oder andere Modell oder Zwischenstufen davon, wie etwa die historisch, soziologisch und demographisch vergleichende Analyse von (Todd 1994) ausführlich belegt und dabei eine systematische Typologisierung vorschlägt. Als Ergebnis entstehen Strategien, die eher integrativ oder eher separierend bzw. eher inklusiv oder exklusiv sind, eher die Differenz betonen, oder eher die Differenz minimieren, sich eher an der kommunitaristischen bzw. partikularistischen oder eher an der universalistischen Sichtweise orientieren. Institutionen, die aufgrund ethnischer und sozioökonomischer Zuschreibungen separieren, üben nach Ansicht von Gomolla und Radtke, die die Schule unter die Lupe genommen haben, institutionelle Diskriminierung aus (Gomolla/Radtke 2002). Durch den internationalen Vergleich kann gut gezeigt werden, an welchem der beiden Muster – Integration bzw. Inklusion oder Separation bzw. Segregation – sich Bildungssysteme orientieren, wenn sie Strategien der Behandlung von Diversität entwickeln (Allemann-Ghionda 2002; Gomolla 2005). Der Vergleich zwischen der institutionellen Behandlung religiöser Diversität in Frankreich und England zeigt, dass weder die universalistische (Frankreich) noch die kommunitaristische (England) Lösung ganz dem Ideal der Gerechtigkeit gerecht werden können (Griffin 2006). Das Risiko der Benachteiligung und der Segregation bleibt.

Die Politik einer Institution ist nie lediglich dem eigenen System inhärent und gänzlich autonom, sondern Strategien verändern sich abhängig von gesellschaftlichen, wirtschaftlichen und politischen Entwicklungen auf der Makroebene, wie am Beispiel der Bildungssysteme gezeigt werden kann (Watson 1998). Der Druck der Globalisierung und der supranationalen Organisationen wirkt sich auf die Thematisierung von Diversität in der Bildungspolitik aus. Gegenwärtig lassen sich zwei gegensätzliche, sich gegenseitig aufhebende Tendenzen ausmachen: die Rhetorik des Zelebrierens von Diversität und die Realpolitik und Praxis der Ablehnung von Diversität zugunsten eines Neo-Assimilationismus, der von fundamentalistischen gesellschaftlichen Bewegungen verschiedener Orientierung genährt wird. *Mutatis mutandis* lassen sich analoge Entwicklungen in anderen Institutionen rekonstruieren. Wertschätzung von Diversität ist der leitende Gedanke der Rhetorik vieler Institutionen, doch die Umsetzung dieser Idee stößt auf Widerstände (vgl. Kap. 3 in diesem Beitrag).

2. Zu den aktuellen Diskursen

2.1 Das Paradigma der Diversität als soziales Konstrukt

Fortsetzungen und Weiterentwicklungen der bahnbrechenden, aufklärerischen Infragestellungen des europäischen kulturellen und religiösen Ethnozentrismus sowie der gesellschaftlichen Ordnungsprinzipien des *Ancien Régime* finden sich dann in Schriften von Autoren des zwanzigsten Jahrhunderts wieder, von denen hier für die Reflexion über kulturelle, ethnische und religiöse Differenz und Vielfalt sowie über ihre Thematisierung und Behandlung exemplarisch der französische Ethnologe Claude Lévi-Strauss (1983), die Philosophen Emmanuel Lévinas (1995) (Litauen und Frankreich), Charles Taylor (1993) (Kanada) und Amy Gutmann (1995) (Vereinigte Staaten) oder der Philosoph und Nobelpreisträger für Ökonomie Amartya Sen (1995) (Indien, Vereinigtes Königreich, USA), sowie Jürgen Habermas (1996) (Deutschland) genannt werden können. Aus ethnologisch-soziologischer Sicht haben Pierre Bourdieus umfangreiche empirische Untersuchungen und theoretische Schriften zur sozialen Distinktion und zum kulturellen und sozialen Kapital (Bourdieu 1979, 1992) maßgeblich dazu beigetragen, die Unterscheidungs- und Exklusionsmechanismen, durch welche Differenz hergestellt und zur Abgrenzung und Statussicherung genutzt wird – bzw. den weniger Privilegierten zum Nachteil gereicht –, zu dokumentieren und zu analysieren.

In der Erziehungswissenschaft generierte das Interesse an kultureller Differenz in den angloamerikanischen Ländern bereits in den 1930er Jahren reformerische Programme, denen die Konzeption der *intercultural education* als integrale Dimension einer demokratischen Erziehung zugrunde lag (McGee Banks 2011). Aber erst das *Civil Rights Movement* verlieh dem Ansatz *multicultural education* den sozialen und politischen Nährboden, so dass in den 1970er Jahren diese pädagogische Idee weltweit Anhänger fand. In Europa war das Gegenstück davon die interkulturelle Erziehung *(intercultural education)*. Der nordamerikanische Diskurs hat sich vom ethnizistisch gefärbten Multikulturalismus der 1970er Jahre zu einer komplexeren Diskussion hin bewegt, wobei *diversity* der leitende Begriff ist (Banks 2004). In Europa – vor allem in Westeuropa, da Osteuropa in dieser Hinsicht erst nach der Wende begonnen hat, in Erscheinung zu treten – (Bleszynska 2011) kann eine ähnliche Entwicklung nachgezeichnet werden. Während die interkulturelle Erziehung der ersten Stunde sich mit der Frage abmühte, was kulturelle Differenz eigentlich sei, wie weit der Kulturrelativismus gehen könne bzw. dürfe und was dies alles bildungspolitisch, pädagogisch und didaktisch bedeute, wurde allmählich die Perspektive in Richtung einer Pädagogik der Vielfalt oder Diversität (nicht nur ethnokulturell verstanden) erweitert (Porcher/Abdallah-Pretceille 1998; Allemann-Ghionda 2009).

Seit dem letzten Drittel des zwanzigsten Jahrhunderts kann beobachtet werden, dass der ursprüngliche Fokus auf kulturelle Vielfalt und Differenz bzw. Gleichheit unter dem Aspekt der Anerkennung und der gerechten Verteilung von Macht allmählich erweitert wurde. Ehemals getrennte und parallele Betrachtungsweisen – hier der Diskurs über soziale Klassen, Schichten und Milieus, dort die Genderdebatte, wieder anderswo ethnische und kulturelle Unterschiede (die wiederum den Multikulturalismus als Ideologie und Politik sowie die interkulturelle Pädagogik generiert haben), ferner die Debatte über *ability* und *disability*, später der Diskurs über sexuelle Orientierung und schließlich die Debatte über hybride Identitäten (nicht nur im ethnokulturellen Sinne) (Bronfen/Marius, 1997) und über „das *Patchwork* der Identitäten in der Spätmoderne" (Keupp u.a. 2002) – sind sukzessive zu einer Gesamtbetrachtung der Diversität zusammengeschmolzen, wenngleich verschiedene Autoren verschiedene Schwerpunkte setzen.

Im heutigen sozialwissenschaftlichen Verständnis (wobei hiermit keineswegs ausgeschlossen werden soll, dass auch Disziplinen, die sich nicht als sozialwissenschaftlich definieren, in diese Richtung weisen) setzen sich Differenz und Diversität aus individuellen und gruppenbezogenen Merkmalen zusammen, die teilweise angeboren sind, teilweise individuell erworben werden, teilweise durch Gesetze und institutionelle Praxis entstehen. Zu diesen Merkmalen zählen (ohne Anspruch auf Vollständigkeit und in zufälliger Reihenfolge):

- der sozioökonomische Status (mit dem Bildungsniveau verknüpft)
- die Ethnie oder soziokulturelle Zugehörigkeit (Selbst- und Fremdzuschreibung)
- Nationalität bzw. Staatsangehörigkeit
- Geschlecht bzw. Gender
- Sexuelle Orientierung
- Alter
- *Ability / disability* bzw. Gesundheit im körperlichen oder seelischen Sinne
- Hautfarbe und andere sichtbare körperliche Merkmale
- Religion bzw. Glaube oder Spiritualität.

Allen Merkmalen der Differenz ist nach dieser Sichtweise gemeinsam, dass sie nicht isoliert, sondern kombiniert oder kumuliert auftreten (niemand ist ausschließlich Frau oder jung oder dunkelhäutig oder gesund oder Inhaber einer Staatsangehörigkeit – manchmal sind es deren zwei –, usw.), dass der Begriff der Minderheit dementsprechend komplex und fließend ist, und dass Zugehörigkeiten und Differenzen durch persönliche Identitätsbildung, durch soziale Interaktion (individuelles oder Gruppenverhalten) sowie durch die Praxis der Institutionen zum Thema gemacht werden. Im Hinblick auf die bewusste oder unbewusste Verteidigung von Macht und Privilegien kann es zu Stereotypenbildung und zu mehr oder weniger offenkundigen Diskriminierungen kommen, für welche Namen wie Rassismus, Sexismus, usw. geschaffen wurden. Eine in diesem Sinne programmatische englischsprachige Buchpublikation nennt sich *Readings for Diversity and Social Justice: Racism, Sexism, Anti-Semitism, Heterosexism, Classism, and Ableism*

(Adams u.a. 2000).[3] Das Phänomen, dass Merkmale bzw. Differenzen nie isoliert auftreten, sondern als sich vermischende oder kreuzende Differenzlinien, wurde Intersektionalität genannt (Krüger-Potratz/Lutz, 2002). Der negativen Diskriminierung wird der Begriff „positive Diskriminierung" entgegengesetzt, der in der Politik und Praxis der Institutionen zu konkreten Maßnahmen führen kann (vgl. Kap. 3 in diesem Beitrag).

Der Stellenwert der verschiedenen Merkmale, die zu Distinktionen und Diskriminierungen führen können, hat sich im Laufe der Zeit geändert und ist je nach Disziplin und Forschungsansatz unterschiedlich. Nach Ansicht des Psychologen und Sozialwissenschaftlers Carmel Camilleri ist Kultur (und somit kulturelle Zugehörigkeit und kulturelle Differenz) im Verlauf des zwanzigsten Jahrhunderts zur wichtigen analytischen Kategorie avanciert – mindestens ebenso wichtig wie soziale Herkunft, Alter und Geschlecht bzw. Gender (Camilleri 1995). Das erklärt die Herausbildung von Begriffen wie interkulturell, multikulturell u. ä.

Für einige Soziologen ist die ethnische Zugehörigkeit von Migranten und die damit verbundene Rede von Differenz und Diversität ein überbewertetes Phänomen der sozialen Konstruktion; entscheidend sei vielmehr die sozio-ökonomisch bedingte Ungleichheit (Bukow/Llaryora 1998); s. auch Bukows Beitrag in diesem Band. Für andere ist die Diversität der gegenwärtigen Migration weder nur unter ethnischem Aspekt noch ausschließlich sozioökonomisch zu fassen. Vertovecs Konzept der *super-diversity* hebt hervor, dass bei der Beschreibung von Migration, wie sie sich heute gestaltet, eine große Bandbreite von Variablen berücksichtigt werden muss. Das Wort „multikulturell" könne diese Komplexität nicht mehr erfassen, weil es sich auf einen vor allem hinsichtlich des sozioökonomischen Hintergrunds, aber auch hinsichtlich der Anzahl der Herkunftsländer und der Destinationen homogeneren Migrationstypus beziehe, der für die 1960er/1970er Jahre charakteristisch war. Aber selbst vor diesem Hintergrund wäre es nach Vertovec „ausgesprochen töricht, die Kategorie der Ethnie ganz aussen vor zu lassen" (Chantzi 2009). Aus der Geschichte des zwanzigsten Jahrhunderts ist denn auch bekannt: Wenn Individuen und Gruppen, die sich als einer bestimmten ethnischen Minderheit zugehörig definieren und von der Mehrheit als solche definiert werden, im Namen einer politischen Doktrin der nationalen und kulturellen Hegemonie sowie der Assimilation aus ihrem ökokulturellen Zusammenhang gerissen und zwangsassimiliert werden, wie es etwa bei den ethnischen Minderheiten in der Sowjetunion der Fall war, bleiben die persönlichen und sozialen Schäden nicht aus (Allemann 2010).

---

3   Dass *ageism* ebenso wie weitere „Ismen" hier nicht aufgelistet wurden, ist vielleicht reiner Zufall. In den Vereinigten Staaten ist die Erwähnung des Alters bei Bewerbungen weder üblich noch erwünscht. Bei Einstellungen gilt die Diskriminierung von Senioren nicht nur als ethisch nicht vertretbar, sondern auch als strafbar.

Die Thematisierung von Differenz (ausgehend von der kulturellen Differenz) in den Sozialwissenschaften hat im zwanzigsten Jahrhundert einen Wandel erfahren, indem sich vier Hauptpositionen, die zugleich als Entwicklungsstadien gesehen werden können, herauskristallisieren lassen: Erstens die Negierung der kulturellen Vielfalt im Namen der Assimilation; zweitens der Multikulturalismus; drittens das Herunterspielen der kulturellen Differenz zugunsten der Bedeutung des Sozioökonomischen; viertens das Einfliessen aller Differenzen (auch der soziokulturellen) in eine vielschichtige Diversität (Allemann-Ghionda 2002, S. 487ff.).

Zum heutigen Stand der wissenschaftlichen Diskussion über Diversität kann folgende Zusammenfassung gewagt werden: Der Begriff Diversität bzw. *diversity* hat sich von einem betont ethnokulturellen Verständnis zu einer breiteren Auffassung, die viele Differenzmerkmale zum Thema macht, entwickelt (Dietz 2007). Allerdings scheint der ethnokulturelle Fokus durchaus noch seine Anhänger zu finden. Nach dem elektronischen Nachschlagewerk „*Diversity Dictionary"* sei *diversity*

"(... a) situation that includes representation of multiple (ideally all) groups within a prescribed environment, such as a university or a workplace. This word most commonly refers to differences between cultural groups, although it is also used to describe differences within cultural groups, e.g. diversity within the Asian-American culture includes Korean Americans and Japanese Americans. An emphasis on accepting and respecting cultural differences by recognizing that no one culture is intrinsically superior to another underlies the current usage of the term." (Diversity Dictionary 2009)

Die Kritik an genau dieser Kulturalisierung und an der Essentialisierung von Diversität ist seit Jahrzehnten Bestandteil der Debatte und kommt aus verschiedenen ideologischen Positionen. Ein prominenter kritischer Ansatz von progressiver Seite kommt aus den *post-colonial studies*. Der von einem engen Diversitätsbegriff inspirierte, institutionelle Multikulturalismus, der so viel Wert auf die Bildung von *communities* legt, wurde etwa an den nordamerikanischen Universitäten in teilweise extremen, geradezu segregierenden Formen praktiziert, indem (der Höhepunkt war in den 1980er Jahren) die Curricula und die Rekrutierungspraxis ethnische und andere Minderheiten bevorzugen sollten. Damit ging und geht die kontrovers diskutierte Praxis der Quotenregelung einher. Die karikaturale Auffassung von Multikulturalismus und die ihr zugrunde liegende Philosophie wird von Vertretern der *post-colonial studies* als neue Spielart des Kolonialismus gesehen: So wie der Orientalismus der Spätaufklärung und der Kolonialismus des 19. Jahrhunderts den exotischen Anderen kulturalisiert hat, geschieht im ethnisierenden Multikulturalismus – obgleich die Absicht emanzipatorisch ist – eine ähnliche Reifizierung des Anderen (s. dazu Said 1997; zur Kritik an den *post-colonial studies* sowie zur Kritik an der Kritik (s. dazu Hall 1997). Aus konservativer Warte (damit ist eine Haltung gemeint, die Diversität weder als „normal" noch als *per definitionem* vorteilhaft oder wünschbar versteht) haben sich zahlreiche Autoren an der Kontroverse beteiligt und die aus ihrer Sicht negativen Auswirkungen der Diversitätsideologie und -Politik sowie der daraus hervorgegangenen Programme positiver Diskriminierung kritisiert (D'Souza 1991; Wood 2003).

2.2 Lob der Diversität – die Programmatik der supranationalen und der europäischen Organisationen

Seit der Gründung der supranationalen Organisationen, die kurz nach dem Ende des Zweiten Weltkriegs eingesetzt hat, ist Diversität ein Schlüsselbegriff. In der *Universal Declaration of Cultural Diversity* definiert die UNESCO Kultur folgendermaßen:

> "...culture should be regarded as the set of distinctive spiritual, material, intellectual and emotional features of society or a social group, (...) it encompasses, in addition to art and literature, lifestyles, ways of living together, value systems, traditions and beliefs." (UNESCO 2001)

Auf den ersten Blick könnte hier der Begriff „kulturelle Diversität" eng ethno-kulturell konnotiert erscheinen. Bei näherer Betrachtung ist er es jedoch nicht, denn Kultur kann in dieser Definition entweder auf eine ganze Gesellschaft oder auf soziale Gruppen bezogen werden. Ein wichtiges Anliegen der UNESCO ist seit ihrer Entstehung (1945) die Wertschätzung der Sprachen und Kulturen von Minderheiten – bis hin zur Forderung, dass jedem Angehörigen einer sprachlichen Minderheit das Recht auf Unterricht in der eigenen Muttersprache zugestanden werden soll (ebenda).

Die europäischen Organisationen – vor allem der 1949 gegründete Europarat (Council of Europe 2006) und die Europäische Kommission – haben ebenso wie die UNESCO in ihren Stellungnahmen einen Weg zurückgelegt, der viele Gemeinsamkeiten mit der Evolution des wissenschaftlichen Diskurses über Diversität aufweist. Dies ist kein Wunder, ist doch der Austausch zwischen Wissenschaftlern und Institutionen für die Arbeit der supranationalen Organisationen konstitutiv. Ebenso wie der wissenschaftliche Diskurs weist die Rhetorik der europäischen Institutionen sowohl deskriptive und analytische als auch normative und der Intention nach politikbildende Akzente auf. Das Thema der Wertschätzung von Diversität wurde in den Anfängen unter dem Aspekt der sprachlichen und kulturellen Minderheiten bearbeitet; mit dem Fortschreiten der politischen Initiative der europäischen Integration rückte das Thema der sprachlichen und kulturellen Vielfalt Europas in den Vordergrund.

Die Europäische Kommission gibt Richtlinien heraus, die konkret die Mitgliedstaaten zu einer Anti-Diskriminierungspolitik vorantreiben sollen. Das EU-Antidiskriminierungsrecht hatte zunächst seine stärkste Ausformulierung im Bereich des Verbots der Geschlechterdiskriminierung. In der EU-Richtlinie 2000/43/EG geht es um die Gleichbehandlung ohne Unterschied der Rasse oder der ethnischen Herkunft. Die im Jahr 2000 verabschiedete „Beschäftigungsrahmenrichtlinie" 2000/78/EG soll vor Diskriminierung aufgrund der Religion oder Weltanschauung, aufgrund einer Behinderung, des Alters oder der sexuellen Orientierung schützen. In der Charta für Frauen von 2010 werden Gleichstellungsgrundsätze, die zuvor wiederholt verkündet wurden, bestätigt. Die getrennte Behandlung von verschiedenen Differenzlinien in eigenen Richtlinien folgt einer juristischen Logik, die unter anderem darin begründet ist, dass in den heute 27 Mitgliedstaaten die Gesetzgebung zu den verschiedenen Typen von negativer und positiver Diskriminierung unterschiedlich strukturiert und ungleich entwickelt ist.

Das die Richtlinienumsetzung begleitende Aktionsprogramm der Gemeinschaft zur Bekämpfung von Diskriminierungen (2001-2006) wählt einen integrierten Ansatz. Es strebt an, die unterschiedlichen Diskriminierungsgründe gemeinsam und nicht getrennt zu betrachten. Die EU-Kommission rät den Mitgliedstaaten, eine integrierte Vorgehensweise zu entwickeln. Es wurde ein Perspektivwechsel vollzogen – von einer zielgruppenorientierten (oft defizitär konnotierten) Minderheitenperspektive zu einem zielgruppenübergreifenden, ressourcenorientierten *diversity* Ansatz (vgl. ausführlicher Merx 2006).

Gegenwärtig scheuen die Gremien der EU offenbar keine Mühen und Kosten, auf verschiedenen Ebenen einem umfassenden, stark normativen Verständnis von Diversität das Wort zu reden. Parallel zu den juristischen und politischen Signalen werden periodisch – vorwiegend über das Internet, aber auch durch weitere Mittel der Sichtbarmachung wie fahrende Busse u. ä. – Kampagnen zur Zelebrierung von Diversität gestartet. 2007 war das Jahr der Chancengleichheit, 2008 das Jahr des interkulturellen Dialogs. Zur Strategie der Sichtbarkeit gehört, dass die europäische Kommission – konsequent mit der grundsätzlich wohlwollenden Ideologie der Diversität – bestehende Politiken des Umgangs mit Diversität zum Beispiel auf dem Gebiet der Sozialpolitik und auf dem der Bildungspolitik inventarisiert. Beispiele der *good practice* werden publik gemacht. Das reicht von der Schule (European Commission 2004) zur Arbeitswelt (European Commission 2005), um nur zwei Anwendungsbereiche zu nennen. Diese Art von Dokumentation stützt sich auf Dokumentenanalysen und auf Datenerhebungen bei Behörden. Ein Vergleich zwischen dieser Ebene von Empirie zweiten Grades und Felddaten, die in die Praxis der Institutionen Einblick gewähren, kann Diskrepanzen zwischen der Rhetorik der Diversität und Umsetzungen, die diesem Ideal oftmals widersprechen, zu Tage fördern (Allemann-Ghionda 2008).

3. Vom politischen Ideal zur Herausforderung der Praxis

Ein *diversity*-Ansatz, der sich – analog zu den Stellungnahmen der europäischen Institutionen – als umfassend und integrierend darstellt, wird gegenwärtig von verschiedenen Arten von nationalen und lokalen, öffentlichen wie privaten Institutionen als zeitgemäß und adäquat bezeichnet. Dies ist Artikeln in Printmedien sowie Internetauftritten von Städten, Universitäten und privatwirtschaftlichen Firmen usw. zu entnehmen, vgl. zum Beispiel die Website der Universität Wien „*Diversity Management*" (Universität Wien 2010).

Viele Grossstädte haben den Schritt von einer Zielgruppen- und Minderheitenpolitik (das war das Modell der kanadischen Multikulturalismuspolitik der 1970er Jahre) hin zu einem *diversity*-Ansatz vollzogen. Nordamerikanische Städte wie Toronto oder San José, aber auch europäische Städte wie Rotterdam, Birmingham, Manchester, Stockholm, Basel, Bern oder Wien sind auf dem Weg zu einer Politik der Integration oder der Verschiedenheit – beide Ausdrucksweise kommen vor. Auf der institutionellen Ebene ist damit die Einrichtung oder zumindest die Vision von lokalen Kompetenzzentren verbunden, die für Diskriminierungen sensibilisieren und unter deren Dach die erfolgreichen Ansätze von *Gender Mainstreaming, Intercultural Mainstreaming,* Inklusion von Alten- und Behindertenarbeit vernetzt werden. Die Sensibilisierung für Diversität im Gesundheitswesen ist zu einem wichtigen Thema in der Praxis von Krankenhäusern, im Pflegebereich sowie in der Ausbildung von Ärzten geworden (vgl. den Beitrag von Allemann-Ghionda und Hallal in diesem Band).

Allerdings sind empirische Untersuchungen und systematische Darstellungen der Art und Weise, in welcher der *diversity*-Ansatz praktiziert wird, spärlich. Ebenso selten sind Untersuchungen über die Auswirkungen von diversitätsfördernden Strategien auf die Integration oder Inklusion, auf das Arbeitsklima, auf das Wohlbefinden des Personals sowie auf die Produktivität.

Forschung über die Praxis der Institutionen angesichts der Diversität ist deshalb von Bedeutung, weil gegenwärtig der Trend zur Zelebrierung von Diversität in eine Art Hyperaktivismus zu eskalieren scheint. Dabei ist nicht immer klar, ob die Ziele reflektiert sind, geschweige denn, ob die Strategien das erwartete Ergebnis bringen. Von aussen betrachtet, scheinen die Ziele der diversitätsfreundlichen Strategien eklektisch von der Profitoptimierung (in Firmen) und der effizienten Verwaltung (in öffentlichen Institutionen) über die Wirksamkeit (zum Beispiel von Bildungsmaßnahmen oder von Therapien) bis zum Einklang mit der Idee der Menschenrechte und dem Postulat der Gleichheit zu reichen. Es kann aber auch ganz einfach ein diffuses Mitschwimmen mit dem Zeitgeist sein. Eine plakative Verherrlichung von Diversität kann die in der Theoriediskussion kritisierten Exzesse verstärken: Essentialismus, Gruppismus, Dramatisierung von Differenz. Kulturalisierung kann sozioökonomische Blindheit begünstigen. Letztere ist ebenso inakkurat und reduktionistisch wie die Kulturalisierung jeglicher Differenz. Ein unreflektierter Gebrauch des Begriffs „interkulturelle Kompetenz" (vgl. den Beitrag von Kerstin Göbel in diesem Band) kann die Illusion nähren, dass es sich um eine Fertigkeit handle, die ebenso wie Muskelkraft, Gelenkigkeit und Koordination trainiert werden kann.

4. Schlussbetrachtungen

Der Forschungsstand zum Thema Diversität und zu den Formen ihrer Exklusion oder Inklusion ist im internationalen Vergleich durch eine ungleiche und asymmetrische Entwicklung in den verschiedenen Ländern und in den verschiedenen Disziplinen, aber auch in Bezug auf verschiedene „Orte der Diversität" gekennzeichnet. Die Rekonstruktion des Diskurses über Diversität im internationalen und interkulturellen Vergleich ist weit davon entfernt, abgeschlossen zu sein. Gleichwohl kann, global betrachtet, kaum von einem gravierenden Theoriedefizit die Rede sein. Eher liegen erhebliche Lücken in der empirischen Forschung vor: Wie gestaltet sich die gesellschaftliche Transformation im urbanen Raum (vgl. die Beiträge von Krase und Ruspini in diesem Band), wie reagieren Individuen und Institutionen auf Diversität, welche Semantik wenden sie an, welche Strategien inszenieren sie, um Diversität zum Thema zu machen (oder nicht) und um ggf. damit zu interagieren? Welche Auswirkungen haben Strategien des Umgangs mit Diversität auf Individuen und Gruppen? Nationale sowie disziplinäre Abkapselungen und Befangenheiten sollten überwunden werden, indem im Rahmen internationaler, interkultureller und interdisziplinärer wissenschaftlicher Kooperation neue Forschungsergebnisse generiert und zusammengetragen werden.

In der theoretischen Diskussion spielt der Begriff „Kultur" nach wie vor eine zentrale Rolle, weil je nach Standpunkt unterschiedliche Akzente gesetzt werden auf dem Kontinuum zwischen „eng ethnokulturell" und „auf jegliche Art von sozialer Gruppe bezogen". „Kultur" als analytische Kategorie greift zu kurz, wenn der Begriff nur ethnisch oder national und zudem statisch verstanden wird. Er greift aber nicht zu kurz, wenn darunter Orientierungsmuster und Handlungsweisen verstanden werden, die von sozialen Gruppen oder Milieus – nach der Terminologie von Bourdieu (1992) – mehr oder weniger reflektiert angewandt oder praktiziert

werden. Die Verbundenheit zum Herkunftsland, Ethnizität und bestimmte kulturelle Traditionen sind ausschlaggebende Faktoren für die Identität, wenngleich sie
nicht isoliert oder vorherrschend bestehen, sondern neben vielen anderen, ebenso wichtigen Faktoren für den Einzelnen sowie für Gruppen zählen. Das gilt nicht
nur für Migranten und Minderheiten, sondern ebenso für Personen und Gruppen,
die sich in ihrem Land als einheimisch und als Mehrheit bezeichnen. Man denke
bloss an das nationale Zusammengehörigkeitsgefühl, das anlässlich der Feierlich-
keiten für das zwanzigjährige Jubiläum der deutschen Wiedervereinigung am 3.
Oktober 2010 zum Ausdruck gekommen ist und von den Medien ausgiebig zeleb-
riert sowie theatralisch inszeniert wurde. Töricht wäre es nicht nur, die Bedeutung
von Ethnizität zu leugnen, sondern im Namen einer sturen Reduktion auf materielle und Statusungleichheit sowie im Namen eines abstrakten Gleichheitsideals
jegliche Gruppenidentität (bezogen auf das eine oder andere Differenzmerkmal)
zu negieren. Die Identifikation mit Gruppen – mit mehr als nur einer Gruppe – ist
für jedes Individuum bedeutend. Da die gegenwärtigen Gesellschaften komplex
und in vielerlei Hinsicht divers sind, sollte die Orientierung in dieser komplexen
Syntax und Semantik und die Mitarbeit an ihrer Artikulierung kein Luxusgut für
einige Privilegierte bleiben, sondern – zum Beispiel und vornehmlich in der institutionellen Bildung und in Weiterbildungsangeboten – Thema sein.

Literatur

Adams, M./Blumenfeld, W. J./Castañeda, R./Hackman, H. W./Peters, M. L./Zúñiga, X. (Hrsg.) (2000):
    Readings for Diversity and Social Justice: An Anthology on Racism, Sexism, Anti-Semitism,
    Heterosexism, Classism, and Ableism. London: Routledge.
Allemann-Ghionda, C. (²2002): Schule, Bildung und Pluralität: Sechs Fallstudien im europäischen
    Vergleich. Bern: Lang.
Allemann-Ghionda, C. (2004): Einführung in die Vergleichende Erziehungswissenschaft. Weinheim
    u.a.: Beltz.
Allemann-Ghionda, C. (2009): Interkulturalität und interkulturelle Bildung. In: Andresen, S./Casale,
    R./Gabriel, T./Horlacher, R./Larcher Klee, S./Oelkers, J. (Hrsg.): Handwörterbuch Erziehun-
    gswissenschaft. Weinheim u.a.: Beltz, S. 424-437.
Allemann, L. (2010): Die Samen der Kola-Halbinsel. Frankfurt: Peter Lang.
Banks, J. A. (Hrsg.) (2004): Diversity and Citizenship Education: Global Perspectives. San Francis-
    co: Jossey-Bass.

Berry, J. W./Phinney, J. S./Sam, D. L./Vedder, P. (Hrsg.) (2006): Immigrant Youth in Cultural Transition: Acculturation, Identity, and Adaptation Across National Contexts. London: Erlbaum.

Bleszynska, K. M. (2011). Intercultural Education in Post-Communist Countries. In: Grant, C. A./Portera, A. (Hrsg.): Intercultural and Multicultural Education: Enhancing Global Interconnectedness. New York: Routledge, S. 69-82.

Bourdieu, P. (1979): La distinction. Paris: Editions de Minuit.

Bourdieu, P. (1992): Ökonomisches Kapital – Soziales Kapital – Kulturelles Kapital. In: Bourdieu, P. (Hrsg.): Die verborgenen Mechanismen der Macht. Schriften zu Politik und Kultur I. Hamburg: VSA, S. 49-79.

Bronfen, E./Marius, B. (1997): Hybride Kulturen. Einleitung zur anglo-amerikanischen Multikulturalismusdebatte. In: Bronfen, E./Marius, B. (Hrsg.): Hybride Kulturen. Beiträge zur anglo-amerikanischen Multikulturalismusdebatte. Tübingen: Stauffenberg, S. 1-29.

Bukow, W.-D./Llaryora, R. ([3]1998): Mitbürger aus der Fremde. Soziogenese ethnischer Minderheiten. Opladen: Westdeutscher Verlag.

Camilleri, C. (1995): Sociétés pluriculturelles et interculturalité. In: Camilleri, C. (Hrsg.): Différence et cultures en Europe. Strasbourg: Conseil de l'Europe, S. 85-103.

Chantzi, E. (2009): „Ethnie ist nur eine unter vielen möglichen Variablen" – Steven Vertovec erklärt das Konzept der „Super-Diversity". 17.10.2009, 2009, from the World Wide Web. http://www. blog.hkw.de/?p=275 (Zugriff am 26.09.2010).

Condorcet, J. M. de (1792): Rapport et projet de décret sur l'organisation générale de l'instruction publique. Paris: Imprimerie Nationale.

Council of Europe (2006): The Challenge of Transcultural Diversities. Cultural Policy and Cultural Diversity. Strasbourg: Council of Europe.

D'Souza, D. (1991): Illiberal Education. The Politics of Race and Sex on Campus. New York u.a.: Free Press.

Dietz, G. (2007): Keyword: Cultural Diversity A Guide Through the Debate. Zeitschrift für Erziehungswissenschaft 10, H. 1, S. 7-30.

Diversity Dictionary (2009): http://www.ohio.edu/orgs/one/dd.html (Zugriff am 17.10.2009).

European Commission (2004): Integrating Immigrant Children into Schools in Europe. Brussels: Eurydice.

European Commission (2005): The Business Case for Diversity. Good Practices in the Workplace. Luxembourg: European Commission.

Gomolla, M. (2005): Schulentwicklung in der Einwanderungsgesellschaft. Strategien gegen institutionelle Diskriminierung in England, Deutschland und in der Schweiz. Münster u.a.: Waxmann.

Gomolla, M./Radtke, F.-O. (2002): Institutionelle Diskriminierung. Die Herstellung ethnischer Differenz in der Schule. Opladen: Leske+Budrich.

Griffin, R. (Hrsg.) (2006): Education in the Muslim World: Different Perspectives. Oxford: Symposium Books.

Gutmann, A. (1995). Das Problem des Multikulturalismus in der politischen Ethik. Deutsche Zeitschrift für Philosophie 43, H. 2, S. 273-305.

Habermas, J. (1996): Die Einbeziehung des Anderen. Studien zur politischen Theorie. Frankfurt am Main: Suhrkamp.

Hall, S. (1997): Wann war „der Postkolonialismus"? Denken an der Grenze. Hybride Kulturen. Beiträge zur anglo-amerikanischen Multikulturalismusdebatte. Tübingen: Stauffenberg, S. 219-246.

Keupp, H./Ahbe, T./Gmür, W./Höfer, R./Mitzscherlich, B./Kraus, W./Straus, F. ([2]2002): Identitätskonstruktionen. Das Patchwork der Identitäten in der Spätmoderne. Reinbek bei Hamburg: Rowohlt.

Krüger-Potratz, M./Lutz, H. (2002): Sitting at a crossroad – rekonstruktive und systematische Überlegungen zum wissenschaftlichen Umgang mit Differenzen. Tertium Comparationis 8, H. 2, S. 81-92.

Leonard, J. N. (1971): Amerika. Die indianischen Imperien. Reinbek bei Hamburg: Rowohlt.

Lévi-Strauss, C. (1983): Le regard éloigné. Paris: Plon.

Lévinas, E. (1995): Zwischen uns. Versuche über das Denken an den Anderen. München, Wien: Carl Hanser.

McGee Banks, C. A. (2011): Becoming American. Intercultural Education and European Immigrants. In: Grant, C. A./Portera, A. (Hrsg.). Intercultural and Multicultural Education. Enhancing Global Interconnectedness New York: Routledge, S. 124-137.

Merx, A. (2006): Von Antidiskriminierung zu Diversity: Diversity-Ansätze in der Antidiskriminierungspraxis. (http://www.migration-boell.de/web/diversity/48_825.asp) (Zugriff am 26.09.10).

Montaigne, M. de (1956): Essais. Auswahl und Übertragung von Herbert Lüthy. Zürich: Manesse.

Montesquieu (1721/1973): Lettres persanes. Paris: Coll. Folio.

Moule, A. C./Pelliot, P. (1938): Marco Polo. The Description of the World. 2 Vols. London : Ishi Press.

Porcher, L./Abdallah-Pretceille, M. (1998): Ethique de la diversité et éducation. Paris: Presses Universitaires de France.

Rousseau, J.-J. (1755/⁶2008): Diskurs über den Ursprung und die Grundlagen der Ungleichheit unter den Menschen. Kritische Ausgabe des integralen Textes mit sämtlichen Fragmenten und ergänzenden Materialien nach den Originalausgaben und den Handschriften neu ediert, übersetzt und kommentiert von Heinrich Meier. Paderborn: Schöningh.

Sahagún, B. de (1956): Historia general de las cosas de Nueva España. México: Porrúa.

Said, E. W. (1997): Die Politik der Erkenntnis. In: Bronfen, E./Marius, B. (Hrsg.). Hybride Kulturen. Beiträge zur anglo-amerikanischen Multikulturalismusdebatte. Tübingen: Stauffenberg, S. 81-95.

Scheidgen, H.-J./Hintersteiner, N./Nakamura, Y. (Hrsg.) (2005): Philosophie, Gesellschaft und Bildung in Zeiten der Globalisierung. Amsterdam u.a.: Rodopi.

Segall, M. H./Dasen, P. R./Berry, J. W./Poortinga, Y. H. (1999): Human Behavior in Global Perspective. An Introduction to Cross-Cultural Psychology. Boston u.a.: Allyn and Bacon.

Sen, A. (1995): Inequality Reexamined. First Harvard University Press paperback edition. New York u.a.: Russell Sage Foundation, Harvard University Press.

Taylor, C. (1993): Multikulturalismus und die Politik der Anerkennung. Mit Kommentaren von A. Gutmann, S. C. Rockefeller, M. Walzer, S. Wolf. Mit einem Beitrag von J. Habermas. Frankfurt am Main: Fischer.

Todd, E. (1994): Le destin des immigrés. Assimilation et ségrégation dans les démocraties occidentales. Paris: Seuil.

Todorov, T. (1982): La conquête de l'Amérique: la question de l'autre. Paris: Editions du Seuil.

Todorov, T. (1989): Nous et les autres. La réflexion française sur la diversité humaine. Paris: Seuil.

UNESCO (2001): Universal Declaration on Cultural Diversity. Geneva: United Nations Educational, Scientific and Cultural Organization.

Universität Wien (2010): Diversity Management. http://www.univie.ac.at (Zugriff am 26.09.10).

Voltaire (1747): Zadig ou la destinée, histoire orientale. Amsterdam: Anonym.

Voltaire (1763): Traité sur la tolérance. Genève: Cramer.

Watson, K. (1998): Memories, models and mapping: the impact of geopolitical changes on comparatives studies in education. Compare 28, H. 19, S. 5-31.

Wood, P. (2003): Diversity: The Invention of a Concept. San Francisco: Joyous Publishing.

Zur alltäglichen Vielfalt von Vielfalt – postmoderne Arrangements und Inszenierungen

Wolf-Dietrich Bukow

1. Wenn Vielfalt zum Thema wird

In der öffentlichen Diskussion und besonders in den Medien wird seit Jahren über „Vielfalt", vor allem über „kulturelle Vielfalt" diskutiert. Zumal, wenn es um den Umgang mit der Einwanderung und um die zunehmende Multikulturalität im urbanen Alltag und in den Institutionen, hier vor allem in den Bildungseinrichtungen geht, ist der Begriff sofort zur Hand. Der Begriff wird allerdings auch in einem vordergründig deutlich anderen Zusammenhang verwendet, dort häufig in der englischen Version *(diversity)*. In der Regel denkt man dort eher an *global players* und deren Umgang mit Vielfalt *(diversity management)*. Während also von „kultureller Vielfalt" in der Regel in Zusammenhang mit der Einwanderung gesprochen wird, denkt man bei *diversity* an komplexe betriebliche Vorgänge und dabei meist daran, dass sich ein Betrieb unter den Bedingungen fortschreitender Globalisierung nach innen wie nach außen auf die vielfältigsten kulturellen Besonderheiten ausrichten muss. Hinter beidem verbirgt sich freilich die gleiche Grunderfahrung – nämlich dass man sich der zunehmenden Vielfalt nicht länger entziehen kann. Der Kontext, in dem Vielfalt jeweils sichtbar gemacht wird, ist zwar deutlich verschieden gelagert, aber die Phänomene sind letztlich ähnlich.

Der Begriff der „Vielfalt" wird allerdings seit einigen Jahren zunehmend auch noch in weiteren Zusammenhängen gebraucht – etwa dort, wo es um bislang ignorierte, verdrängte, diskreditierte oder verleugnete Phänomene und Verhaltensweisen geht, beispielsweise im Blick auf die *gender*-Thematik. Zudem wird er aber neuerdings auch in Verbindung mit *disability* Fragen und weiteren gesellschaftlichen Differenzierungsprozessen wie z.B. sozialen Unterscheidungen wie Klasse, Milieu oder biographische Phasen wie Jugend oder Alter aufgegriffen. Auch dahinter verbirgt sich die Erfahrung, dass man sich der gesellschaftlichen Vielfalt nicht länger entziehen kann, sondern sich ihr irgendwie stellen muss.

Die Erfahrungen, die in all den sehr unterschiedlichen Kontexten gemacht werden, erscheinen auf den ersten Blick neu. Man verweist in der Regel darauf, dass sich zur Zeit ein globaler gesellschaftlicher Wandel vollzieht, der auf Grund neuer Mobilitäts- und Kommunikationsmöglichkeiten nicht nur das Bewusstsein für Vielfalt schärft, sondern auch selbst aktiv dazu beiträgt, dass die Welt vielfältiger wird. Es geht danach um einen Wandel, der globale Dimensionen aufweist und sich überall einstellt. Vielfalt verdankt sich insofern einem Epochenwandel. Auch wenn es sich im Einzelfall keineswegs um „neue", sondern nur um eine „wiederentdeckte" Vielfalt handeln mag, klar ist, dass sich Vielfalt während der ganzen Moderne allenfalls gemächlich entwickelt hat. Erst mit dem Ende der Moderne, jetzt, wo das „Projekt der Moderne" an seine Grenzen gestoßen ist und wir uns längst im Übergang zur Postmoderne oder zumindest im Übergang zu einem globalen digitalen Zeitalter (Sassen 2008, S. 517ff.) befinden, kann man kaum noch umhin, festzustellen, dass Vielfalt quantitativ wie qualitativ massiv zunimmt. Mit der Ausbreitung der Zivilgesellschaft scheint sogar eine Lobby zu entstehen, die sich dieses Vorgangs annimmt, nämlich die „Vielen als Viele", um Virno (Virno 2005, S. 13) zu zitieren.

Es ist unstrittig, dass hinter dem Rücken der fortschreitenden Globalisierung und dem Übergang zur Postmoderne Vielfalt in jedem Fall weiter an Bedeutung gewinnt. Was bislang hier oder dort, gestern oder heute ins Blickfeld geriet, tritt jetzt gleichzeitig und ubiquitär ins Blickfeld. Es ist also nicht unbedingt die Vielfalt als solche, sondern das durch den gesellschaftlichen Wandel evozierte Zusammentreffen von „diesem und jenem", was dazu nötigt, sich mit „Vielfalt" auseinander zu setzen. Man sieht sich gezwungen, Differentes zu registrieren, es differenziert einzuschätzen und insbesondere die Gleichwertigkeit zu prüfen, indem man es mit dem, was bislang üblich, vertraut und gewohnt war, vergleicht und neben das, bzw. an die Stelle von dem, was bislang galt, rückt.

So besehen kann man durchaus einige Konturen festhalten, die als Ausgangspunkte für die weitere Debatte dienen sollen:

- Wir haben es mit einer zunehmend komplexeren Vielfalt, man könnte sagen mit einer *„Vielfalt"* an *„Vielfalt"* zu tun. Immer mehr und immer unterschiedlichere Aspekte geraten ins Blickfeld. Vielfalt avanciert dabei zu einer zunehmend *multiplen und ubiquitären Kategorie.*

- Die wachsende Vielfalt basiert weniger auf einer inneren Ausdifferenzierung von dem, was schon immer war, sondern vor allem auf der durch einen gesellschaftlichen Wandel eröffneten Möglichkeit, *Altes durch entsprechendes Neues zu arrondieren.*

- Wenn es darum geht, etwas neu zu arrangieren, so setzt das voraus, dass das Neue ernst genommen, also letztendlich *anerkannt und gleichgestellt wird.*

- Damit stellt sich die Frage *nach der Verträglichkeit* solcher für den Einzelnen noch ungewohnten Arrangements, also nach einer neuen Vielfalt an Vielfalt, nach der Fähigkeit einer Gesellschaft, solche Phänomene zu absorbieren, nach deren „Resilience"[1].

- Und es sieht alles danach aus, als ob dies alles mit einem durch Globalisierung in Verbindung mit *neuer Mobilität* und *neuen Medien* ausgelösten *Epochenwechsel* zu tun hat.

Bedenkt man das genauer, so kommt man zu der Vermutung, dass „Vielfalt" das *Produkt einer voraussetzungsreichen mehrstufigen Operation.* ist, die in einer Zeit des Wandels (einem Epochenwechsel) besonders virulent wird.

2. Vielfalt: das Produkt einer gesellschaftlichen Operation

Vielfalt ist das Produkt einer gesellschaftlichen Operation. Wenn man Beiträge zum Thema Vielfalt sammelt und sichtet, dann sieht man, dass es unglaublich unterschiedliche Vorstellungen dazu gibt. Berücksichtigt man nur die oben skizzierten Konturen, so ist sofort ersichtlich, wie wenig die so erzeugte kulturelle, religiöse, künstlerische, soziale, sprachliche, bildungsspezifische oder städtebauliche Vielfalt gemeinsam haben. Ist damit der Begriff „Vielfalt" nicht untauglich?[2]

Man kann und darf der Thematik nicht schon deshalb ausweichen, weil in den aktuellen Debatten so unterschiedlich argumentiert und oft reduziert, ja reduktionistisch mit der Thematik umgegangen wird und weil, wenn es um mehrere Formen von Diversität geht, die Unterschiedlichkeit der dabei verhandelten Phänomene meist ignoriert wird. Im Gegenteil, wenn hier so oft inadäquat verfahren wird, ja sogar Schaden angerichtet wird und wenn der Begriff diffus verwendet zu einem essentialistischen Gebrauch verführt und man sich dann gerne auf irgendeine extrem generalisierte und spekulativ gefüllte kulturelle Vielfalt kapriziert, um sie dann je nach der eigenen Interesselage zu verdammen bzw. zu verherrlichen, so unterstreicht das nur, wie wichtig das Vorhaben ist. Es ist nicht nur wichtig, sondern kann auch ertragreich sein – tatsächlich verdankt sich ja auch

---

1   Die Verwendung dieses aus der ökologischen Forschung stammenden Begriffs ist nicht ganz unproblematisch, weil er suggeriert, die Gesellschaft bestehe wie das ökologische System aus lauter gleichrangigen Elementen. Tatsächlich kann aber eine Gesellschaft z.B. kulturelle Vielfalt nur verarbeiten, wenn sie „konstitutiv belanglos" ist, eine strategische Bedingung, die ökologischem Denken fern sein dürfte.

2   Ulrich Beck: „Also, ich muss gestehen, der Begriff (*gemeint ist diversity*) als solcher reicht in meinen Augen nicht. Über einen Begriff alleine Forschungen zu organisieren, halte ich für kein sinnvolles Unternehmen. Das kann man so oder so definieren, da kriegt man auch keinen Boden unter die Füße" (Beck 2009, S. 1).

die hier skizzierte Problematisierung der Debatte bereits dem oben vorgestellten Operationsverständnis.

Entscheidend für die weitere Debatte ist, nicht länger von einer bereits fest umrissenen inhaltlichen Vorstellung von Vielfalt ausgehend deren Implikationen zu diskutieren, sondern umgekehrt zu verfahren und operativ anzusetzen. Es ist offenbar der gesellschaftliche Wandel, der es vermehrt möglich macht, auf den unterschiedlichsten Ebenen und in ganz verschiedenen Kontexten Altes durch Neues, das Eigene durch Fremdes zu arrondieren. Der Wandel fördert Operationen, bei denen „das eine wie das andere" zu Alltags-Ressourcen gemacht wird und auf gleicher Augenhöhe ins Blickfeld gerückt wird.

Es ist klar, dass ein solcher Schritt, in dem „das eine wie das andere" tendenziell gleich gestellt wird, keine einfache Operation ist, sondern ein komplexes Verfahren darstellt. Das, was mit dieser Operation als neu ins Blickfeld gerückt wird, ist per se weder neu noch wertfrei. Es muss dazu aus einer bestimmten Perspektive gemacht werden und muss als neu und disponibel gewürdigt werden. Das, was heute alles mit Vielfalt bezeichnet wird, basiert also *intrinsisch betrachtet von sich aus auf keinerlei Gemeinsamkeiten*. Die Gemeinsamkeiten *werden vielmehr erst operativ gezielt erzeugt*, indem „das eine wie das andere" von *seinem mitgebrachten Kontext freigestellt* und in einen neuen gemeinsamen Kontext *als etwas Neues gerückt* wird.

Ziehen wir erste Folgerungen: „Vielfalt" stellt schon semantisch eine extreme Herausforderung dar. Dennoch ist der Begriff analytisch durchaus verwendbar, wenn man ihn prozessual-operativ fasst. Vielfalt ist das schlichte *Produkt eines operativen Verfahrens*. Von dort aus stellen sich nun mehrere Fragen:

a.   Erstens ist sicherlich nach dem Aufbau des operativen Verfahrens zu fragen, nämlich danach, wie ein Neues oder Anderes oder Fremdes im Rahmen dessen, was man schon kennt, zu etwas Relevantem und Gleichrangigem erklärt wird, bzw. – umgekehrt formuliert – dass das, was man gewohnt ist, ein neues Segment an seine Seite gestellt bekommt, so dass unter dem Strich eine neue Vielfalt erreicht wird. Es geht hier offenbar um einen Verständigungsprozess, in dem Vertrautes mit Nicht-Vertrautem in Beziehung gesetzt, ja gemischt wird.[3]

b.   Wichtig ist deshalb auch, nach den Bedingungen und den Hintergründen zu fragen, unter denen diese Verständigung erzielt wird. Es muss so etwas wie eine „Ortspolitik" geben, die es ermöglicht, das „eine wie das andere"

---

3   Häufig beschränkt sich die Debatte auf die Dimension der Verständigung beispielsweise unter dem Vorzeichen von interkultureller Kommunikation. Dabei wird dann der Prozess der Verständigung auch noch auf „Fremdverstehen" reduziert, ein extremer essentialistischer Reduktionismus.

(1) seiner innewohnenden Werte zu entkleiden, (2) in einen gemeinsamen Kontext zu rücken und (3) neu zu arrangieren.

c. Im Anschluss an die Frage nach dem „Sitz im Leben" dieser Maßnahme – dem Ort und der Ortspolitik von Vielfalt – stellt sich auch die Frage nach der global-gesellschaftlichen Bedeutung der jeweiligen Operationen. Es bleibt vor allem zu prüfen, welcher sinnhaft-soziale Beitrag damit beispielsweise für das urbane Zusammenleben geleistet wird und was aus der so hervorgebrachten Vielfalt für das Zusammenleben gesellschaftstheoretisch gefolgert werden kann.

Danach haben wir es mit mindestens *drei Verfahrensdimensionen* zu tun, die im Blick auf Vielfalt wichtig sind: der *„ Verständigung "*, der damit verknüpften *„Ortspolitik "* sowie dem sich daraus ergebenden *„gesellschaftlichen Bedeutung "*.

3. Vielfalt: eine gefragte Operation

Verknüpft man die bisherigen Überlegungen, so kann man Vielfalt als das Produkt einer offenbar typisch postmodernen Operation betrachten, genauer als das Produkt einer Operation im Übergang zur Postmoderne. Sie steht geradezu für das Zeitgefühl einer Epoche im Übergang. Die „Operation Vielfalt" erzeugt anscheinend soziale Phänomene, die sich gut zur Ausstattung eines Lebens im „Übergang", hier von der Moderne in die Postmoderne eignen. In dieser Übergangsphase, wo die Dinge des Alltags teils neu erfunden, teils auch nur neu entdeckt und teils aber auch nur ausgeweitet und neuen Erfahrungen beigemischt werden müssen, scheint dies eine gefragte Operation zu sein. Schaut man genauer hin, so erkennt man, dass diese Operation nicht nur in Deutschland, sondern vor allem auch in anderen Ländern *en vogue* ist.

Schaut man ein zweites Mal hin, so erahnt man, warum sich die Operation zwar sehr langsam, aber dafür umso nachhaltiger durchgesetzt hat. Es geht ja bei dem Übergang in die Postmoderne nicht einfach um eine Neuorientierung, sondern um die Verarbeitung der Auswirkungen einer (zweiten) großen Globalisierungswelle, die dank der neue Mobilitätsformen, der neuen Technologien, der neuen Medien und der neuen Formen des Datenaustauschs so etwas wie eine Zeitenwende hervorgebracht haben. Zwar sprach man schon vorher von einer Pluralisierung der Lebensformen und damit vom Ende einer „wohlgeordneten", „durchrationalisierten", „fortschrittsträchtigen" Moderne. Aber man bewegte sich dabei zunächst nur im Kontext des Erfahrungsbereichs der traditionellen bürgerlichen Gesellschaft und hob auf deren Lebensstil und Lebensgefühl ab. Heute, mit der breiten Durchsetzung der Globalisierung und der ihr dienstbar gemachten Mobilität, der Erfahrung einer immer noch zunehmenden Einwanderung, wird nicht nur eine Pluralisierung von Lebensstilen, sondern auch generell eine Diversifizierung der unterschiedlichsten Bestandteile des Alltags erfahrbar. Und das wird von vielen als Gewinn an Freiheitsspielräumen wahrgenommen.

Heute werden erstmals die vielfältigsten Handlungs-, Deutungs- und Materialisierungsformen, bislang eher marginale Religionen, Sprachen und Milieus, die man allenfalls vom Urlaub kannte, „fremde" Baustile und unbekannte Konsumartikel usw. zur gleichen Zeit an fast jedem Ort sichtbar und beanspruchen Geltung, Anerkennung und Gleichstellung. Rückblickend kann man sagen, dass genau damit das Ende der Moderne eingeläutet wurde. Auf einen Schlag sind alle überkommenen „dichten Vorstellungen", klare, stringente, verbildliche Vorstellungen darüber, was den Alltag ausmacht und genauso, was ihn nicht ausmacht, obsolet. Man kann am Überkommenen festhalten, man kann sich aber auch ganz anders orientieren, was seit Ulrich Becks Arbeiten mit einem „sowohl als auch" (Beck u.a. 2004, S. 13f.) bezeichnet wird. Im Übergang zur Postmoderne werden die geronnenen Handlungs-, Deutungs- und Materialisierungsformen endgültig sichtbar, bewusst, identifizierbar, kritisierbar, relativierbar und vor allem auch transzendierbar. Es beginnt sich ein neues Verständnis durchzusetzen, in dem die neuen Kommunikations- und Mobilitätsformen, die globale Vernetzung des Alltags zu einer zunächst neuartigen Realität avancieren und mit der Zeit, was noch mehr zu irritieren vermag, – wenn man es überhaupt noch wahrnimmt – veralltäglichen, in den Alltagsfundus des „Zuhandenen" (vgl. Schütz 2000) absinken und Teil der Alltagsroutine werden.

Es ist klar, dass eine solche Operation auch Probleme macht. Sie relativiert ja das eine wie das andere, um es zu etwas Neuem zu verknüpfen. Dass dabei etwas verloren geht, ist für die Beteiligten schnell erkennbar, was damit jedoch erreicht wird, das ist nicht so schnell zu erkennen und zeichnet sich erst allmählich, gemächlich ab. Dies löst diffuse Wahrnehmungen und Empfindungen aus. Eines jedenfalls ist heute schon klar, nämlich dass da etwas ins Blickfeld rückt, was bisherige Routinen und Gewohnheiten nachhaltig fraglich werden lässt. Dementsprechend wird das, was sich nun abzeichnet, häufig erst einmal mit Skepsis oder gar Ablehnung registriert, stellt doch diese Entwicklung nicht nur die bisherigen Gewohnheiten in Frage, sondern werden damit auch die überkommenen Machtstrukturen und deren Legitimationsmuster bis hin zu den mit viel Aufwand installierten Nationalstaaten und deren Legitimationslegenden mehr als fraglich, nämlich fragil.

Der Übergang zur Postmoderne löst dementsprechend nicht nur Euphorie, sondern auch eine ganzen Reihe von Abwehrkämpfen aus, bei denen es meist darum geht, die überkommenen Verhältnisse, lokale Privilegien, die Ansprüche eines alteingesessenen Bürgertums, traditionelle Denkmuster und nationale Mythen für die eigene Generation zu retten. Und das bedeutet, man sieht sich zu Widerstand genötigt. Es kommt aber nicht nur zu individuellen Abwehr- bzw. Rückzugskämpfen, sondern auch zunehmend zu kollektiven Reaktionen, neo-restaurativen bis fundamentalistischen Bewegungen. Mit der fortschreitenden Durchsetzung der Postmoderne breiten sich diese Abwehrkämpfe quer durch Europa, ja weltweit aus. So beobachtet man heute überall „Retro-Bewegungen", die sich für religiöse, kulturelle, soziale und nicht zuletzt politische Fundamentalismen und für das Bewahren des traditionell Eingegrenzten und die Fortschreibung des Ausgegrenzten stark machen. Auch daraus kann man ablesen, wie umfassend sich die Vielfalt seit dem Ende der Moderne ausgebreitet hat und Wirkung zeigt.

Wer sich mit „Vielfalt" beschäftigt, der wird zwangsläufig in auch in diese Auseinandersetzungen verwickelt, wobei es zunächst ganz gleich ist, wie die einzelnen Aspekte von Vielfalt im konkreten Zusammenhang einzuschätzen sind, ob es wirklich um eine neue Vielfalt geht oder nur um die Anerkennung bislang verdrängter Formen, ob die Vielfalt hilfreich ist oder ob sie problematisch erscheint oder ob es nur darum geht, ein bisher eingeschliffenes Verständnis von Vielfalt zu kritisieren, weil hier die Dekonstruktion von überkommenen Gewohnheiten und damit einer eingespielten Macht droht.

4. Auf dem Weg zu einer zunehmenden Vielfalt an Vielfalt

Wir haben gesehen, dass sich die Aufmerksamkeit für Orte der Diversität, ihre Formate, Arrangements und Inszenierungen zunächst einmal einem globalgesellschaftlichen Zeitgeist, genauer dem Übergang in ein neues „Zeitalter", der Postmoderne verdankt. Wenn es aber darum geht, die damit gemeinten Prozesse präziser in den Blick zu nehmen, dann muss man noch einmal genau hinschauen, weil die „Operation Vielfalt" in Anknüpfung an alte Versionen der Herstellung von Vielfalt zunehmend komplexer wird.

Wie bei der Diskussion der operativen Eigenschaften von Vielfalt schon deutlich geworden, muss man sich auf die empirischen Aspekte der Operation konzentrieren, d.h. sich darüber klar werden, dass es hier nicht um abstrakte, sondern um ganz konkret im urbanen Raum identifizierbare zunehmende Prozesse geht – eine „Operation Vielfalt", die das praktische Arrangement zwangsläufig bestimmt, aber im Kontext einer immer weniger wohlgeordneten und oft kaum noch rational empfundenen Moderne nicht nur Zustimmung, sondern auch mancherlei Reibungsverluste erzeugt, die die eine oder andere Irritation auslösen dürften. Wer sich heute

arrangiert, der richtet sich automatisch in einer durch *global cities* geprägten Welt
ein und wird so oder so zu einem Akteur in der multikulturellen Weltgesellschaft.
Die mit diesem oft noch ungewohnten Arrangement verbundenen Irritationen geben Anlass, sich mit diesem Vorgang eigens zu befassen. Man re-definiert seine
sich verändernde Situation, man sucht nach passenden Bildern und Beschreibungen und nach wichtigen Merkmalen. So kommt es einerseits zur Identifizierung
mit Vielfalt. Mitunter spricht man auch schon von einer fortgeschrittenen „Super-
Vielfalt" (vgl. Vertovec 2010). Manche reagieren sogar euphorisch und verbu-
chen diesen Prozess als Befreiung. Anderseits beklagen manche angesichts dieser
Entwicklung eine zunehmende Undurchsichtigkeit und versehen sie mit Konno-
tationen wie „Irrationalität" und „Chaos", „Überfremdung" und „Orientierungs-
losigkeit". Das bedeutet, wir haben es mit zwei unterschiedlichen, jeweils in spezifischer Weise empirisch relevanten Ebenen zu tun. Auf der einen Ebene lassen
sich Operationen und deren Auswirkungen samt ihren Relationen, Bedeutungen
und Folgen einschließlich der sich daraus ergebenden lebenspraktischen Arrangements registrieren. Und auf einer anderen Ebene geht es um die Thematisierung,
um die Deutung und die Bewertung der entsprechenden Operationen – eine Ebene, auf der der Versuch gemacht wird, das, was sich im Alltag abspielt, begrifflich zu fassen, deutend zu bändigen und in ein entsprechendes Gesellschaftsbild
so oder so zu „integrieren".

Um die Brisanz dieser Konstellation erfassen zu können, ist es wichtig, sich
Schritt für Schritt die einzelnen Aspekte der „Operation Vielfalt" jeweils auf beiden Ebenen genauer anzuschauen. Unter diesem doppelten Blickwinkel lassen
sich dann bei einer idealtypischen Betrachtungsweise gleich drei unterschiedliche
Verfahrensvarianten erkennen. Wir müssen deshalb bei der Erzeugung von Vielfalt mit unterschiedlichen Wegen und mit unterschiedlichen Bewertungen des jeweiligen „Produktes" rechnen., eben mit einer zunehmenden Vielfalt an Vielfalt.

1.   a) Es mag sein, dass mit der „Operation Vielfalt" die Aufmerksamkeit ein-
     fach auf etwas gelenkt wird, was in der Alltagspraxis lange eher notgedrun-
     gen oder beiläufig hingenommen wurde, ansonsten aber zumeist verdrängt
     wurde und damit dem traditionellen normativen Blick letztlich verborgen
     blieb, heute aber anders gesehen wird. Hier ist nicht nur an die vielen ri-
     tuellen Anteile unseres Alltagshandelns zu denken, sondern auch an das
     breite Spektrum sozialen bis sexuellen Handelns, das häufig tabuisiert oder
     ignoriert wurde, auch wenn man es schon immer praktizierte, und das jetzt
     liberaler gehandhabt wird: So wird heute ein zunehmender Kontingenzspiel-
     raum für das Alltagshandeln frei gegeben. Und so wird ein lange tabuisierter

Varianzspielraum „legalisiert", werden *die diversen Möglichkeiten kontingent gesetzt.*

b) Umgekehrt lassen sich in diesem Rahmen aber auch Operationen beobachten, die darauf abzielen, Spielräume einzuschränken statt Spielräume zu erzeugen. Hier wird Vielfalt herbei geredet und beispielsweise bestimmten Alltagspraxen zugeschrieben, um anschließend die so attribuierten entsprechenden Bevölkerungsgruppen ausschließen zu können. So werden häufig besondere sprachliche, soziale oder religiöse Merkmale erfunden, diese dann ausgewählten Bevölkerungsgruppen zugeschrieben und schließlich die so aufgeladenen Gruppen aufgrund der ihnen zugewiesenen Eigenschaften pädagogisiert, nationalisiert, kulturalisiert, ethnisiert, sexualisiert oder diskriminiert bzw. kriminalisiert. Die gegenwärtige Integrationsdebatte ist ein klassisches Beispiel dafür, wie den Kindern und Enkeln von Einwanderern eine Vielfalt zugeschrieben wird, die man dann anschließend brandmarken kann. Hier wird die „Operation Vielfalt" genutzt, um den Kontingenzspielraum einzuschränken, Varianten zu definieren, zu sortieren und dann entsprechend zu behandeln. *Vielfalt wird postuliert, um eine Legitimation für gouvernementale Interventionen zu gewinnen.*

2. a) Häufig wird „Operation Vielfalt" genutzt, um die Aufmerksamkeit auf etwas zu lenken, was neu erscheint, was aber genauer besehen bislang nur jenseits des Horizontes verborgen war – also nur für jemanden, der in einer spezifischen Alltagssituation verwurzelt ist, eine Horizonterweiterung darstellt. Hier ist vor allem an bislang unvertraute, mithin „fremde" kulturelle, religiöse oder sprachliche Erscheinungen zu denken, mit denen man seit der Globalisierung des Alltags zunehmend konfrontiert wird. *Der Varianzspielraum, das, was bislang vor Ort gegolten hat, wird hier durch etwas, was bislang nur an anderen Orten gegolten hat, ergänzt.* Die neuen Möglichkeiten werden kontingent gesetzt.

b) Umgekehrt kann es aber auch sein, dass sich die Neuigkeiten als alte Bekannte herausstellen oder dass sie zumindest im Verlauf der Zeit zu alten Bekannten mutieren. Mit der Zeit büßen sie so oder so die Aura des Neuen ein. Vielfalt veralltäglicht und nivelliert sich. Schließlich geht es nur noch um „ganz gewöhnliche" Variationen des Alltagslebens. Vielfalt reduziert sich auf ein *label,* das zum Schluss nur noch beschworen wird, um bestimmte kommerzielle, soziale oder kulturelle Interessen zu befriedigen oder eine damit begründete besondere Stellung einer religiösen, sozialen oder politischen Praktik weiter halten zu können. *Der Kontingenzspielraum wird hier veralltäglicht, reduziert*, ohne dass sich am Varianzspielraum noch etwas ändert.

3. Zunehmend beobachten wir aber noch eine andere Verfahrensvariante. Hier geht es darum, dass durch die Verbindung oder Vermischung, die Ausweitung oder Variation von etwas Vertrautem mit etwas Fremdem eine bislang unbekannte neue Vielfalt an Vorstellungen oder Verhaltensweisen geschaffen wird. Dieser Vorgang – Stefan Lanz beschreibt ihn als „Aufmischen" (Lanz 2007, S. 363ff.) – lässt sich besonders in der Kultur-, Kunst- und Architekturszene und in der Literatur, aber auch in der Wirtschaft beobachten und ist dank der neuen Medien oder Mobilitätsformen längst überall gegenwärtig. Bislang nicht vorgestellte Varianten eines Phänomens werden machbar. Neuartige soziale Formate, neuartige Lebensstile, neuartige Sprachen, neuartige Religionen, neuartige Produkte werden erzeugt, indem passendes Material transzendiert wird, das bisherige Repertoire an praktischen Möglichkeiten und diskursiv vorgehaltenen Deutungsbildern neu modelliert wird. Dabei werden „naturgemäß" mobile und informationell gut vernetzte Menschen zu Wegbereitern, zu Modernisierungspionieren (vgl. Yildiz/Mattausch 2009). Der Kontingenzspielraum wird ausgeweitet, neu „aufgemischt", *der Varianzspielraum ausgeweitet und neue hybride Versionen werden kontingent gesetzt*.

Schaut man sich die aktuelle Debatte an, so sieht man, dass alle drei Verfahrensvarianten nebeneinander zu beobachten sind und alle eine wichtige Rolle spielen. Allerdings werden sie jeweils in sehr unterschiedlicher, in sehr spezifischer und teils durchaus problematischer Form relevant. Man kann sie nicht alle gleich behandeln, weil sie jeweils einer deutlich unterscheidbaren Logik folgen.

5. Einige typische Beispiele

Es ist oben schon angeklungen, dass man zu allen drei bzw. fünf Varianten – fünf, wenn man bei den beiden ersten Verfahrenstypen die jeweilige Umkehrung der Verfahren mit zählt – typische Beispiele finden kann. Hier kann es jedoch nur darum gehen, unter Berücksichtigung einzelner Verfahrenstypen auf Strategien aufmerksam zu machen, die generell im Rahmen der „Operation Vielfalt" genutzt werden.

5.1 Wenn die „Operation Vielfalt" sowohl dazu dient, Freiheitsspielräume zu eröffnen, als auch dazu, Freiheitsspielräume einzuschränken

Wenn man sich das erste Verfahren anschaut und hier die erste Variante, bei der alltägliche Vielfalt freigesetzt wird (1a), prüft, so trifft man eine Vielfalt, die in der Regel begrüßt wird. Schon in der ausgehenden Moderne, aber besonders im Übergang zur Postmoderne werden manche Phänomene oder Verhaltensweisen neu wahr genommen, die bislang versteckt oder verborgen blieben, ja tabuisiert wurden. In diesem Fall war die Vielfalt, war der Varianzspielraum zwar schon immer vorhanden, nur wurde vieles absichtsvoll oder gewohnheitsmäßig ausgeblendet, ja verdrängt. *Ein plastisches Beispiel wäre das sexuelle Verhalten.* So hat sich das sexuelle Verhalten vermutlich in den letzten Jahrzehnten wohl kaum nennenswert verändert und sich schon immer in einem breiten Spektrum mit unterschiedlichsten Akzentsetzungen bewegt, wohl aber wird es jetzt ganz anders wahrgenommen. Ein breites Spektrum an möglichen Verhaltensweisen wurde lange auf wenige für alle verpflichtende Typen reduziert und diese werden einander („komplementär-asymmetrisch") zugeordnet. Der Rest fiel unter den Tisch. Dazu wurden auch aus anderen Zusammenhängen vertraute binäre Konstruktion genutzt, man denke nur an „sauber versus schmutzig", „roh versus gekocht", „schwarz versus weiß", „profan versus heilig", „sesshaft" versus „obdachlos", „deutsch" versus „ausländisch", „klug" versus „dumm", „reich" versus „arm" usw.. Solche Verfahren boten schon immer einen „sozialen Reim", dem man sich noch nie wirklich entziehen konnte.

Was wir heute beobachten, ist zwar keine vollständige Aufhebung solcher binarisierender Operationen, aber doch der Versuch, zunächst einmal die Asymmetrien aufzuheben, die harte Polarisierung zu relativieren und das, was dabei unter den Tisch gefallen ist, neu in den Blick zu nehmen. Danach geht es erst einmal um den Geltungsbereich dieser Verfahren. Gelten sie für alle Handlungsbereiche gleichzeitig oder sind sie nur partiell relevant? Gerade in dem beispielhaft angeführten Fall kann man von einer schrittweisen Dekonstruktion, freilich auch einer Reduktion auf den privaten Sektor sprechen. Die Geltungslogik wird dekonstruiert, politisiert und deren Geltungsbereich damit zumindest massiv eingeschränkt, so dass zunehmend uncodierte Felder entstehen oder man sie doch zumindest mit Hilfe von Quotenregelungen u.a.m. frei räumen kann. Die in diesem Kontext operationell hergestellte Vielfalt ist also im Prinzip nichts Neues, sondern nur etwas, was durch die Dekonstruktion überkommener Binarisierungen wiedergewonnen wird. Das hier verwendete Verfahren der Öffnung besteht in einer Dekonstruktion binärer und oppositionell gesetzter Verhaltens-, Handlungs- und Deutungsmuster und damit in der Rückgewinnung eines breiten Spektrums entsprechender Muster, die bislang tatsächlich nur unter den Tisch fielen.

Wenn man sich die andere Variante (1b) dieses Verfahrens anschaut, bei dem alltägliche Vielfalt eingegrenzt, ausgegrenzt und diskriminiert wird, so sieht man sehr schnell, dass die „Operation Vielfalt" hier genau umgekehrt angelegt ist, da Öffnung und Einschränkung nur verschiedene Seiten der gleichen Medaille sind. Besonders deutlich wird das an der *Soziogenese ethnischer Minderheiten*, hier an der oben bereits erwähnten Herstellung eines „typisch Türkischen" und der Verwendung dieser neuen Vielfalt im Umgang mit den Kindern und Enkeln der „Generation Gastarbeiter".

Man kann an der Soziogenese ethnischer Minderheiten (Bukow/Llaryora 1993) zunächst einmal zeigen – hier besonders an der Situation der schwarzen Bevölkerung der USA – wie ein kontingentes Feld nach Schwarz-Weiß aufgeteilt und dazu benutzt wird um eine Machtstruktur zu etablieren. In diesem Fall dienen rassistische Theoreme dazu, das Feld entsprechend zu polen und die Verhältnisse zu klären. In der deutschen Version wird freilich das kontingente Feld nicht farblich (pseudorassisch), sondern nach Herkunft (pseudoethnisch) binarisiert. Die Soziogenese einer Minderheit wird auf diese Weise nicht mehr naiv rassistisch, sondern „zeitgemäßer" kulturrassistisch geordnet. Anders als im „Öffnungsverfahren" (1a) wird bei diesem Verfahren (b) eben kein vorgegebener Varianzspielraum aufgegriffen, sondern nur postuliert, und anders als dort wird hier nicht legalisiert, sondern diskreditiert. Die Hautfarbe impliziert per se eben keine soziale Differenz. Hier wird erst einmal die Hautfarbe rassistisch interpretiert, also erst zum Teil einer sozialen Variante erklärt. In der deutschen Version wird aus einer Staatsangehörigkeit eine ethnische Eigenschaft gemacht, damit das weitere Verfahren überhaupt greifen kann.

Es geht hier zunächst darum, eine breite Palette an Verhaltensweisen, Vorstellungen, Deutungsmuster usw., herauf zu führen und sie anschließend geschickt zuzuordnen, so dass man damit gesellschaftspolitisch arbeiten kann. D.h. hier wird eine Vielfalt nur postuliert, um bestimmte Verhaltensweisen auswählen und Vielfalt so reduzieren zu können, dass man damit machtpolitisch arbeiten kann. Das Ziel ist also nicht, neue Freiheitsspielräume zu schaffen, sondern sich von eigens postulierten Spielräumen zu befreien und damit die Merkmalsträger machtpolitisch verfügbar zu machen. Die „Operation Vielfalt" besteht danach in zwei Schritten. Zunächst müssen die Bedingungen bereitgestellt werden, nämlich unterschiedliche Verhaltensweisen überhaupt „heraufgeführt" und mit spezifischen Bedeutungen versehen werden, damit man sie anschließend „zur Ordnung zu rufen" kann, um sie schließlich einer kulturrassistischen Machtkonstruktion unterwerfen zu können.

Die von Thilo Sarrazin über die islamische Bevölkerung in Deutschland oder die von Nicolas Sarkozy über die Roma seit dem Juli 2010 entfachten Debatten sind klassische Beispiele dafür, wie in geradezu hysterischer Weise das Fremde im Anderen erst installiert und dann skandalisiert wird, um sich anschließend als Retter der Nation feiern zu lassen. Dieses Verfahren hat etwas negativ Reziprokes an sich, weil es nicht um ein Mehr an Vielfalt und damit um neue Spielräume geht, sondern um ein nur vorgebliches Mehr an Vielfalt, um Spielräume einzuschränken. Die beschworene Multikulturalität ist tatsächlich nur das Resultat eines Ethnisierungsprozesses, der dazu dient, einen bestimmten Anpassungs- bzw. Ausgrenzungsdruck zu erzeugen.

5.2 Wenn die „Operation Vielfalt" sowohl dazu dient, Neues hinzuzufügen, als auch dazu, Neues einzuebnen

Zunächst einmal (2a) geht es um ein In-Rechnung-Stellen bislang unbekannter Möglichkeiten. Sie sollen dazu beitragen, das bisherige Repertoire zu erweitern, zu ergänzen, Neues neben Altes zu rücken: Hier wird ergänzt. Dies ist ein Effekt, der schon seit der Entwicklung des ersten Fernhandels (schon bevor die Römer nach Mitteleuropa kamen) bekannt ist und seit der ersten Globalisierungswelle (Zeit der Kolonialisierung) vertraut ist und seit der zweiten Globalisierungswelle (heute) den ganzen Alltag durchdringt.

In wirklich allen gesellschaftlichen Zusammenhängen, von der Sprache über die Kultur, die Religion, die Lebensmittel-, die Industrieproduktion bis hin zu sozialen Formaten findet dank der neuen Mobilität und der neuen Medien eine erhebliche Erweiterung des bislang Gewohnten und eine schrittweise Ausweitung von Vielfalt statt. Zu dieser Erweiterung bedarf es auf den ersten Blick keiner speziellen Operationen. Auf den unterschiedlichsten Ebenen und in ganz verschiedenen Kontexten Altes durch Neues zu arrondieren, indem beides letztes Endes auf gleicher Augenhöhe ins Blickfeld gerückt wird, selbst wenn es mal mehr darum geht, dass es neu ist und mal mehr darum, dass es gleichrangig behandelt werden soll, all das erscheint logisch konsequent. Wer die neue Mobilität oder die neuen Medien fördert, der fördert zwangsläufig eine solche Vielfalt. Hier findet „bloß" eine Arrondierung von sozialen Phänomenen oder Handlungsweisen statt.

Aber genau hier verbergen sich eine ganze Reihe von Problemen, die dazu beitragen, dass gegenüber der Vielfalt eben doch ein massiver Integrationsdruck aufgebaut wird, weil mit der Vielfalt zwangsläufig die „Karten des Zusammenlebens" neu gemischt werden. Eine neue Religion bedeutet, dass den überkommenen Religionen in der Form von Kirchen eine ökonomisch relevante Konkurrenz erwächst. Die Bereitschaft von Einwanderern, mit der ganzen Familie den kleinen Kiosk an der Ecke zu betreiben, erweckt den Neid des Alteingesessenen, dem das alles zu aufwendig und zu selbstausbeuterisch ist. Aber nicht jeder Widerstand gegenüber der neuen Vielfalt schwindet so schnell wie der gegenüber den Jeans, die viele Jahre lang als „prollig" bzw. „unweiblich" in Bildungseinrichtungen und bürgerlichen Familien verboten oder zumindest verrufen waren. Das Verbot gegenüber den Jeans hat dazu geführt, dass man heute in den Bildungseinrichtungen in einer seltenen Übereinstimmung fast ausschließlich Jeans trägt. Doch ging es bei der Bekleidung damals nur um die Durchsetzung von Insignien eines westlichen Lebensstils, also um ein Zeichen für einen Wandel. Heute geht es um die Durchsetzung einer unumkehrbaren Globalisierung und damit nicht mehr um eine flüchtige Zeichenhandlung, sondern um einen breiten Wirklichkeitswandel.

Die Relation zwischen dem, was vor Ort schon immer gilt und dem, was neu eingetragen wird, stellt offenbar für manche eine beträchtliche Herausforderung dar. Die Erkenntnis, dass es sich um eine Nebenfolge einer ansonsten begrüßten gesellschaftlichen Entwicklung handelt, hilft da nicht weiter. Eine wirkliche Anerkennung und Gleichstellung des Neuen verlangt zumindest die *Öffnung* der überkommenen Gewohnheiten, Institutionen und Organisationen und damit das Zugestehen von neuen Spielräumen. Und das gelingt dann, wenn die Alteingesessenen solche Prozesse zumindest im Prinzip gewohnt sind. Wir wissen, dass dies in vielen gewachsenen, d.h. seit je gemischten urbanen Quartieren der Fall ist – anders als in gezielt homogen und sozio-kulturell segregiert konstruierten Quartieren, in den so genannten „Zitadellen". In gemischten Quartieren wird die Öffnung durch die Alltagspraxis, durch praktische Vernunft bestätigt. Der Kiosk von nebenan erweist sich letztlich als unverzichtbar und der Kulturverein um die Ecke wird zu einem neuen Anziehungspunkt. In homogenen „Zitadellen" lässt man sich nieder, um ungestört seine Privilegien genießen zu können. Zumal in einer *„gated community"* würde sozio-kulturelle Vielfalt das Spiel verderben (Boris 2005, S. 86). Allenfalls wird Vielfalt akzeptiert, wenn sie sich in die bestehende Ordnung einfügt, z.B. als Personal (vgl. Foto zur Hochzeitsfeierszenerie von 2008 in Kentucky/USA). Altes durch Neues zu ergänzen erscheint auf den ersten Blick einfach (2b). Es gibt tatsächlich viele Situationen, in denen das nicht nur gelingt, sondern alsbald auch gar nicht mehr wahrgenommen wird, weil das Neue schnell *veralltäglicht*. Dabei kommt es noch nicht einmal so darauf an, ob man sich bewusst mit der Vielfalt arrangiert, es kommt nur darauf an, dass das Neue zu einem *unumkehrbaren und selbstverständlichen* Bestandteil der Alltagswirklichkeit geworden ist.

Abbildung 1: Hochzeitsfeier, Kentucky/USA

Plastisch wird dieser Vorgang, wenn man sich das Sozialisationsmilieu von Kindern in einem der von hoher Fluktuation geprägten Stadtquartiere anschaut. Der Beobachter mag vielleicht erstaunt sein, wenn da Kinder mit einer deutlich verschiedenen Migrationsgeschichte gewohnheitsmäßig zusammen spielen; aber die Kinder selbst nehmen diese Situation ja als eine in sich kontingente, alltägliche Situation wahr, in der Unterschiedlichkeit eine triviale Angelegenheit ist. (Das Bild aus Istanbul von 2010 zeigt, wie Kinder verschiedener Herkunft wie selbstverständlich miteinander spielen, nämlich kulturindifferent, aber genderdifferent – uns fällt das erste auf, das zweite nicht).

Abbildung 2: Spielende Kinder verschiedener Herkunft, Istanbul

Vielfalt ist vergänglich, sie verschwindet in dem Maß, in dem die mit „neu" be-
zeichneten Besonderheiten ihren besonderen Status verlieren, nicht weil sich die
Relation zwischen dem bislang Gewohnten und dem Neuen auflöst, sondern weil
die Relation an Bedeutung verliert, das Fremde somit Teil des Alltags oder sogar
Bestandteil des eigenen Repertoires geworden ist. Im Grunde ist das Neue allerdings nicht verschwunden, sondern sein Status hat sich geändert.

Betrachtet man das „Veralltäglichungsverfahren" genauer, so sieht man, dass
die oben beschriebene Öffnung zur Einbeziehung des Neuen der erste Schritt war.
Der zweite Schritt ist jetzt, dass die in den Kontingenzspielraum einbezogenen
neuen Möglichkeiten *assimiliert* werden. Man bezieht sie in den eigenen Wahr-
nehmungs- und Handlungsspielraum ein, betrachtet sie als tagtäglich „zuhanden"
und stellt sich darauf ein, *akkommodiert* also die Vielfalt. Das „Ergänzungsverfah-
ren" basiert auf Öffnung, darauf, dass man die Vielfalt, ihre Präsenz, Relevanz und
Gleichrangigkeit, alle Verfahrensdimensionen akzeptiert. Jetzt geht es noch einen
Schritt weiter, nämlich dass man die Vielfalt einbezieht, sie seinem Repertoire assimiliert, also einbezieht, und sich darauf neu einstellt, also sich akkommodiert.
Dieses von Jean Piaget aus der Augenoptik (Piaget 1974) entlehnte Bild kann die
hier praktizierte spezielle Operation gut verständlich machen. Dieses Verfahren
stellt damit auch nichts Besonderes dar, sondern rekurriert hier auf eine im Alltag
tagtäglich angewendete Operation. Sie erweist sich hier nur erneut als praktisch.

Wer sich entsprechenden Beispielen von Vielfalt zuwendet, wird freilich schnell
beobachten, dass viele Dinge, die für den distanzierten, den kritischen Beobachter
ein Beleg für eine zunehmende Vielfalt sind, von den Zeitgenossen selbst oft nicht
als Vielfalt wahrgenommen werden. Wer in einer ländlichen Region aufgewachsen ist und bislang seinen Heimatort niemals wirklich verlassen hat, der wird von
der Vielfalt urbanen Lebens in einer Stadt „nebenan" zunächst einmal beträchtlich irritiert sein – bis er sich arrangiert hat und alles wieder seinen Gang nimmt.
Und wer gewohnt ist, mittags „nebenan" essen zu gehen, dem ist sicherlich nicht
bewusst, dass die ersten Pizzerien in Deutschland in den 1960er Jahren, die ersten Schnellimbisse mit Pommes Frites in den 1970er Jahren eröffneten. Im Übrigen gilt diese Einschränkung auch im Blick auf einzelne Themen oder Bereiche
des Alltagslebens. Da man ja heute nicht mehr über ein irgendwie geschlossenes
Weltbild verfügt, sondern oft nur über situations- bzw. milieuspezifische Bilder
(*cognitive map*) verfügt, kann es sein, dass die Einbeziehung und Veralltäglichung
nicht nur von der Thematik, sondern auch von dem Milieu und der Schicht abhängt.

5.3 Wenn die „Operation Vielfalt" zu einer neuen Gemengelage beiträgt

Die letzte der oben skizzierten Möglichkeiten (3) stellt logisch betrachtet eine Alternative zu den anderen Verfahrensvarianten dar, praktisch ist das aber nicht ganz so einfach. Sehr häufig kommt es am Ende der anderen Verfahren zu Mischungen, zur Hybridisierungen, so dass etwas entsteht, das es so bislang nirgends gegeben hat. Oft werden die Dinge eher ad hoc miteinander vermischt. So vermischen sich das Englische und das Spanische in manchen New Yorker Stadtteilen zu einer neuen Sprache, dem *Spanglish* und das Kölsche und das Türkische in den Quartieren in Köln zu einem eigenartigen Deutsch-Türkisch. Genauso geht es bei vielen Produkten nicht nur in der Gastronomie, sondern auch in der Industrie. Es spielen sich neue, hybride Formen ein. Man kann hier im Anschluss an Claude Lévi-Strauss (2000) von einem Prozess der *bricolage* sprechen.

Mit diesem Verfahren wird alles relevante Vertraute und Fremde transzendiert und zu etwas Neuem, etwas „Nie-Dagewesenem" zusammen gefügt. Es gibt drei typische Schritte: Ausgangspunkt ist eine Situation, in der Neues auf Altes trifft, eine bloße Ergänzung aber kurz- oder langfristig nicht funktioniert. Deshalb bietet sich eine Mischung an, bei der beide Seiten ihre Spezifika, ihren jeweiligen Kontext einbüßen, so dass tatsächlich etwas (teilweise) gänzlich Neues entsteht. Mit der Anerkennung des Neuen wird zum Schluss alles, was eingearbeitet wurde, indirekt, retrospektiv als präsent, relevant und gleichrangig zwangsläufig mit anerkannt. Wer das *Spanglish* als neue Realität akzeptiert, akzeptiert die Tatsache, dass die Welt im Quartier und das Quartier in der neuen Sprache präsent ist, er akzeptiert mit dem Neuen die Bedingungen, unter denen das Neue sich konstituiert (vgl. Krase in diesem Band).

Hinter diesem Verfahren verbirgt sich dementsprechend eine bestimmte Situationspolitik, hier die praktische Vernunft. Spätestens wenn aber „übergeordnete" Vorstellungen tangiert sind, wird aus der praktischen Situationspolitik ein Politikum. Um beim Sprachbeispiel *Spanglish* bzw. „Deutsch-Türkisch" zu bleiben: was die einen tun, wird von den anderen kritisiert und man spricht schnell von oben herab von doppelter Halbsprachigkeit; es wird gefordert, dass die Eingewanderten (gemeint ist oft die dritte Generation) endlich in Deutschland ankommen sollten. Langfristig dürfte sich auch in diesem Fall irgendwann die praktische Vernunft durchsetzen, wie man an Städten wie Berlin oder Frankfurt erkennen kann. Das hat mit Anschlussfähigkeit zu tun. Man kann diesen hybridisierenden Umgang mit Vielfalt nicht nur im urbanen Alltag, sondern z.B. auch in viele Betrieben beobachten. Es ist das Ergebnis einer postmodernen „System-Umwelt-Koppelung", die Armin Nassehi als „Sog der Anschlussfähigkeit"(Nassehi 2006, S. 448) beschreibt. Man ist aus pragmatischen Gründen genötigt, sich auf eine veränderte

Gemengelage einzustellen, man wächst in einem global gemischten Quartier auf und nimmt zwangsläufig die tagtäglich erlebte globale Mischung irgendwann wie selbstverständlich und gewohnheitsmäßig hin.

6. Über den Umgang mit einer zunehmenden Vielfalt an Vielfalt

Der Begriff „Vielfalt" wird dazu genutzt, um ein Mehr zu würdigen, was voraussetzt, dass man dem Eigenen und dem Fremden, „diesem und jenem" gleiche Relevanz zubilligt, damit aber auch beides gleichzeitig relativiert und ihres alten Kontextes entkleidet. Ohne beide Seiten gleich zu stellen, entsteht keine Vielfalt. „Vielfalt" ist also das Produkt eines spezifischen operativen Verfahrens.

Wenn die so hervorgebrachte Vielfalt die gesellschaftliche Wirklichkeit nicht nur bis in die formalen Systeme hinein, sondern vor allem auch bis in die Tiefe der Lebenswelt prägt, so spiegelt immer auch den Wandel der Lebensverhältnisse im Übergang zur Postmoderne. Die im Prozess der Globalisierung, der neuen Kommunikations- und Mobilitätsentwicklung freigesetzten „Vielen als Viele" (Virno 2005, S. 13) sind die Agenten in diesem Prozess. Und das wirkt sich aus. Es wirkt sich auf bei der Thematik (Kultur, Religion, *gender*, *disability*, Wissen...), bei den Wirkungen (beunruhigend, spannend, mobilisierend, befreiend – diskriminierend, ausgrenzend...), bei der Einschätzung (modern, emanzipatorisch, desorientierend...) und bei dem Umgang damit (assimilieren, sich umstellen bzw. akkommodieren, ignorieren, tabuisieren, sanktionieren...). Sobald man sich unterschiedlichen Aspekten von Vielfalt zuwendet, wird also sehr schnell deutlich, dass abgesehen von der „Operation Vielfalt" als solche sehr unterschiedliche Phänomene vorliegen (soziale Vielfalt hat andere Implikationen als religiöse Vielfalt...) und dass sie je nach den jeweils beteiligten Gruppen in einem komplexen Wechselverhältnis stehen.

Dementsprechend wird das Ergebnis der „Operation Vielfalt" von allen Beteiligten als Gewinn betrachtet, schon weil die Vielen als Viele, die jeweiligen Bevölkerungsgruppen und Milieuvertreter unterschiedlich beteiligt sind. Der Umgang mit einer zunehmenden Vielfalt an Vielfalt trägt zwar dazu bei, Freiheitsspielräume zu schaffen, aber unter bestimmten Bedingungen auch dazu einzuschränken und gibt dann Anlass für Widerstand, ja für rassistische Praktiken. In der Regel bleibt einem zwar gar nichts anderes übrig, als sich konstruktiv zu arrangieren, weil man sonst den Anschluss an die gesellschaftliche Entwicklung verliert. Aber es gibt auch andere Reaktionen. Es ist spannend, wer sich dem Sog der Anschlussfähigkeit verweigert. Hier dürfte es in der Regel um Risikoreduzierung gehen. Häufig tritt dann aber letztlich genau das Gegenteil ein, weil man sich damit zwangsläufig der gesellschaftlichen Entwicklung verweigert und damit seine gesellschaftliche Position erst recht unterminiert. Im Einzelfall mag man das in Kauf nehmen, zumal es ja bei der Vielfalt an Vielfalt immer um ein breites Spektrum an Möglichkeiten geht, die nicht immer für alle und zu jeder Zeit relevant sind. So bleibt Spielraum. Es bleibt sogar Spielraum für ein „Sowohl-als-auch".

Was allerdings in diesem Zusammenhang erstaunt, ist, dass sich der Staatsapparat oft nicht nur jenen Praktiken des Umgangs mit Vielfalt verweigert, sondern sie sogar souverän ignoriert. Ihm scheint die Anschlussfähigkeit gleichgültig zu sein. Der Staatsapparat orientiert sich häufig an überkommenen Vorstellungen, die schon zu ihrer Zeit „weltfern" waren, und die heute eine strukturelle Koppelung des Staates an sein gesellschaftlichen Umfeld und erst recht eine neue Ausrichtung der eigenen Praxis (*bricolage*) verhindern. Der Staatsapparat verlangt umgekehrt, dass sich das, was Vielfalt ausmacht, einfügt, anpasst und ganz wörtlich gemeint unsichtbar wird. *Vielfalt wird einer Integrationspolitik unterworfen, die sich als das logische Gegenteil dieses Verfahrens erweist.* Dies wäre aber nicht mehr ein Verfahren des Umgangs mit Vielfalt, sondern ein Verfahren der Vernichtung von Vielfalt. Deshalb fordern u.a. Kultur- und Gesellschaftswissenschaftler, die Integrationsdebatte einzustellen und sich um eine Perspektivenumkehr zu bemühen.

Erst neuerdings wird man zumindest in den deutschen Städten darauf aufmerksam, dass es so etwas wie eine zunehmende Vielfalt gibt und dass man das urbane Zusammenleben gefährdet, wenn man das nicht wahrnimmt. Noch haben die Kommunen große Angst davor, sich der durch die „Vielen als Viele" hervorgebrachten neuen Vielfalt zu stellen. Aber sie stellen zunehmend fest, dass man sich der *diversity*-Thematik nicht mehr entziehen kann. Ein Blick auf die von den Kommunen entwickelten Integrationskonzepte zeigt zumindest, dass man jetzt angefangen hat, für diese Problematik sensibel zu werden. Aber der Weg ist offenbar noch weit, wenn man sich die Dokumentation von Penninx anschaut und seine Analyse über den Prozess, wie Migranten zu einem „akzeptierten Teil der Gesellschaft" (Penninx 2009, S. 614) werden. Insgesamt, und das gilt nicht nur für Deutschland, befinden sich die Kommunen noch in der Situation, dass sie *ad hoc* irgendwie reagieren, aber noch nicht willig oder in der Lage sind, politisch auf die neue Vielfalt zu reagieren und sich auf sie konstruktiv einzustellen, sich ihr gegenüber zu akkommodieren.

Literatur

Beck, U. (2009): Diversity. Interview geführt von Karen Schönwelder. Quelle: www.mmg.mpg.de/ Spezieller_output/Interviews/Beck_2009.

Beck, U./Bonß, W./Lau, C. (2004): Entgrenzung erzwingt Entscheidung. In: Beck, U./Lau, C. (Hrsg.): Entgrenzung und Entscheidung: Was ist neu an der Theorie reflexiver Modernisierung? Frankfurt am Main: Suhrkamp.

Bukow, W.-D. (¹2010): Urbanes Zusammenleben. Zum Umgang mit Migration und Mobilität in europäischen Stadtgesellschaften. Wiesbaden: VS Verlag für Sozialwissenschaften.

Bukow, W.-D./Llaryora, R. (²1993): Mitbürger aus der Fremde. Soziogenese ethnischer Minoritäten. Opladen. Westdeutscher Verlag. Opladen: Westdeutscher Verlag.

Gesemann, F. (Hrsg.) (2009): Lokale Integrationspolitik in der Einwanderungsgesellschaft. Migration und Integration als Herausforderung von Kommunen [Arbeitstagung am 3. September 2007 in Berlin]. Wiesbaden: VS Verlag für Sozialwissenschaften.

Lanz, S. (2007): Berlin aufgemischt. Abendländisch, multikulturell, kosmopolitisch? Die politische Konstruktion einer Einwanderungsstadt. Dissertation Universität Frankfurt (Oder). Bielefeld: transcript.

Lévi-Strauss, C. (2000): The Savage Mind. Chicago: University of Chicago Press.

Nassehi, A. (2006): Der soziologische Diskurs der Moderne. Frankfurt am Main: Suhrkamp.

Penninx, R. (2009): Vergleichende Studien zur Integrationspolitik europäischer Städte. In: Gesemann, F. (Hrsg.): Lokale Integrationspolitik in der Einwanderungsgesellschaft. Migration und Integration als Herausforderung von Kommunen [Arbeitstagung am 3. September 2007 in Berlin]. Wiesbaden: VS Verlag für Sozialwissenschaften, S. 611-634.

Piaget, J. (1974): Der Aufbau der Wirklichkeit beim Kinde. Stuttgart: Klett-Cotta.

Sassen, S./Gramm, N. (2008): Das Paradox des Nationalen – Territorium, Autorität und Rechte im globalen Zeitalter. Frankfurt am Main: Suhrkamp.

Schütz, A. (2000): Relevanz und Handeln. Zur Phänomenologie des Alltagswissens. Hrsg. von Elisabeth List unter Mitarbeit von Cordula Schmeja-Herzog (Werkausgabe, Bd.VI/1) Frankfurt: Suhrkamp.

Vertovec, S. (2010): Anthropology of Migration and Multiculturalism. New Directions. London: Routledge.

Virno, P./Atzert, T. (2005): Grammatik der Multitude. Untersuchungen zu gegenwärtigen Lebensformen. Berlin: ID-Verlag.

Yildiz, E./Mattausch, B. (2009): Urban Recycling. Migration als Großstadt-Ressource. Berlin: Bauverlag.

Wie wirkt sich das theoretische Konzept der Diversität auf soziales Handeln aus?

Dominic Busch

1. Einleitung

Ungleichbehandlungen und Diskriminierungen aufgrund kultureller Differenzen lassen sich in Alltagskontexten zahlreicher Gesellschaften permanent beobachten. Parallel dazu führen Bildungs- und Sozialforscher, aber auch Organisationsentwickler westlicher Gesellschaften Debatten über den konstruktiven Umgang mit kultureller Unterschiedlichkeit und Diversität. Dabei haben beide Handlungsfelder mehr gemeinsam, als es auf den ersten Blick erscheinen mag: Normativ erwünschte Umgangsformen mit Differenz und Diversität sind in beiden Fällen Produkte diskursiver Konstruktionen und unterliegen als solche einem permanenten inhaltlichen Wandel. Darüber hinaus konkurrieren in beiden Bereichen zahlreiche Auslegungen der Begriffe: In anwendungsorientierten Bereichen westlicher Kulturforschung gehört ein Beklagen der inflationären Verwendung der Kategorie sozialer Diversität zwischenzeitlich zum guten Ton. Gleichzeitig scheint der Begriff, seitdem die Sozialwissenschaften in den 1960er Jahren auf ihn aufmerksam wurden, von seiner Unschärfe nur wenig eingebüßt zu haben. Ausgehend von einer sich permanent wandelnden und wachsenden Vielfalt an Definitionen erwächst eine noch größere und kaum noch rekonstruierbare und bewertbare Bandbreite normativer Handlungsanweisungen. Gerade dieses Merkmal einer schillernden Diffusität des Diversitätsbegriffs will der vorliegende Beitrag ins Zentrum seiner Aufmerksamkeit rücken, um auf dieser Grundlage seine diskursive Konstruiertheit herausarbeiten zu können. Am Beispiel der Dimensionen ethnischer und kultureller Diversität wird zunächst der Forschungsstand zur Wandelbarkeit des Begriffs Diversität gesichtet. Am Beispiel sozialwissenschaftlicher Forschungsarbeiten zur interkulturellen Kommunikation wird anschließend gezeigt, auf welche Weise ethnische und kulturelle Unterschiedlichkeit jeweils in theoretische Modelle eingefasst wird und auf welche unterschiedlichen Weisen ein Einwirken oder eine Einflussnahme der Kategorie ethnischer und kultureller Unterschiedlichkeit auf das konkrete soziale Handeln von Individuen theoretisch festgelegt werden.

Auf der Grundlage einer Diskussion dieser Verknüpfungen von angenommener
Diversität und deren Auswirkungen auf soziales Handeln erfolgt eine Kritik der
referierten Ansätze. Vorgeschlagen wird daraufhin eine diskurstheoretische Herangehensweise zur Erfassung der diskursiven Konstruiertheit des Diversitätsbegriffs sowie eine ethnomethodologisch begründete empirische Herangehensweise zur Nachzeichnung möglicher Handlungsrelevanzen des Diversitätsbegriffs für
das Handeln von Individuen.

2. Die ambivalente gesellschaftliche Bewertung ethnischer und kultureller Diversität

Von Seiten sozialwissenschaftlicher Forschung haben ethnische und kulturelle
Unterschiedlichkeit unter den Dimensionen sozialer Diversität bislang die größ-
te Aufmerksamkeit erhalten. Shore u.a. (2009) haben wissenschaftliche Diskurse
um die Diversitätsdimensionen Ethnizität, Geschlecht, Alter, Behinderung, sexuelle Orientierung und Herkunftsland miteinander verglichen, um Gemeinsamkeiten eines etwaigen Diversitätsdiskurses gegenüber singulären Paradigmenentwick-
lungen unterscheiden zu können. Shore u.a. kommen dabei zu dem Schluss, dass
in allen genannten Dimensionen eine grundlegend problemorientierte Herangehensweise vorherrscht, die bereits vorab davon ausgeht, dass die vorgefundenen
Diversitätskriterien zu einer negativen Diskriminierung von Minderheitsgruppen
führen werden. Die Verfasser berufen sich hier primär auf sozialpsychologische
Theorien zu gruppenübergreifender Kommunikation (vgl. „intergroup relations",
Tajfel 1981), nach denen Gruppengrenzen Individuen als notwendige und Orientierung stiftende Grenzziehung begreifen, an deren Überschreitung und Transzendierung – im Sinne eines Diversitätsgedankens – sie grundsätzlich kein Interesse
haben (Shore u.a. 2009, S. 117).

Unterschiede zwischen den einzelnen Diversitätsdimensionen bestehen Shore
u.a. zufolge in der Form der Zuschreibung von Individuen zu den einzelnen Dimensionen. So sei die Geschlechtszugehörigkeit vergleichsweise festgelegt, die
Kategorien der Dimension des Alters dagegen werden von allen Individuen vollständig durchlaufen. Gegenüber der in allen Dimensionen vorherrschenden Prob-
lemorientierung verzeichnen Shore u.a. jedoch unterschiedliche Ausprägungen sy-
nergieorientierter Ansätze. Insbesondere im Rahmen der anwendungsorientierten
Managementforschung fänden sich demnach vergleichsweise zahlreiche Arbeiten,
die versuchen, etwaige Synergiepotenziale kultureller Diversität in Arbeitsgruppen
zu identifizieren und zu propagieren (Shore u.a. 2009, S. 118).

Werden Diskriminierungen aus sozialtheoretischer Sicht demgegenüber als schädlich eingestuft, so erscheint vorgefundene Diversität demnach grundsätzlich als eine Problemstellung, für die aktiv nach Lösungen gesucht werden muss. Darüber hinaus zeigt Weisner (2009) am Beispiel einer Umfrage unter US-amerikanischen Eltern zu deren Erziehungsidealen, dass innergesellschaftliche Diversität im Hinblick auf unterschiedliche Einstellungen auch dazu dienen kann, wiederum übergeordnete Konsense herzustellen, mit deren Hilfe eine Gesellschaft zusätzlich gefestigt werden kann.

Die kognitive Ambivalenz gegenüber einer Bewertung von Diversität bestätigen auch van Oudenhoven-van der Zee u.a. (2009) in Form einer quantitativen Befragung unter Arbeitsgruppen mit interner sozialer Diversität: Sollen die Befragten einschätzen, ob sich interne Diversität positiv oder negativ auf die Produktivität der Gruppe auswirke, tendierten sie bei einer Abfrage auf affektiver Ebene meist zu ablehnenden Antworten. Erst Fragestellungen, die eine kognitive Reflektion möglicher Vor- und Nachteile von Diversität ermöglichte, sprachen sich die Befragten für insgesamt positive Effekte einer Gruppendiversität aus. Diversität erscheint entsprechend als etwas, das Individuen intuitiv zunächst meist ablehnen. Eine Befürwortung dagegen scheint erst mittels einer Transzendierung dieser affektiven Ebene zugunsten rationaler Erwägungen, in denen schließlich auch gesellschaftliche Normorientierungen von Relevanz sind, möglich zu werden. Außerdem zeigten van Oudenhoven-van der Zee u.a. (2009), dass Gruppen mit einem höheren Grad an interner Diversität sowie mit diffusen Außengrenzen eine positivere Einstellung gegenüber Diversität zeigten als vergleichsweise homogene Gruppen mit klaren Außengrenzen. Mit Hinweis auf die so genannte Kontakthypothese warnt Otten (2003) jedoch vor dem verfrühten Umkehrschluss, dass Individuen immer dann eine positivere Haltung gegenüber Diversität einnähmen, sobald sie selbst ihr ausgesetzt seien. Die Befähigung von Individuen zu einem sozial erwünschten und als kompetent erachteten Umgang mit Diversität stellt demnach den Forschungsbereich interkultureller Bildung weiterhin vor Herausforderungen. Kohli und Faul (2005) zeigen darüber hinaus am Beispiel US-amerikanischer und indischer Studierendengruppen, dass Gruppendiversität in unterschiedlichen Kulturen unterschiedlich bewertet wird.

Die ambivalente gesellschaftliche Bewertung des Diversitätsbegriffs sieht Eriksen (2006, S. 13) in den Herausforderungen eines multikulturellen Zusammenlebens an sich begründet, bei dem die beiden Gegenpole aus Diversität und gesellschaftlicher Solidarität übereingebracht werden müssen. Der normativ meist positiv konnotierte Begriff der Diversität konkurriere dabei permanent mit dem negativ konnotierten Begriff der Differenz, mit dem eine sozial unerwünschte Diversität bezeichnet werde. Eriksen selbst sieht ein vergleichsweise verlässliches Unterscheidungskriterium zwischen Diversität und Differenz in der Klassenzugehörigkeit der Angehörigen multikulturell zusammengesetzter Gesellschaften: So empfänden Mehrheitsangehörige negative Differenzerfahrungen größtenteils gegenüber kulturellen Minderheitengruppen mit in der Regel niedrigerer Klassenzugehörigkeit (Eriksen 2006, S. 13).

3. Gesellschaften konstruieren und verändern Diversitätsverständnisse nach ihren epochalen Bedürfnissen

Über diese konstanten Wertorientierungen zum Umgang mit Diversität aus einer Problemstellung hinaus scheint das Verständnis von Diversität zugleich einem permanenten Wandel zu unterliegen. Diachron zeichnet Stoczkowski (2009) am Beispiel der UNESCO, die bei ihrer Gründung nach dem Zweiten Weltkrieg in einem kompetenten Umgang mit Unterschiedlichkeit eine Schlüsselfunktion zur Vermeidung von Kriegen sah, einen schrittweisen Wandel der Rolle und des Verständnisses von Diversität nach. Dabei zeigt Stoczkowski auf, dass selbst das Verständnis menschlicher Diversität, das sich in offiziellen Dokumenten der UNESCO widerspiegelt, meist auf zeitgenössischen Stereotypisierungen aufbaut. So betonte die UNESCO in einer ersten Phase ab ihrer Gründung bis 1965 die biologische Einheit der Menschheit, gegenüber der kulturelle und Rassenunterschiede nur eine untergeordnete Rolle spielten. Aus dieser universalistischen Haltung gegenüber Diversität leitete die UNESCO Empfehlungen zur Einführung westlicher zivilisatorischer Aspekte in die Dritte Welt ab, um weltweite soziale Ungleichheiten und damit verbundenes Konfliktpotential zu reduzieren (Stoczkowski 2009, S. 8-9). In einer zweiten Phase von 1965 bis 1985 sah die UNESCO die fortschreitende wirtschaftliche Entwicklung der Welt als eine zunehmende Bedrohung angesichts begrenzt erscheinender Ressourcen und konzentrierte sich auf die Wahrung eines kulturellen Welterbes, das jedoch ebenfalls zu einer Einheit der Menschheit beitragen sollte. Erst nach 1985 setzte sich die UNESCO mit dem Schutz kultureller Besonderheiten für eine Wahrung kultureller Diversität und Unterschiedlichkeit gegenüber einer als bedrohlich wahrgenommenen Globalisierung ein (Stoczkowski 2009, S. 10). Stoczkowski selbst postuliert dabei, dass sich die Rhetorik der UNESCO an Tendenzen orientierten, die sich in gesamtgesellschaftlichen Diskursen der westlichen Welt zur jeweiligen Zeit finden ließen.

Einen umgekehrten Wandlungsprozess beim Umgang mit Diversität bescheinigt Marichal (2009) US-amerikanischen Universitäten: Im Sinne einer Politik der *affirmative action* haben Universitäten in ihren Studierendenzulassungen einer Erhöhung sozialer Diversität demnach über lange Zeit hinweg einen Vorrang eingeräumt. In jüngster Zeit sehen sich die Universitäten dagegen zunehmend mit gesellschaftlichen Forderungen nach fachlicher Exzellenz konfrontiert. Marichal zeichnet an diesem Beispiel nach, mit welchen Schritten gesellschaftliche Normorientierungen zu einem veränderten Umgang mit Diversität in politische Richtlinien umformuliert und später implementiert werden.

Synchron und mit ähnlichen Ergebnissen führt Gales (2009) eine umfangreiche Diskursanalyse von Reden und Schriftstücken des US-amerikanischen Kongresses durch. Dabei weist er nach, dass der Begriff der Diversität einer permanenten Debatte unterliegt, in der der Begriff so definiert werden soll, dass er US-amerikanischen Bedürfnissen im Hinblick auf eine Regulierung von Einwanderung bestmöglich entspricht. Die Anwerbung hochqualifizierter Arbeitskräfte aus dem Ausland ist dabei das Kernziel, wohingegen Migranten mit geringen Bildungsabschlüssen und beruflichen Qualifikationen abgehalten werden sollen. Der Begriff der Diversität wird hier dazu instrumentalisiert, eine permanent zur Debatte stehende Grenzziehung zwischen erwünschten und unerwünschten Formen der Einwanderung zu statuieren.

4. Operationalisierungen von Diversität in der anwendungsorientierten Forschung zur interkulturellen Kommunikation

Ein Blick in die Forschung zur interkulturellen Kommunikation kann exemplarisch zeigen, wie sehr Diversitätsverständnisse bereits durch theorie-immanente Debatten vorgeformt werden. Um diesen Formungsprozess für Begriffe kultureller und ethnischer Diversität nachzeichnen zu können, erscheint eine Berücksichtigung langfristiger Entwicklungen in den Geistes- und Sozialwissenschaften erforderlich: Insbesondere im 19. und 20. Jahrhundert haben sich Sozialphilosophie und Sozialwissenschaften zunehmend um unterschiedliche Aspekte von Differenz und Unterschiedlichkeit zentriert. Kulturelle Differenzierungen und Gruppierungen erwiesen sich hier unter anderem als zunehmend nützliche Begrifflichkeiten auf der Suche nach Erklärungen von Zusammenhängen zwischen gesellschaftlichen Makro- gegenüber Mikroebenen (Busch 2009).

Anwendungsorientierte Forschungen zur interkulturellen Kommunikation unterliegen dabei bis in die Gegenwart Differenz- und Diversitätskonstruktionen, die jeweils den zeitgenössischen Bedürfnissen angepasst wurden. Teilweise jedoch etablierten sich Theoriebildungen zu Differenz und Diversität und wurden von der Forschung auch noch in späteren Kontexten verwendet, in denen die Differenzkategorien von Kritikern dann nicht mehr für angemessen gehalten wurden. Als

theoriebildend kann hier beispielsweise die US-amerikanische *Culture and Perso-
nality School* gelten, in deren Rahmen Anthropologen im Auftrag der US-amerikanischen Regierung im Zweiten Weltkrieg kulturelle Charakterprofile gegnerischer
Nationen erstellten mit dem Ziel, deren Handeln besser einschätzen zu können.
Auf der Grundlage dieses Kulturverständnisses wurden bis in die heutige Zeit
zahlreiche empirische Arbeiten publiziert, die jeweils versuchten, charakterähnliche
Eigenschaften ganzer kultureller Gruppen zu identifizieren und Kulturen auf diese
Weise voneinander abzugrenzen und zu vergleichen. Insbesondere in der Managementforschung, die ein Interesse an einer Optimierung von Auslandsentsendungen
sowie an der Arbeit in multikulturellen Teams zeigte, dominieren diese Grundlagen (vgl. Hofstede 1980; Trompenaars 1993; House u.a. 2004) häufig bis heute
Trainingshandbücher (vgl. Landis/Bhagat 1996) und Management-Guides (vgl.
Stüdlein 1997). Parallel dazu entwickelten Autoren in einer psychologisch moti-
vierten Austauschforschung Ansätze, in denen die subjektive Wahrnehmung von
kulturellen Unterschieden durch Individuen gemessen werden sollte (vgl. Triandis
1972; Gudykunst 1985; Bennett 1986). Zwar wurde auf diese Weise die Möglichkeit einer Perspektivik in die Betrachtung interkultureller Interaktionen eingeführt,
die Unterstellung unterschiedlicher kultureller Entitäten blieb jedoch bestehen.
Parallel dazu wurde das Differenz- und Diversitätsverständnis der interkulturellen Forschung von Seiten der Kulturanthropologie bereits in den 1960er Jahren
kritisiert und hinterfragt. Gegenüber der interkulturellen Forschung fokussierten
Kulturanthropologen nun die soziale Konstruiertheit von Differentsetzungen und
Diversität (vgl. Moosmüller 2004, S. 46f.; Moosmüller 2007, S. 19).
In einem Alltagsverständnis wird der Begriff interkulturelle Kommunikation
noch heute mit den genannten, essentialistischen Kulturkonzepten in Verbindung
gebracht, während die Anthropologie in den 1970er Jahren begann, die interpre-
tative und perspektivische Leistung des Forschers selbst in ihre Reflektionen mit
einzubeziehen: In der so genannten *Writing Culture*-Debatte wurden ethnologi-
sche Beschreibungen fremder Kulturen nun als Konstruktion aus der Perspektive
des Forschers selbst kritisiert (vgl. Geertz 1973; Clifford/Marcuse 1986). Sprach-
wissenschaftler zeigten, wie Interaktionspartner in interkulturellen Kontaktsitua-
tionen Kulturalität, kulturelle Unterschiede und Verständigung in jeder Situation
neu etablierten und aushandelten (vgl. Gumperz 1982; 2001). Wenngleich deutlich wurde, dass Kulturen grundsätzlich in einem Aushandlungsprozess zwischen
Individuen und Gruppen überhaupt erst geschaffen und konstruiert wurden (Anderson 1991 [1983]; Bhabha 1994), dass sie instrumentalisiert werden konnten
und sich in einem permanenten Flux befanden, stuften Anthropologen das weiterhin bestehende, essentialistische Alltagsverständnis von Kultur als zunehmend

gefährlich ein: Es drohte, den Begriff der Rasse zu ersetzen und schließlich für eine Legitimation politischer Konflikte missbraucht zu werden (vgl. Abu-Lughod 1991; Stolcke 1995).

Auch die interkulturelle Forschung geriet aus dieser Sicht zunehmend unter Beschuss: Ulf Hannerz warf ihr den Betrieb einer „Kulturschockvermeidungsindustrie" (vgl. Hannerz 1992, S. 251) vor, in der kulturelle Unterschiede erst als Probleme konstruiert werden mussten, für die interkulturelle Trainer dann – gegen Geld – eine Lösung verkaufen konnten. Interkulturelle Bildung wurde auf diese Weise selbst zum Gegenstand ethnologischer Forschung: Tommy Dahlén beschrieb die Mechanismen der Praxis interkultureller Management-Trainings in den USA (Dahlén 1997) und Thomas Hüsken zeigte unlängst, wie die deutsche GTZ (Deutsche Gesellschaft für Technische Zusammenarbeit) ihre Auslandsentsandten interkulturellen Vorbereitungsmaßnahmen unterzieht, die zwar auf den frühen Kulturdifferenzmodellen der interkulturellen Forschung aufbauten, mit den realen Problemen, auf die die Entsandten im Zielland trafen, jedoch kaum etwas zu tun hatten (Hüsken 2006).

Zwischenzeitlich bemühen sich jedoch auch einige Anthropologen wieder um eine Rehabilitierung des Kulturbegriffs, da er sich für eine Beschreibung einer Zwischenebene zwischen Individuen und nationalen Institutionen besonders eigne (vgl. Brumann 1999; Fox 1999), andere plädieren für einen „strategischen Essentialismus" (Spivak 1987), mit dem das postkoloniale (und kulturalistische) Hegemonieverhältnis überwunden werden soll: Dabei können Individuen essentialistische Kulturzuschreibungen – um deren Konstruktionscharakter wissend – strategisch nutzen, um positive Identitäten aufzubauen und zu stärken (für Grenzen dieses Konzepts vgl. Spivak 1990). Die theoretische und die empirische Forschung zur interkulturellen Kommunikation haben demnach zwischenzeitlich mehrere paradigmatische Wandlungsprozesse durchlaufen und in zahlreichen klassischen Disziplinen, wie der Anthropologie/Ethnologie, den Sprachwissenschaften und der Psychologie ihren festen Platz eingenommen. Didaktisierungen interkulturellen Wissens zu einer Steigerung und Förderung interkultureller Kompetenz entspringen dabei bis in die Gegenwart unterschiedlichen – auch früheren – Forschungsepochen (vgl. Busch 2008).

5. Wie kann man den Einfluss von kultureller Unterschiedlichkeit auf soziales Handeln beschreiben?

Die unterschiedlichen Standpunkte und Operationalisierungen von Differenz und Diversität führen in einem nächsten Schritt zu sehr unterschiedlichen (ausschließlich theoriegeleiteten) Vorstellungen davon, wie sich Differenzen und Diversität auf das soziale Handeln von Individuen auswirken. Im folgenden soll versucht werden, Ansätze aus der Forschung zur interkulturellen Kommunikation im Hinblick auf die Art und Weise der Konstruktion dieser Auswirkungen von Kultur auf soziales Handeln zu systematisieren. In einer ersten Grobunterscheidung wird hierzu an dieser Stelle auf die Differenzierung primordialer gegenüber konstruktivistischer Ansätze nach Appadurai (1996) zurückgegriffen.

Primordiale Kulturverständnisse leugnen zwar nicht, dass Kultur etwas von Menschen geschaffenes ist, aber für sie liegt der Geneseprozess von Kultur zeitlich vor dem Fokus und dem Erkenntnisinteresse ihrer Analysen. Viele Studien in diesem Bereich gehen davon aus, dass Individuen kulturelle Einflüsse auf ihr Handeln in der Regel nicht bemerken. Auch mit Hilfe empirischer Forschungsmethoden können aus dieser Sicht lediglich Ausdrucksformen nicht weiter ergründbarer Irritation von Seiten der Aktanten sichtbar gemacht werden (Spencer-Oatey 2002). Nur in Form von Interpretationen kann aus Forschersicht auf mögliche kulturbedingte Ursachen solcher beobachteter Irritationen rückgeschlossen werden. Studien auf der Grundlage primordialer Kulturverständnisse kommen demnach häufig zu dem Ergebnis, dass kulturelle Unterschiede sich meist in Form kommunikativer Missverständnisse in der Interaktion niederschlagen (Goodenough 1957; Gumperz 1982). Um die Lieferung präziserer, benennbarer Gründe für das Auftreten dieser Missverständnisse konkurrieren die beteiligten Forschungsdisziplinen mit unterschiedlich gelagerten Modellen: So sahen Sozialpsychologen und Kulturanthropologen des 20. Jahrhunderts Unterschiede in Wertorientierungen (vgl. *"value orientations"*, Kluckhohn/Strodtbeck 1961), bzw. in auf Arbeitskontexte genauer eingegrenzten arbeitsbezogenen Werten (vgl. *"work-related values"*, Hofstede 1980) die Gründe dafür, dass sich Interaktanten im Kulturkontakt missverstanden. Ansätze aus der Semiotik, aber auch aus der interpretativen Forschung fassen Kulturen stattdessen als symbolisch vermittelte Bedeutungssysteme auf (vgl. *"shared meaning systems"*, Triandis 2002, S. 16). Aus sprachwissenschaftlicher Sicht manifestieren sich kulturelle Unterschiede in Form unterschiedlicher kommunikativer Konventionen bei der Formulierung von Sprachhandlungen (Gumperz 1978, S. 27; Gumperz/Cook-Gumperz 2007). Gemeinsam ist dabei allen Ansätzen auf der Basis primordialer Kulturverständnisse die Annahme, dass Individuen aus unterschiedlichen Kulturen auch auf unterschiedliche Weisen kommunizieren werden, die jeweils kulturell bedingt sind. Um daraus resultierende Missverständnisse zu vermeiden, müssten die Interaktanten sich jeweils mit den kulturellen Besonderheiten ihrer Partner vertraut machen.

Konstruktivistische Kulturverständnisse eröffnen eine alternative Erklärung des Einflusses von Kultur auf soziales Handeln, gemäß der Kultur selbst erst durch die Individuen in ihrer Interaktion geschaffen wird. Die Individuen selbst fühlen sich dabei im Kulturkontakt nicht zwingend irritiert. Nach einem konstruktivistischen Kulturverständnis können die Interaktanten durchaus erkennen, dass sie in der Interaktion unterschiedliche Perspektiven zueinander einnehmen. Da die Interaktanten einander als unterschiedlich wahrnehmen, wird hier angenommen, dass sie einander auch entsprechend auf unterschiedliche Weise behandeln werden, was sich auch als Diskriminierung bezeichnen ließe. Zur Beschreibung dieses Prozesses hatte Triandis (1972) aus der Stereotypenforschung heraus den Begriff der *„subjective culture"* vorgestellt. Hammer (1999, S. 423) entwickelte auf dieser Grundlage ein Modell zur Kategorisierung unterschiedlicher Einstellungen gegenüber der Rolle von Kultur im interkulturellen Kontakt. In den Sprach- und Textwissenschaften wurde die Methode der Diskursanalyse etabliert, um die Einbettung individueller Interaktionen in übergreifende soziale Diskurse sichtbar machen zu können (van Dijk 1998). Koole und ten Thije (1994, S. 157ff.) konnten dabei mit gesprächsanalytischen Methoden nachzeichnen, wie Gesprächspartner einander diskursive Rollen zuschreiben, die im interkulturellen Kontakt auf kulturellen Differenzierungen beruhen können. Um einander im interkulturellen Kontakt dennoch verstehen zu können, halten Ansätze auf der Grundlage primordialer Kulturverständnisse einen zusätzlichen Lernaufwand von Seiten der Beteiligten für erforderlich. Angesichts konstruktivistischer Kulturverständnisse müssten Interaktanten dagegen dazu bereit sein, permanent an einem Konsens über eine gemeinsame Perspektive auf ihre Interaktion mitzuarbeiten.

Neben diesen ausschließlich theoretisch hergeleiteten Beschreibungen der Einflusses von Kultur auf soziales Handeln kann angenommen werden, dass Individuen ihr Handeln auch aktiv an einem eigenen Kulturverständnis orientieren und ausrichten, das sie über ihrer Teilnahme an gesellschaftlichen Diskursen beziehen. Entsprechend kann angenommen werden, dass Individuen über subjektiv konstruierte Vorstellungen darüber verfügen, wie sich Kultur auf ihr eigenes soziales Handeln auswirkt und inwiefern sie diese Einflüsse bei ihren Handlungsentscheidungen berücksichtigen wollen. Gegenüber theoretisch hergeleiteten Kulturdefinitionen weisen subjektiv konstruierte Kulturverständnisse eine deutlich erhöhte Relevanz für das tatsächliche Handeln von Individuen auf. Aus wissenschaftlicher Sicht kann demnach angenommen werden, dass der eigene Forschungsgegenstand interkultureller Kommunikation selbst ein Produkt diskursiver Konstruktion ist. Insbesondere in den aus den Literaturwissenschaften heraus fundierten *Gender Studies* ist ein entsprechendes Bewusstsein über den Konstruktionscharakter des

eigenen Forschungsgegenstandes bislang deutlich zentraler vorangetrieben worden (vgl. Butler 1993, S. 4). Überträgt man diese Herangehensweise auf den Forschungsbereich interkultureller Kommunikation und auf Kultur als dessen zentralen Forschungsgegenstand, so kann gegebenenfalls ein weitaus angemesseneres
Verständnis dieses Gegenstands entwickelt werden, auf dessen Grundlage auf-
schlussreichere, weiterführende Fragestellungen denkbar werden (Mae 2003, S.
195). Eine ausführliche Diskursanalyse zur Konstruktion kultureller Diversität als
einem Problem haben Blommaert und Verschueren (1998) vorgelegt. Handwerker
(2002) bekräftigt diesen Konstruktionscharakter und postuliert eine vollständige
Unverbundenheit von tatsächlich identifizierbaren (primordial erhobenen) kulturellen Unterschieden gegenüber gesellschaftlich konstruierter, unterstellter Diversität:

> "The problem of cultural diversity is primarily based on the fact that we assume that there is
> some diversity towards people we meet, but that in fact there is none. Diversity is thus nothing
> but a cognitive construction. It has nothing to do with real differences (that can be measured be-
> sides that)." (Handwerker 2002, S. 110)

6. Exemplarische Vorschläge zur Identifizierung und Beschreibung von an Kulturkonstruktionen ausgerichteten Handlungsformen

Für die *Gender Studies* nimmt Judith Butler an, dass Individuen die diskursive
Konstruktion sozialen Geschlechts permanent in ihrem Handeln vollziehen und
aufrechterhalten, was Butler als performative Akte zur Konstitution des Gegenstands des sozialen Geschlechts bezeichnet. Barinaga (2007) hat Konstruktionsprozesse kultureller Diversität in Gruppen sowie deren konstitutive Funktion für
diese Gruppen nach einer eigenen teilnehmenden Beobachtung ethnographisch beschrieben. Um darüber hinaus die konkreten performativen Akte zur kommunikativen Konstruktion von Kultur empirisch nachzeichnen zu können, erscheint eine
Analysemethode erforderlich, durch die zunächst offen bleibt, auf welche Weise
Kultur definiert wird und in welcher Form sie sich manifestieren soll. Stattdessen
sollte die Methode eine Nachzeichnung individueller Kulturverständnisse in den
Mittelpunkt stellen. Hierzu erschiene es in einem ersten Schritt sinnvoll, potenti-
elle kulturelle Kategorien zu identifizieren, die Individuen in ihren Äußerungen
verwenden, um ihrem eigenen kommunikativen Handeln Sinn zu verleihen. Sind
derartige Kategorien identifiziert, so kann sich eine weitere Suche auf Handlungs-
optionen konzentrieren, die Individuen eventuell aus diesen Kategorisierungen ab-
leiten. Für dieses Anliegen bietet sich die so genannte *Membership Categorization Analysis (MCA)* (Sacks 1974) an, die im Rahmen der Ethnomethodologischen

Konversationsanalyse bereits in den 1970er Jahren entwickelt worden ist (Garfinkel 1967). So basiert die *MCA* auf der Annahme, dass Individuen im Gespräch sich selbst sowie andere Personen und Objekte permanent unterschiedlichen Kategorien zuordnen *(membership categorization),* um innerhalb der besprochenen Kontexte Sinn ergebende Zusammenhänge verstehen zu können. Mehrere Kategorien werden darüber hinaus so genannten *devices* auf einer übergeordneten Ebene sammelnd zugeordnet, so dass Zusammenhänge nachvollziehbar bleiben. Den Mitgliedern einer Kategorie innerhalb einer bestimmten *device* können Interaktanten nun in einem weiteren Schritt für sie als typisch geltende Eigenschaften oder auch Tätigkeiten zuordnen (vgl. *"category-bound activities",* Sacks 1974, S. 221ff.), die vor dem Hintergrund des bereits erstellten Systems sinnvoll erscheinen. Frühe Ethnomethodologen haben die Ansicht vertreten, dass die von ihnen entwickelte Methode ausschließlich für eine Beschreibung individueller und klar eingegrenzter Mikro-Kontexte plausibel eingesetzt werden könne, auf der kulturelle Aspekte nicht in Erscheinung treten und auch nicht fassbar gemacht werden können. Spätere Autoren dagegen sind dazu übergegangen, die Methode der *MCA* auch für eine Identifizierung kultureller Phänomene in Form von entsprechenden Kategorisierungen und Aktivitäten für Individuen und Gruppen zu verwenden (Moermann 1988; Hester/Eglin 1997; Jalbert 1999; Lepper 2000; Housley/Fitzgerald 2002). In einem weiteren Schritt verwendete McIlvenny (2002) die Methode der *MCA,* um auch die Konstruktion sozialer Kategorien selbst am Beispiel des sozialen Geschlechts nachzuzeichnen. Housley und Fitzgerald (2009) fokussieren zusätzlich die Möglichkeit, Normorientierungen mit Hilfe der *MCA* zu identifizieren. Stokoe und Smithson (2002, S. 101) haben zu diesem Zweck den ehemals bereits von Harvey Sacks geprägten Begriff der *category-bound activities* um ein Verständnis so genannter *category-bound performances* erweitert. Damit tragen sie der Annahme Rechnung, dass Individuen nicht nur kategorienspezifische Tätigkeiten ausführen, um in einem Sinnzusammenhang zu bleiben, sondern dass sie durch diese Ausführung zugleich die Kategorie selbst erst schaffen und aufrechterhalten.

An einem Ausschnitt aus einem Leitfadeninterview mit dem deutschen Geschäftsführer eines deutschen Unternehmens über seine Geschäftsbeziehungen zu einem Unternehmen in Bulgarien wird im Folgenden exemplarisch gezeigt, auf welche Weise sich subjektive Konstruktionen von Kultur, Differenz, Diversität sowie deren Handlungsrelevanz für die jeweiligen Individuen mit Hilfe der *MCA* an konkreten Äußerungen identifizieren lassen.[1] In einer längeren narrati-

---

1   Der Transkriptausschnitt ist einer Studie von Burghardt-Petrova (2004) entnommen, in der das Material unter anderslautenden Fragestellungen analysiert wurde.

ven Passage äußert sich der Proband zu seinen Erfahrungen im Umgang mit bulgarischen Geschäftspartnern:

297   Man muss bei stark emotionale Personen z.b. bei stark
298   emotionale Personen muss man von vornherein erst mal diese
299   Spielregeln klar machen. Das heißt es ist alles zugelassen
300   und ich würde nichts kritisieren, wir sammeln erst mal die
301   Ideen, wie wir das Projekt lösen können und nicht voreilig
302   sagen, nein es ist alles scheiße, machen wir nicht. Man muss
303   erst mal alles zulassen und dann gehen wir gemeinsam in die
304   Kritik und gucken unter der einen oder der anderen Idee.
305   Nicht, dann kommt man auch weiter, auch mit emotionalen Typen,
306   wenn man das vorher auslässt dann zwischendurch etwas, was
307   falsch geht, dann sind man mit einem Schlag demotiviert, weil
308   man wird zu stark Druck aufgebaut hat. Zu diesem kulturellen
309   Unterschied gehört es auch neue Ideen zu sammeln. Im Gegensatz
310   zu dem strukturierten Deutsche steht der improvisierende
311   Südländer. Er sagt dann "Das kann man so machen, das machen
312   wir irgendwie, kriegen wir schon hin" und das sind so die
313   Dinge unterschiedliche Kulturen das kann man bei der ersten
314   und bei der zweiten Runde gar nicht so sagen.

Durchsucht man die vorliegende Passage in einem ersten Schritt nach Kategorisierungen anhand kultureller Merkmale oder Zugehörigkeiten, findet man die Kategorie des *Deutschen* (310) sowie die des *Südländers* (311), die gleichzeitig auch bereits mit dazugehörigen Eigenschaften (*strukturiert* vs. *improvisierend*) belegt werden. Mitglieder dieser beiden Kategorien werden hier unter einer gemeinsamen *device* gefasst, die eventuell als *kulturelle Unterschiede* (308-309, 313) *bei der Projektarbeit* (301) bezeichnet werden kann. Dabei konstruiert der Proband eine Dichotomie aus *Deutschen* gegenüber *Südländern*, in die hier – so kann qua Kontextwissen geschlossen werden – Bulgaren, um die sich das Interview dreht, verallgemeinernd eingeschlossen werden. Weitere Variationen erscheinen gegenüber einer solchen Dichotomie aus *wir* gegenüber *den Anderen* nicht denkbar. Die Eigenschaften von Mitgliedern der Kategorie der *Südländer* werden weiter ausgeführt und untermauert in der Bezeichnung von Bulgaren als *stark emotionalen Personen* (297) und – zusätzlich pejorativ – als *emotionale Typen* (305).

Aus diesen Kategorisierungen leitet der Sprecher kategoriengebundene Tätigkeiten (*category-bound activities*) ab, die aus seiner Sicht charakteristisch für Mitglieder der Kategorie sind und deren Ausführung durch die jeweiligen Mitglieder dadurch auch erwartbar und aus sich heraus legitim sind. So bescheinigt der deutsche Proband dem *Südländer* eine improvisierende Arbeitsweise, die er selbst als kontraproduktiv bewertet, indem er einen imaginären Südländer auf persiflierende Weise zitiert (*Das kann man so machen, das machen wir irgendwie, kriegen wir schon hin*, 311-312). Aus dem umfangreichen und strukturierten Projektwissen (vgl. Kenntnis der *Spielregeln*, 299) leitet der deutsche Proband seine Legitimation dazu ab, das Handeln des *Südländers* vorerst zu unterbinden, ihn zu belehren (*Spielregeln klar machen*, 299) und die Herangehensweise an eine Projektarbeit zumindest in einer ersten Phase vollständig selbst zu steuern, anstatt eine gemeinsame Arbeitsweise auszuhandeln (299-302). Erst nach dem von deutscher Seite angeleiteten Brainstorming erteilt der Proband seinen bulgarischen Partnern ein Mitspracherecht und bildet mit ihnen ein gemeinsames Team (*dann gehen wir gemeinsam in die Kritik*, 303-304), dessen Tätigkeiten er jedoch immer noch anleitet und das als Kategorie weiterhin unter der eingangs genannten *device* eingeordnet wird.

Zugleich offenbart eine Analyse der *membership categories* jedoch auch Brüche in der Konstruktion des deutschen Probanden, die einmal mehr auf den Konstruktionscharakter seiner Vorstellungen zum Einfluss von Kultur hinweisen. So gehört zu den *category-bound activities* der Deutschen offenbar auch die Gewohnheit, kreative Ideen vorschnell auf unkonstruktive Art zu verwerfen (*nicht voreilig sagen, nein es ist alles scheiße, machen wir nicht*, 301-302). Dieser Vorgehensweise stellt der Proband im Anschluss eine aus seiner Sicht konstruktivere Strategie gegenüber, der zunächst sogar eine Allgemeingültigkeit über die Kategoriengebundenheit hinaus (*man muss*, 302) zugeschrieben wird. Interpretiert man diese Konstruktion mit Hilfe zusätzlichen Hintergrundwissens, so beansprucht der Proband in seinem Monolog schrittweise das ursprünglich von der US-amerikanischen Managementforschung propagierte Verfahren des *brainstorming* als ein Charakteristikum deutscher Kultur. Daraus leitet er zugleich eine Überlegenheit sowie eine Legitimation zum kolonialistischen Handeln von Angehörigen der deutschen Kultur gegenüber *Südländern* beim erfolgreichen Bearbeiten gemeinsamer Projekte ab: Der deutsche Proband kann die Zusammenarbeit mit seinen bulgarischen Partnern vollständig selbst gestalten und verfügt hierzu sogar über eine kulturelle Legitimation. Das vorliegende Beispiel zeigt demnach, wie Individuen Konzepte von Kultur situativ konstruieren und auf diese Weise ihr selbst berichtetes Handeln begründen und rechtfertigen.

7. Zusammenfassung

Der vorliegende Beitrag hat nachgezeichnet, dass der Begriff sozialer Diversität in westlichen Gesellschaften als ein diskursives Konstrukt aufgefasst werden kann, dessen grundsätzlich normative Orientierungen und Inhalte einem permanenten diskursiven Wandel unterliegen. Am Beispiel kultureller Diversität wurde nachgezeichnet, wie sich Verständnisse von Differenz und Diversität in den Geistes-und Sozialwissenschaften über lange Zeiträume hinweg zu zentralen Paradigmen entwickelt haben. Theoretische Traditionen und Disziplinen bieten dabei unterschiedliche, teilweise sogar konkurrierende oder einander widersprechende Beschreibungen und Erklärungen für das Zusammenspiel von Kultur und individuellem Handeln an. Angesichts dieser Vielfalt hat der vorliegende Beitrag den Blick auf die Handlungsrelevanz dieser Verständnisse von Kultur und Diversität gelenkt. Ausgehend von der Annahme, dass neben theoretischen Herleitungen von Kulturkonzepten Individuen auch über subjektiv konstruierte Verständnisse von Kultur und deren Auswirkungen verfügen, die sie aus ihrer Teilnahme an gesellschaftlichen Diskursen beziehen, wurde ein diskurstheoretisches Modell zur performativen Konstitution von Kultur vorgeschlagen. Die ethnomethodologisch fundierte Gesprächsanalyse verfügt mit der *MCA* über eine Vorgehensweise, mit der Konstruktionen von Kultur und deren Handlungsrelevanz aus den konkreten sprachlichen Äußerungen von Individuen identifiziert werden können. Das Analysebeispiel hat dabei gezeigt, auf welche Weise Individuen auch situativ Aspekte von Kulturzugehörigkeit konstruieren und auf diese Weise ihr Handeln legitimieren können. Kulturelle Diversität wird auf so jenseits kulturpolitischer Normierungen zu einer handlungsleitenden Kategorie im Alltagsleben westlicher Gesellschaften.

Literatur

Abu-Lughod, L. (1991): "Writing against culture". In: Fox, Richard G. (Hrsg.): Restructuring Anthropology: Working in the Present. Santa Fe: UVK Verlagsgesellschaft, S. 137-162.

Anderson, B. (1991 [1983]): Imagined Communities: Reflections on the Origin and Spread of Nationalism. London: Verso.

Appadurai, A. (1996): Modernity at Large. Cultural Dimensions of Globalization. Minneapolis: University of Minnesota Press.

Barinaga, E. (2007): "'Cultural diversity' at work: 'National culture' as a discourse organizing an international project group." In: Human Relations 60, S. 315-340.

Bennett, M. J. (1986): "Towards ethnorelativism: A developmental model of intercultural sensitivity". In: Paige, Michael R. (Hrsg.): Cross-cultural Orientation: New Conceptualizations and Applications. Lanham: University Press of America, S. 27-70.

Bhabha, H. K. (1994): The Location of Culture. London u.a.: Routledge.

Blommaert, J./Verschueren, J. (1998): Debating Diversity: Analysing the Discourse of Tolerance. London: Routledge.

Brumann, C. (1999): "Writing for culture: Why a successful concept should not be discarded." In: Current Anthropology 40 (Supplement 1), S. S1-S13.

Burghardt-Petrova, S. (2004): Interkulturelle Kompetenz in der deutsch-bulgarischen Wirtschaftskommunikation. Frankfurt (Oder) / Sofia: Unveröffentlichte Masterarbeit, eingereicht am Südosteuropäischen Medienzentrum (SOEMZ) der Europa-Universität Viadrina Frankfurt a. d. Oder.

Busch, D. (2008): „Professionalisierung interkulturell kompetenter Kommunikation – am Beispiel interkultureller Trainings und interkultureller Mediation." In: Jahrbuch Deutsch als Fremdsprache 34, S. 139-155.

Busch, D. (2009): "The notion of culture in linguistic research." In: Forum Qualitative Sozialforschung / Forum: Qualitative Social Research, Jg. 10, H. 1, Art. 50. http://nbn-resolving.de/urn:nbn:de:0114-fqs0901508.

Butler, J. (1993): Bodies That Matter: On the Discursive Limits of "Sex". New York: Routledge.

Clifford, J./Marcuse, G. E. (Hrsg.) (1986): Writing Culture. The Poetics and Politics of Ethnography. Berkeley: University of California Press.

Dahlén, T. (1997): Among the Interculturalists. An Emergent Profession and its Packaging of Knowledge. Vol. 39, Stockholm Studies in Social Anthropology. Stockholm: Department of Social Anthropology.

Eriksen, T. H. (2006): "Diversity versus difference: Neo-liberalism in the minority-debate". In: Rottenburg, R./Schnepel, B./Shimada, S. (Hrsg.): The Making and Unmaking of Differences. Anthropological, Sociological and Philosophical Perspectives. Bielefeld: transcript, S. 13-25.

Fox, R. G. (1999): "Editorial: Culture – A second chance?" In: Current Anthropology 40 (Supplement 1), S. Si-Sii.

Gales, T. (2009): "'Diversity' as enacted in US immigration politics and law: a corpus-based approach." In: Discourse & Society 20, S. 223-240.

Garfinkel, H. (Hrsg.) (1967): Studies in Ethnomethodology. Englewood Cliffs Prentice Hall.

Geertz, C. J. (1973): The Interpretation of Cultures. New York: Basic Books.

Goodenough, W. H. (1957): "Cultural anthropology and linguistics". In: Garvin, Paul C. (Hrsg.): Report of the Seventh Annual Roundtable Meeting on Linguistics and Language Study. Washington, D.C.: Georgetown University, S. 167-173.

Gudykunst, William B. (1985): "A model of uncertainty reduction in intercultural encounters." In: Journal of Language and Social Psychology 4, H. 2, S. 79-98.

Gumperz, J. J. (1978): "The Conversational Analysis of Interethnic Communication". In: Ross, E. Lamar (Hrsg.): Interethnic Communication. Athens: The University of Georgia Press, S. 13-31.

Gumperz, J. J. (1982): Discourse Strategies. Cambridge: Cambridge University Press.

Gumperz, J. J. (2001): "Contextualization and ideology in intercultural communication". In: Di Luzio, A./Günthner, S./Orletti, F. (Hrsg.): Culture in Communication. Analyses of Intercultural Situations. Amsterdam: Benjamins, S. 35-53.

Gumperz, J. J./Cook-Gumperz, J. (2007): "Discourse, cultural diversity and communication: A linguistic anthropological perspective". In: Kotthoff, H./Spencer-Oatey, H. (Hrsg.): Handbook of Intercultural Communication. Berlin: Mouton de Gruyter, S. 13-29.

Hammer, M. R. (1999): "A Measure of Intercultural Sensitivity: The Intercultural Development Inventory". In: Fowler, S. M./Mumford, M. G. (Hrsg.): Intercultural Sourcebook: Cross-Cultural Training Methods. Vol. 2. Yarmouth (Maine): Intercultural Press, S. 61-72.

Handwerker, W. P. (2002): "The construct validity of cultures: Cultural diversity, culture theory, and a method for Ethnography." In: American Anthropologist 104, H. 1, S. 106-122.

Hannerz, U. (1992): Cultural Complexity: Studies in the Social Organization of Meaning. New York: Columbia University Press.

Hester, S./Eglin, P. (1997): "Membership categorization analysis: An introduction". In: Hester, S./Eglin, P. (Hrsg.): Culture in Action. Studies in Membership Categorization Analysis. Washington, D.C.: International Institute for Ethnomethodology and Conversation Analysis & University Press of America, S. 1-23.

Hofstede, G. (1980): Culture's Consequences: International Differences in Work-Related Values. Beverly Hills: Sage.

House, R. J./Hanges, P. J./Javidan, M./Dorfman, P. W./Gupta, V. (Hrsg.) (2004): Culture, Leadership, and Organizations. The GLOBE Study of 62 Societies. Thousand Oaks u.a.: Sage.

Housley, W./Fitzgerald, R. (2002): "The reconsidered model of membership categorization analysis." In: Qualitative Research 2, H. 1, S. 59-83.

Housley, W. /Fitzgerald, R. (2009): "Membership categorization, culture and norms in action." In: Discourse & Society 20, S. 345-362.

Hüsken, T. (2006): Der Stamm der Experten. Rhetorik und Praxis des Interkulturellen Managements in der deutschen staatlichen Entwicklungszusammenarbeit. Bielefeld: transcript.

Jalbert, P. L. (Hrsg.) (1999): Media Studies: Ethnomethodological Approaches. Lanham/New York/ Oxford: University Press of America.

Kluckhohn, F. R./Strodtbeck, F. L. (1961): Variations in Value Orientations. Evanston, Ill: Row, Peterson and Company.

Kohli, H. K./Faul, A. C. (2005): "Cross-cultural differences towards diversity issues in attitudes of graduating social work students in India and the United States." In: International Social Work 48, H. 6, S. 809-822.

Koole, A. J./ten Thije, J. D. (1994): The Construction of Intercultural Discourse. Team Discussions of Educational Advisers. Amsterdam: Rodopi.

Landis, D./Bhagat, R. (Hrsg.) (1996): Handbook of Intercultural Training. Thousand Oaks u.a.: Sage.

Lepper, G. (2000): Categories in Text and Talk: A Practical Introduction to Categorization Analysis. London: Sage.

Mae, M. (2003): „Transkulturalität und interkulturelle Kompetenz." In: Erwägen – Wissen – Ethik. Themenheft „Interkulturelle Kompetenz – Grundlagen, Probleme und Konzepte" Dritte Diskussionseinheit, H. 1, S. 194-196.

Marichal, J. (2009): "Frame evolution: A new approach to understanding changes in diversity reforms at public universities in the United States." In: The Social Science Journal 46, S. 171-191.

McIlvenny, P. (Hrsg.) (2002): Talking Gender and Sexuality. Amsterdam: John Benjamins.

Moermann, M. (1988): Talking Culture. Ethnography and Conversation Analysis. Philadelphia: University of Pennsylvania Press.

Moosmüller, A. (2004): „Das Kulturkonzept in der interkulturellen Kommunikation aus ethnologischer Sicht". In: Lüsebrink, H.–J. (Hrsg.): Konzepte der Interkulturellen Kommunikation. Theorieansätze und Praxisbezüge in interdisziplinärer Perspektive. St. Ingbert: Röhrig Universitätsverlag, S. 45-67.

Moosmüller, A. (2007): „Interkulturelle Kommunikation aus ethnologischer Sicht". In: Moosmüller, A. (Hrsg.): Interkulturelle Kommunikation – Konturen einer Disziplin. Münster: Waxmann, S. 13-49.

Otten, M. (2003): "Intercultural learning and diversity in higher education." In: Journal of Studies in International Education 7, H. 1, S. 12-26.

Sacks, H. (1974): "On the Analysability of Stories by Children". In: Turner, R. (Hrsg.): Ethnomethodology. Selected Readings. Harmondsworth: Penguin, S. 216-323.

Shore, L. M./Chung-Herrera, B. G./Dean, M. A./Holcombe Erhard, K./Jung, D. I./Randel, A. E./Singh, G. (2009): "Diversity in organizations: Where are we now and where are we going?" In: Human Ressource Management Review, H.19, S. 117-133.

Spencer-Oatey, H. (2002): "Managing rapport in talk: Using rapport sensitive incidents to explore the motivational concerns underlying the management of relations." In: Journal of Pragmatics 34, H. 5, S. 529-545.

Spivak, G. C. (1987): In Other Worlds. Essays in Cultural Politics. New York: Routledge.

Spivak, G. C. (1990): The Post-Colonial Critic: Interviews, Strategies, Dialogues. London: Routledge.

Stoczkowski, W. (2009): "UNESCO's doctrine of human diversity. A secular soteriology?" In: Anthropology Today 25, H. 3, S. 7-11.

Stokoe, E. H./Smithson, J. (2002): "Gender and sexuality in talk-in-interaction: Considering conversation analytic perspectives". In: McIlvenny, P. (Hrsg.): Talking Gender and Sexuality. Amsterdam: John Benjamins, S. 79-109.

Stolcke, V. (1995): "Talking culture. New boundaries, new rhetorics of exclusion in Europe." In: Current Anthropology 36, H. 1, S. 1-24.

Stüdlein, Y. (1997): Management von Kulturunterschieden. Phasenkonzept für internationale Allianzen. Wiesbaden: Gabler.

Tajfel, H. (1981): Human Groups and Social Categories. Studies in Social Psychology. Cambridge: Cambridge University Press.

Triandis, H. C. (1972): The Analysis of Subjective Culture. New York u.a.: Wiley-Interscience.

Triandis, H. C. (2002): "Generic individualism and collectivism". In: Gannon, M. J./Newman, K. L. (Hrsg.): The Blackwell Handbook of Cross-Cultural Management. Oxford: Blackwell, S. 16-45.

Trompenaars, F. (1993): Riding the Waves of Culture. Understanding Cultural Diversity in Business. London: Economist Books.

Van Dijk, T. A. (Hrsg.) (1998): Discourse as Social Interaction. London: Sage.

Van Oudenhoven-Van der Zee, K./Paulus, P. /Vos, M./Parthasarathy, N. (2009): "The impact of group composition and attitudes towards diversity on anticipated outcomes of diversity in groups." In: Group Processes & Intergroup Relations 12, H. 2, S. 257-280.

Weisner, T. S. (2009): "Culture, development, and diversity: Expectable pluralism, conflict, and similarity." In: Ethos 37, H. 2, S. 181-196.

Bild und Diversität

Gabriele Münnix

1. Zur Vielfalt bildhafter Medien

Ein inzwischen berühmt gewordener Fernseh-Werbespot zeigte einen Ausschnitt aus der britischen Fernsehshow „Britain's got Talent", in dem ein optisch wenig den üblichen Vorstellungen eines Opernsängers entsprechender Handy-Verkäufer eine Arie aus einer Puccini-Oper sang und nicht nur die ungläubige Jury zu Tränen rührte. Man konnte in dem Spot unterschiedliche Arten der bildhaften Repräsentation sehen: Natürlich die Fernsehshow, aber auch per Handy gesendete Aufnahmen aus der Show und von der Mattscheibe abgefilmte Bilder, aber auch Beobachter, die das Ganze per Laptop betrachteten. Die Gleichzeitigkeit oder Fast-Gleichzeitigkeit der gemeinsamen Wahrnehmung an verschiedenen Orten kennen wir auch bei Fußballspielen und ähnlichen Ereignissen.

In diesem Fall war aber noch bedeutsamer, dass durch Fotos von Paul Potts und Berichte in den Printmedien vielen nicht in England lebenden Zuschauern erst klar wurde, dass es sich bei Teilen des Werbespots um eine reale Szene gehandelt hatte und danach wurden alle Folgen der BBC-Talentshow im Internet millionenfach angeklickt. „Connecting People": mit diesem Slogan warb eine Telekommunikationsgesellschaft, und in der Tat hatte die Szene auch noch Wochen nach der Talentshow und dem Werber-Spot genau diesen Effekt.

Wir konsumieren Bilder in einer Fülle von medialen Repräsentationen unterschiedlichster Art: Fotos, Gemälde, Filmszenen, Fernsehbilder, MMS, Karikaturen, sogar digitale Bilder aus dem Weltraum, und auch in der Medizin sind bildgebende Verfahren nicht mehr wegzudenken, und alle diese Bilder dienen verschiedenen Zwecken. Die Bilder haben ihr eigenes Leben auf unterschiedlichsten Trägermedien, unsere Kultur hat sich von einer sprachschriftlichen Kultur mehr und mehr zu einer visuellen Kultur entwickelt (Mitchell 2008, S. 164ff.; Schwemmer 2005, S. 165ff.).

1.1 Bildkommunikation

Was teilen diese vielfältigen Bilder, die wir sehen, uns mit? Welchen Informationsgehalt haben Sie und welchen Zwecken sollen sie dienen? In seinen Reflexionen über Bildkunst und Wortkunst stellt Gadamer fest, dass auch Bilder eine Sprache sprechen, dass wir auch hier „lesen" müssen, was ein poietischer Akt uns zu sehen gibt. „Das Lesen [...], ob es sich nun auf Schrift oder Bild bezieht, ruft einen inneren Zusammenhang auf" (Gadamer 1995, S. 101), und wir verstehen. Wie in der Kommunikationstheorie oft üblich, kann man mit „Sender / Empfänger"- Modellen arbeiten und neben den Intentionen des Senders und den Reaktionen der Empfänger noch die unterschiedlichen technischen Bedingungen verschiedener Trägermedien untersuchen, wie dies z.b. für den Film bei Arnheim geschehen ist (Arnheim 2002, S. 45ff.). Die Semiologie unterscheidet zwischen Bildträger, Bildobjekt (dem was im Bild dargestellt ist), dem Signifikans, und der Referenz, dem Signifikat (Sachs-Hombach bezieht sich hier u.a. auf de Saussure); doch die Bedeutung einer Bildinformation kann sich mit Wittgenstein auch aus dem Verwendungskontext erschließen. Deshalb habe ich Austins Sprechakttheorie auf Bildmedien übertragen, denn nicht nur sprachschriftliche Äußerungen sind performative Akte und können etwas erläutern oder beschreiben (lokutionärer Akt), sich an Adressaten wenden und etwas mitteilen wollen (illokutionärer Akt: Wahlplakate, Internetanzeigen) oder gar wie bei Erpresserfotos oder Propagandafilmen das Bild einsetzen, um eine erwünschte Wirkung zu forcieren (perlokutionärer Akt) (Münnix 1998, S. 37f.). Schließlich ist auch bei Schulz von Thun mit dem, was mitgeteilt wird, nicht nur ein Sachgehalt verknüpft und eine Selbstoffenbarung (Bildphänomenologen würden sagen: eine Sichtweise des „Senders"), sondern auch ein relationaler Aspekt und ein Appell, der nicht immer mitgehört oder mitgesehen wird, der aber trotzdem wirksam sein kann (Kumbier/Schulz von Thun 2006, S. 13f.). Dabei kann nach Pruisken das Bildmedium wie ein Filter wirken (Pruisken 2007, S. 25ff.) und nur einige der vielen Wahrnehmungsmöglichkeiten dessen „durchlassen", was im Bild repräsentiert ist (im Film z.B. nur audiovisuelle Informationen). Es kann aber auch wie bei Luhmann die Funktion eines Milieus haben, als Gelegenheit oder Disposition, die die Manifestation bestimmter Formen ermöglicht, indem wie bei Gemälden oder Fotografien die Bedeutung erst entsteht, wenn wir das Bildmedium im zeitlichen und räumlichen Zusammenhang mit anderen bildhaften Gestaltungsmöglichkeiten und ihren technischen Bedingungen sehen.

Gleichwohl haben Bildmedien und das, was sie darstellen, eine von ihrer Genesis abgetrennte Geltung, sie produzieren „artifizielle Selbigkeit" (Wiesing 2005, S. 150ff.); sie sind wie Filme und Fotografien in vielen Exemplaren an vielen Orten und zu verschiedenen Zeiten zu haben. Und das in diversen Formen: digital, ausgedruckt, s/w kopiert, plakatiert, projiziert, archiviert. Sie wenden sich dann mit ihren Bildinformationen nicht mehr an einen bestimmten Empfänger, sondern an eine imaginierte Öffentlichkeit, ein Publikum, das man im Voraus nicht immer abschätzen kann. Und so können Bilder nicht nur, wie eingangs beschrieben, verbinden, sondern auch trennen.

1.2 Das Bild als Heterotopie

In seiner Analyse eines Bildes von Velásquez hatte sich Foucault mit den Räumen beschäftigt, die das Bild zeigt bzw. auch nicht zeigt, aber einbezieht: Es ist in der Lage, Unsichtbares sichtbar zu machen, es zeigt uns einen „anderen" Ort, der gleichwohl real ist oder real sein könnte (Foucault 1974, S. 31ff.).

Heterotopien können teilweise verwirklichte Utopien sein, aber auch „ der Raum unserer ersten Wahrnehmung, der Raum unserer Träume, der Raum unserer Leidenschaften" mit inneren Qualitäten. So untersuchen Martig/Karrer „Traumwelten als filmischen Blick nach innen" (Martig/Karrer 2006, S. 149, 169). „Die Heterotopie vermag an einem einzigen Ort mehrere Räume, mehrere Platzierungen zusammenzulegen, die an sich unvereinbar sind... Die Heterotopie erreicht ihr volles Funktionieren, wenn die Menschen mit ihrer herkömmlichen Zeit brechen" (Foucault 2001, S. 24, 32), wie dies nicht nur in Filmen, sondern auch in Computerspielen und anderen virtuellen Welten geschehen kann.

Auch Spiegel sind nach Foucault solche Heterotopien, da sie uns selbst an einem anderen Ort zeigen und glaubt man Kracauers Reflexhypothese, nach der der Film immer das spiegelt, was in der jeweiligen Zeit und Gesellschaft Thema ist (Kracauer 1960, S. 109), so ist auch der Film selber, von seinem Inhalt und nicht nur von der Form seiner Präsentation her, ein solcher „anderer Ort". Und das gilt nicht nur für Filmbilder: Wiesing macht darauf aufmerksam, dass ein bestimmter Bildtypus den Blick aus dem Fenster in eine andere Welt zeigt und in seinen Bemerkungen über „Fenster, Fernseher und Windows" macht er deutlich, dass jedes Bild ein Fenster in eine andere Welt ist, ob es nun ein Fenster im Bild zeigt oder nicht (Wiesing 2005, S. 99f.). „Wenn der Maler", so lesen wir bei Sartre (Sartre 1948, S. 49) „uns ein Feld oder eine Blumenvase darbietet, so sind seine Gemälde offene Fenster auf die ganze Welt". Denn „wir blicken durch den Rahmen gleichsam wie durch ein Fenster in den Bildraum" (Husserl 1980, S. 46). Und damit sind Bilder Orte, die Diversität sichtbar machen können.

1.3 Bildtheorien

Eine der ältesten Bildtheorien, die auch schon auf die dunkle Kino„höhle" übertragen worden ist (Scheurmann 2002, S. 13) ist natürlich das Platonische Höhlengleichnis: Die Metapher von den Schattenbildern in der Höhle, die ihre Urbilder in Entitäten außerhalb der Höhle haben. Diese Projektion auf die Höhlenwand verzerrt und wird fälschlich für die eigentliche Realität gehalten, die Faszination der Bilder verhindert – außer für Denker – auch das schauende Erfassen der eigentlichen Realität mit den Augen des Geistes. Bilder sind also immer ontologisch sekundär, als Abbilder von Ideen, die allerdings bei Platon objektiv, zeitlos und unveränderlich waren. Da der Vernunftbegriff sich seither gewandelt und u.a. subjektiviert hat, könnten wir abgewandelt heute vielleicht sagen, dass die Idee in der Vorstellung des Künstlers das Urbild, die Vorlage für das ist, was sich dann in einem Bildmedium mehr oder weniger vollkommen als Bild der Idee realisiert.

Dieser sekundäre Status von Bildern wird aufgewertet, wenn man wie Roland Barthes bei der Fotografie von einer „Emanation" des im Bild Abgebildeten spricht: Das Licht ist vom Sujet ausgegangen, es hat die Fotoplatte (oder wie bei Deleuze den Film) getroffen, „es ist so gewesen" (Barthes 1989, S. 90). Etwas vom Abgebildeten ist original „echt" im Bild präsent.

Diese Idee der Präsenz innerhalb der Repräsentation wird aber durch die semiotische Bildtheorie konterkariert: Bilder sind nur Zeichen, sie verweisen auf etwas, das sie selber nicht sind, die Darstellung muss von dem Dargestellten unterschieden werden. Mit Peirce und Goodman etwa werden Zeichen und Symbolfunktionen analysiert, Bilder muss man „lesen" lernen, die Bildwissenschaft ist also Bestandteil der Semiotik (Nöth 2009, S. 235 f.).

Dem widersprechen – nur um einen Einblick in die gegenwärtige Diskussion zu geben – die Bildphänomenologen: Bilder müssen nicht diskursiv entziffert, sondern ganzheitlich geschaut werden, man muss sich auf die Sichtweise des Bildproduzenten einlassen, Bilder sind für sich keine Zeichen, obwohl sie solche enthalten können. Bilder sind Ausdruckshandlungen und können uns eine neue Sicht der Dinge eröffnen. (Einen guten Überblick über die verschiedenen Phasen der Bildphänomenologie gibt Kapust 2009, S. 255ff.). Unbestritten sieht aber wohl die anthropologische Bildtheorie mit Jonas (Jonas 1994, S. 1056ff.), dass der Mensch ein *„homo pictor"*, ein bilderverfertigendes Wesen ist: Bilder sind gleichsam ein spezifisches Charakteristikum menschlicher Existenz, in der „Freiheit des Bildens" findet er sich als der, der er ist.

2. Intra- und interkulturelle Diversität in der Bewertung bildhafter Repräsentationen

Diese Freiheit des Bildens und die genannten Unterschiede in der Auffassung vom Wesen der Bilder sorgen nun für intra- und interkulturelle Konfliktpotentiale, die man gemeinhin unterschätzt. So ist in der Diskussion um den Karikaturenstreit

(vgl. Belting 2005, S. 198) von westlicher Seite immer auf die Presse- bzw. Mei-
nungsfreiheit als Menschenrecht hingewiesen worden, ohne dass man den Hintergrund, nämlich das in manchen Kulturen immer noch stark wirksame Bilderverbot
mit bedenkt, das Judentum und Islam verbindet, aber auch ein innerchristliches
Thema gewesen ist.

Beliebiges darf man eben nicht abbilden, vor allem das nicht, was Menschen
heilig ist. (Es gibt auch bei uns Grenzen des Bildhaften, z.b. finden wir Enthaup-
tungsvideos, die per Handy auf Schulhöfen getauscht werden, grenzwertig).

2.1 Anikonische Kulturen

Das Erhabene, Unendliche, Heilige kann und darf der Mensch nicht begrifflich
oder bildlich zu erfassen suchen, da es immer über die Möglichkeiten des Menschen hinausgeht und hinausgehen muss. Die 99 Namen Gottes im Islam sind
nur eine Allegorie dafür, dass kein Name hinreicht, nur die negative Attribution
ist angemessen. Jedes Bild wäre eine verkleinernde Profanisierung und daher ein
Sakrileg. In Synagogen und Moscheen gibt es nur Zeichen und Ornamentik und
keine bildhaften Darstellungen von Menschen. Bilder gelten als Verrat am Leben-
digen (Belting 2008, S. 75). So gibt es Muslime, die nicht reisen, weil sie keinen
Pass haben, denn dazu wäre ein Foto nötig, und die keinen Geldschein anfassen,
wegen des darauf befindlichen Konterfeis eines Potentaten. (Diese, z.B. Ghadda-
fi und Saddam Hussein, lassen bzw. ließen sich gerne abbilden.) Filme über Mohammed zeigen nie Mohammed selber, sondern immer nur Geschehnisse und Dinge aus seiner Sicht; manchmal ist statt seiner Stimme sogar nur Musik zu hören.[1]

Es gibt allerdings Darstellungen Mohammeds in Persien und in der Türkei
(niemals in Saudi-Arabien), die für viele Muslime grenzwertig sind, weil sie zwar
nicht Mohammeds Gesicht zeigen (das wird von einem Schleier bedeckt), aber
doch trotz des Kunstgriffs einer Nichtdarstellung in der Darstellung (die Farbe ist
bei der Gestalt ausgespart) eine Gestalt erkennbar machen.

Verstorbene darf man in einigen Gegenden wie Naturdinge abbilden. Das
passt gut zur Übertragung des jüdischen Bilderverbots auf dem Menschen bei Lévinas: Man darf nie glauben, die Unendlichkeit eines Menschen erfasst zu haben,
ein fertiges, nicht mehr veränderbares Bild käme einem Anspruch auf Aneignung
gleich, und das wäre gewalttätig (Lévinas 1993, S. 320f.).

---

1 P. Parmeswaran, Mohammed: The Last Prophet, 2001, sowie M. Akkad, Mohammad: Messenger
of God, 1976 (hier sogar M. ohne Stimme).

Abbildung 1

Das zweite Bild zeigt eine paradoxale Situation im Bild: Mohammed und sein Schwiegersohn Ali zerstören Götzenbilder auf der Kaaba (Näheres s. Naef 2007).

Abbildung 2

Absolut selten und ungewöhnlich ist eine Darstellung Mohammeds ohne Schleier, wie die von Bustan von Sa'di (ca.1525-35). Sie zeigt Mohammed auf seinem Ross als bereits Verstorbenen unter den Engeln (Abbildung 3).

Abbildung 3

Auch das profane Bild ist problematisch: Monumente in Dschidda zeigen immer nur einen Fuß oder eine Hand, nie aber eine ganze Gestalt (Ferraris 2007, S. 214) wie sie im Denkmal Saddam Husseins in Bagdad zu bewundern war. Aber natürlich gibt es auch arabische TV-Seifenopern und Nachrichtensendungen, die das Reale mehr oder weniger originalgetreu abbilden. Trotzdem sind die Verpackungen von Lebensmitteln für unsere Verhältnisse seltsam bildlos; Belting spricht von der „Emanzipation der Schrift im Islam" (Belting 2006, S. 146). Dorothee Kreuzer schreibt aus muslimischer Perspektive über die Kollision von westlichem Bildergebot und Schleier, wobei letzterer für sie ein symbolischer Ort ist für das, was sich zwangsläufig entziehen muss:

> „Diese Kollision findet tatsächlich statt: Nur anders als Huntington und seine Gegner sich das vorstellen: Nicht in dem Kino, von dem Rushdie redet, sondern in dem, welches die Islamisten attackieren: Sie meinen jene Orte, wo Horden junger Männer ihre Zeit totschlagen… auf die kein europäischer Kinogänger seine Lebenszeit […] (außer in ethnografischer Absicht) verschwenden würde " (Kreuzer 2002, S. 91).

Kreuzer beschreibt Spielfilme in Ägypten, Marokko, Algerien und Tunesien:

> „Die Probleme der arabischen Filmemacher, die versuchen, aus ihrer eigenen Tradition heraus zu arbeiten, illustrieren den eingebauten Ethnozentrismus des Mediums [....] Die Perspektive ... inszeniert *das* abendländische Wahrheitsparadigma: die Beglaubigung eines Gegenstandes durch seine Abbildung. [....] Eine Zivilisation, deren theologischer Kern in der Offenbarung als Wieder-Schrift-werden einer im Himmel vorgeschriebenen Schrift [...] liegt, hat aber als symbolischen Ort den Schleier und als Motor die Proliferation der Schrift. Fast unzulässig verkürzt: Inlibration statt Inkarnation." (Kreuzer 2002, S. 96)

Es ergebe sich eine andere Ästhetik und andere Wahrnehmungsgewohnheiten. Eine islamischen Strukturen entsprechende Dekonstruktion der filmischen Abbildlichkeit zum „als ob" werde zur Zeit einzig von Regisseuren mit schiitischem Hintergrund geliefert und erfordete eine Ausweitung der Untersuchung auf den iranischen Film. Die Möglichkeitsbedingung von bildhaften Repräsentationen wäre dann „ein Status der Ähnlichkeit unter Beibehaltung eines mentalen Vorbehalts gegenüber der von der dokumentarischen Abbildlichkeit suggerierten Realpräsenz" (Kreuzer 2002, S. 97).

Insofern kann die Berichterstattung des „Spiegel" nach der Befreiung Kabuls von den Taliban (52/2001, S. 50) nur als naiv und „ahnungslos" ironisiert werden: „Endlich wieder ins Kino. Über fünf Jahre mussten die Einwohner Kabuls warten, bis sie einen Film ansehen durften, bewegte Bilder..." (Kreuzer 2002, S. 89), wenngleich das Kino auf der Liste der zu verteidigenden Güter stand, die Salman Rushdie für den *Guardian* aufgestellt hatte.

Wie sehr die Art der Ikonographie auch innerhalb des Judentums für Konflikte sorgt, zeigt sich am Protest der kanadischen jüdischen Gemeinden gegen Karikaturen mit klischeehafter Darstellung von Juden.[2] Auch die Auseinandersetzung zwischen Steven Spielberg („Schindlers Liste") und Claude Lantzman („Shoah") ist erhellend: Das Unaussprechliche, durch Sprache und Bilder nicht Abbildbare des Holocaust, das im Bild nur banalisiert und profanisiert werden kann und sich Beschreibungsversuchen versagt, wurde von Lantzman durch Zeitzeugen angedeutet, die an Stellen kamen, wo nur noch Schweigen möglich war (Valentin 2002, S. 153ff.). Und in der jüdischen Kunst gibt es keine bildhaften Darstellungen Gottes, nur etwa die „abstrakte Theologie" eines Barnett Newman, der die hellen, roten Spuren Gottes in einer dunkleren Welt aufzeigt (Abbildung 4).

---

2   Béatrice Fantoni, Paper apologizes for Cartoon, in: The Montréal Gazette vom 10.8.2010, S. A7.

Abbildung 4

2.2 Ikonomanie und Ikonoklasmus in „westlichen" Kulturen

Günther Anders hat in seiner „Antiquiertheit des Menschen" eine Bildersucht diagnostiziert, die einen unstillbaren Hunger nach Realität ausdrücke, der durch
die phantomhafte Abbildlichkeit des Fernsehens nie gestillt werden könne: Der
Mensch wird mit immer nur mit Realitätsersatz, mit Surrogaten für Welthaftes,
beliefert (Anders 1956, S. 56ff.). Doch viele Kirchen zeugen von einer viel früheren Bildersucht. „Ich glaube erst, wenn ich sehe": Die schon im Neuen Testament festgehaltene Szene mit dem „ungläubigen Thomas" berichtet eine Visualisierung des Göttlichen für den, der zum Glauben geführt werden soll und auch für
eine nicht des Lesens kundige große Schar von Gläubigen konnten biblische Geschichten in Kirchen anschaulich werden und sich so dem kollektiven Gedächtnis
einschreiben (Lippold 1993, S. 102ff.). Die negative Theologie blieb aber auch
im Herzen des Christentums, in der Mystik, bestehen, so dass Bilderstreit und Bil-
dersturm schon im achten Jahrhundert zu massiven Auseinandersetzungen führ-
ten: Wenn byzantinische „Ikonoklasten an die Macht kamen, nahmen sie religiöse
Bilder […] ins Visier und ersetzten sie auf den Kirchenwänden durch ein Kreuz
[…] Wenn sie aber die Macht verloren, kehrte sich der Vorgang sofort um" (Belting 2005, S. 139). Noch heute befindet sich in orthodoxen Kirchen der Altarraum
hinter einer Bilderwand und ist von den Gläubigen nur durch eine kleine Tür ein-
sehbar. Die reich mit Ikonen behangene Ikonostase ist sinnfälliger Ausdruck dafür,
dass sich das Göttliche hinter und jenseits der Dimension des Bildhaften befindet.
Doch muss die Inbrunst verwundern, mit der im Eingangsbereich eine Ikone ge-
küsst wird, hier lässt sich eher an eine Emanationstheorie denken und vielleicht
muss man noch zwischen Volksfrömmigkeit und Theologie unterscheiden. Die

stereotypisierte Ikonenmalerei der Ostkirche, auch darauf muss hingewiesen werden, arbeitete anders als später die verweltlichte Renaissance-Malerei, bei der als
Vorlage für eine Madonna oft die Geliebte des Malers Modell saß. Im ersten in-
nerchristlichen Bilderstreit lange vor der Reformation entschied dann das Zweite ökumenische Konzil von Nicäa 787 n. Chr. (mit einer Stimme Mehrheit!), dass
Bilder betrachtet werden dürfen, wenn sie als bloßer Hinweis, als Zeichen des Allerhöchsten und Andachtshilfe verstanden werden.

Schon im Alten Testament, das auch für den Islam gilt, gab es das Verbot der
Idolatrie: das goldene Kalb durfte nicht an die Stelle des Allerhöchsten treten, dem
allein Anbetung zustand. Die Bilderverehrung wurde in der Reformation wieder
zum Stein des Anstoßes, die Bilderfülle in barocken katholischen Kirchen steht im
bemerkenswerten Kontrast zur Bilderarmut in reformierten Kirchen, und in cal-
vinistischen Kirchen gibt es noch nicht einmal ein Kreuz, nur eine Heilige Schrift
im Zentrum des Gotteshauses.

> „Bildtheoretisch gesprochen haben wir es mit einem *Chiasma* zu tun. Bilder implizieren eine in-
> nere Verschränkung, eine prozesshafte Reflexivität, ikonischen Kontrast oder ikonische Diffe-
> renz. Ihre Momente spielen zwischen Verkörperung und Verweisung (wie es ja auch im Abend-
> mahlsstreit der Fall ist), zwischen Materialität und Wirkung bzw. Sinn." (Boehm 2010, S. 59)

Zeigen aber beruht auf Negation, setzt Verbergen voraus; und so tobt sich der
Ikonoklasmus heute für Boehm in der modernen abstrakten Kunst aus (Boehm
2010, S. 69).

2.3 Konsequenzen für Kulturbegriff und Interkulturelle Hermeneutik

Wie man sah, liefern bildhafte Repräsentationen nicht nur interkulturell, sondern
schon intrakulturell Konfliktstoff. Es ist also zu oberflächlich, anikonische Kulturen des Orients gegen westliche Bilderkulturen zu setzen, zumal – darauf macht
Amartya Sen aufmerksam – indische Bollywood-Regisseure oft Muslime sind und
die erwähnten Bedenken nicht teilen (Sen 2006, S. 47).

Allerdings gibt es auch hier Blickverbote (z.B. darf der Kuss nicht gezeigt
werden). Gegen jede klischeehafte Verallgemeinerung redet Sen einer Partikulari-
sierung das Wort und wehrt sich zu Recht gegen essentialistische Festschreibungen
von Kulturen auf Grund von ihnen zukommenden Wesensmerkmalen. Solche Kul-
turbegriffe sind separatistisch und entsprechen nicht der heutigen Situation geteil-
ter Lebensformen in einer multiethnischen Gesellschaft; sie sind daher regressiv.
Sieht man hingegen Kultur als Summe des in einer Gesellschaft Erzeugten, wird
der Blick auf Kultur als Prozess gelenkt, was dynamisch und nicht substanzonto-
logisch statisch der Realität einer sich schnell globalisierenden Welt angemessener

ist. (In der Philosophie z.b. bei Cassirer 1960 und Sartre 1993, in der Erziehungswissenschaft z.b. bei Herzog 1999). Identitätsängste allerdings sind ernst zu nehmen und können neue Fundamentalismen erzeugen (vgl. Müller 2000, S. 87 ff.).
Und so scheint Robertsons Begriff der „Glokalisierung" angemessen: Jede Globalisierungswelle erzeugt gegenläufige Tendenzen einer Re-Lokalisierung, so dass
man nach dem *cultural turn* von einem dialektischen Wechselspiel von Globalisierung *und* neuer Beheimatung im Lokalen, Vertrauten, Traditionellen ausgehen darf
(Robertson 1992, S. 54-50, 100). Entsprechend hat Allemann-Ghionda ein „Pendeln zwischen Universalismus und Partikularität" diagnostiziert, was von Khan-
Svik in „Partikularismus" modifiziert wird, da es sich ihrer Ansicht nach auch hier
um eine Ideologie handelt (Allemann-Ghionda 1995, S. 106f.; Khan-Svik 2008,
S. 74). Verstehen kultureller Diversität bleibt also eine beständige Aufgabe, denn
jede Appropriation mit dem Anspruch, verstanden und erfasst zu haben, verfehlt
das Fremde notwendig, wenn eigene Interpretationsschemata und -gewohnheiten
mangels besseren Wissens für universal erachtet werden und Deutungen produzieren, die dem Anderen nicht angemessen sind (Münnix 2010, S. 54f.).

3. Kulturelle Diversität im Bild

Bilder gehören zu dem in Kulturen erzeugten Bestand an Artefakten, die uns in
all ihrer Vielfalt Aufschluss über andere Lebensformen und Werthaltungen geben
können. Besser als Momentaufnahmen mit dokumentarischem Wert können dies
audiovisuelle Medien mit bewegten Bildern. So ist der ethnografische Film eine
Möglichkeit, Fremdes besser kennen zu lernen, allerdings wegen der Fremdper-
spektive oft problematisch. Wenn hingegen ein Volk aus 300 Stunden Filmmate-
rial selber auswählen darf, was es selbst als typisch erachtet, sind die Voraussetzungen besseren Verstehens möglicherweise eher gegeben (Friedrich 1984, S. 91).
   Wegen der großen Publikumswirkung soll jedoch hier der populäre Spielfilm betrachtet werden, der auf den Anspruch dokumentarischer Qualität verzichtet, aber beim Erzählen von Geschichten immer noch genügend Einblick in eine
Diversität von Schauplätzen, Lebensformen und Werthaltungen vermittelt; um
die Fenstermetapher zu verwenden: Auch er lässt uns in andere Welten schauen.

3.1 Repräsentation und Wahrnehmung von Fremdheit am Beispiel des
Spielfilms

Bildhafte Repräsentationen im Medium Film bedienen offenbar vielfach ein all-
gemeines Bedürfnis. Zwar hatte noch Kafka betont, Kino bedeute, dem Auge eine

Uniform anzulegen (Virilio 1994, S. 57) und tatsächlich müssen wir im Kino anders als im Theater alle genau das sehen, was Regisseur und Kameraführung für uns so und nicht anders sichtbar machen: Wir sehen alle das gleiche Bild. Die im Film verkörperte Sichtweise (die nicht unreflektiert bleiben darf) kann aber gerade auch Horizonte öffnen und uns über optische Informationen vermittelt – „medial"– Fremdes oft besser erschließen, als dies theoretische Texte tun können. Erhellend ist aber auch die Perspektive, aus der heraus auf das Fremde geschaut wird: Doris Dörries „Hanami–Kirschblüten" sieht wie der Hollywoodfilm „Lost in Translation" von außen auf die japanische Kultur. Dagegen meint der japanische Film „Shall we dance?" (das spätere Hollywood-Remake „Darf ich bitten?" ist nur ein schwacher Abklatsch) mit japanischen Schauspielern und einem japanischen Regisseur nicht nur die Aufforderung zum Tanz, sondern er stellt auch aus der Binnenperspektive die Frage an die japanische Kultur (in der Körperkontakt in der Öffentlichkeit verpönt ist), ob Japaner tanzen sollten.

„Windtalkers" bleibt als Beschreibung indianischen Denkens sehr äußerlich, wohingegen Costners „Der mit dem Wolf tanzt" einen guten Einblick in indianische, nomadische Lebensformen und das Verstehen einer anderen Wertung von Natur erlaubt. (Der Film wurde gut recherchiert und von einem Ethnologen begleitet). Letzteres trifft auch auf Charlotte Links „Nirgendwo in Afrika" zu, ein Film, der geradezu als Gegenfilm zum Hollywoodfilm „Jenseits von Afrika" begriffen werden kann. Hier ist nicht vielfache koloniale Überheblichkeit dargestellt (die seltenen Anlässe für kritisches Denken sind durch die opulente Bildfülle wenig wirksam), sondern es gibt wirkliches Bemühen von Weißen und Schwarzen um gemeinsame Lebenspraxis im Bewusstsein des aufeinander Angewiesenseins und das Bild von Afrika, das entsteht, ist ein anderes. Zudem reflektiert der Film über ein deutschjüdisches Mädchen, das in Kenia auf eine englische Schule geht, in vielfacher Weise die Unangemessenheit klischeehafter Vorurteile. Und die Filme des türkischen Regisseurs Fatih Akin sind wesentlich differenzierter als „Die Blumen des Koran". Reichen Einblick in indisches und (tibetisch- / chinesisch- / taiwanesisch-) buddhistisches Filmschaffen geben Martig und Schaedler und eröffnen uns damit fremdartige Welten: Knüpft das *New Indian Cinema* an alte hinduistische Traditionen des mythologischen Singspiels an, so wird doch auch die Spannung zur globalisierten Moderne zum Thema, z.B. in „Lagaan" und „Monsoon Wedding" (Martig 2002, S. 199ff.); und die „westliche Okkupation" durch einen Film wie „7 Jahre in Tibet" steht der östlichen Selbstreflexion z.B. in „Phörpa – Spiel der Götter: Als Buddha den Fußball entdeckte" gegenüber. (Der Regisseur, selber ein bedeutender Lama, inszenierte den Film im eigenen Kloster) (Schaedler 2002, S. 220).

Besonders vorteilhaft ist es, wenn sowohl die Distanz der Außenperspektive als auch die Differenziertheit der Binnenperspektive zusammen kommen. Das geschieht im autobiographischen Film des Exilchinesen Dai Sijie „Balzac und die kleine chinesische Schneiderin", der mit chinesischen Schauspielern an Originalschauplätzen dreht und seine Zeit in einem Umerziehungslager zur Zeit der chinesischen Kulturrevolution eindrucksvoll ins Bild setzt.

Zwar sind die Wahrnehmungserfahrungen, die wir in Filmen machen, vermittelt, inszeniert und eingeschränkt, denn sie repräsentieren ja nicht die volle sensorisch erfahrbare Wirklichkeit, sondern nur einen Ausschnitt. Doch man kann sich dieser anderen Wirklichkeit besser annähern als ohne das Medium.

Der Film „Karamell" zeigt, was kein Zufall ist, die Spannung der arabischen Welt zwischen Tradition und Moderne aus einer christlich-libanesischen (und auch noch weiblichen!) Perspektive.

Keinesfalls darf man aber unzulässig verallgemeinern und sich so ein Bild von *der* libanesischen Kultur machen: Für Kreuzer muss der „laizistische Libanon aus der Agonie durch Rekonfessionalisierung" gerettet werden (Kreuzer 2002, S. 97).

3.2 Multiperspektivität

Für Piaget ist es ein Prozess zunehmender Reife, wenn Kinder mit wachsendem Alter immer besser in der Lage sind, sich von der egozentrischen Perspektive (zunächst rein kognitiv) mehr und mehr zu lösen und sich andere mögliche Sichtweisen als Erweiterung enger Horizonte zu erschließen. (Piaget/Inhelder 1976, S.249ff. sowie Billmann-Mahecha 1990). Diese Fähigkeit kann pädagogisch unterstützt und gefördert werden, und natürlich sind andere Bilder von der Welt als andere Sichtweisen auf das bereits Vertraute, aber auch Ansichten des noch nicht Vertrauten hier zentral. Das Bewusstsein der Perspektivität von Wahrnehmung kann zur Toleranz abweichender Sichtweisen erziehen, im Bewusstsein, dass eine einzige singuläre Perspektive sich schlecht verabsolutieren und universalisieren kann, mehrere Perspektiven kombiniert hingegen sich ergänzen und ein volleres, differenzierteres Bild der Welt liefern können: Erkenntnisprozesse können so als *„joint venture"* mit vielen sich ergänzenden Perspektiven erlebt werden (Münnix 2005, S. 331f.).

Wie bereits deutlich wurde, ist es auch für die Analyse des Filmmaterials wichtig, die jeweiligen Perspektiven derjenigen zu reflektieren, die den Film so und nicht anders in Szene gesetzt haben. Dabei ist auch der Einsatz filmischer Stilmittel (Totale, Halbtotale, *close-ups*, Zeitraffer, Zeitlupe, Beleuchtung, Bildschnitte) zu analysieren. In welcher Weise werden sie eingesetzt, um welche Zwecke zu erreichen? Was wird uns wie vor Augen geführt?

Das Erleben anderer Sichtweisen im Bild kann mit Holzbrecher in vier Aspekte aufgegliedert werden:

1. Der fremde Blick auf uns selbst (etwa die Darstellung der Deutschen im englischen Film „Was vom Tage übrig blieb")
2. Unsere eigene Sicht auf uns selbst (etwa im Hitler-Film „Der Untergang")
3. Unsere eigene Sicht auf das Fremde (Karl-May-Filme)
4. Andere, die aus der Binnenperspektive sich selber beschreiben (wie etwa der jüdische Film „Du sollst nicht lieben") (nach Holzbrecher 1997; die Konkretisierung durch Filmbeispiele ist von der Autorin vorgenommen worden.)

Zu analysieren wäre ferner, in welcher Weise im kommerziellen Film Stereotype und Klischees zur Komplexitätsreduktion benutzt werden, um Erwartungshaltungen des Publikums zu bedienen und im Vertrauten zu ankern bzw. in welcher Weise sie der Bildung neuer Vorurteile Vorschub leisten können.

So weist Wischermann durch eine Fülle von Aspekten nach, wie sehr soziale Differenz medial auch allererst konstruiert werden kann und man darf getrost ergänzen: Auch kulturelle Differenz, ein Sprachgebrauch, der nicht nur bei Allemann-Ghionda kritisiert wird, denn der „Differenz" haftet zu sehr das Defizitäre an, da man sie am Eigenen misst. Statt dessen Erziehung zur Diversität als positivem Wert. Schließlich ist Diversität ein Merkmal aller Gesellschaften (Allemann-Ghionda 1997, S. 140).

Wichtig bleibt in dieser Erziehung m.E. ein oft geübter Perspektivenwechsel, sowohl intra- als auch interkulturell, mit dem man Diversität besser und differenzierter zu erfassen in der Lage ist. Solche Horizontausweitung kann durch gute Filme möglich sein, sie können aber auch den Blick auf die Realität verstellen So kann etwa der Film „The City of God" auch ohne Propagandaabsicht (wie z.B. in „Jud Süß") Vorurteile über *Latinos* aufbauen, indem man optisch und verbal Ressentiments entwickelt oder befördert und/oder Partikuläres unzulässig verallgemeinert.

3.3 *Transkulturalität?*

In seinem Aufsatz „Transkulturalität – Lebensformen nach dem Ende der Kulturen" wendet sich Welsch (Welsch 1992, S. 8ff.) gegen einen essentialistischen Kulturbegriff und glaubt, dass die Lebensformen sich überall im Zuge der Globalisierung annähern: Eine Weltkultur sei im Entstehen, so dass wir bereits jenseits der Kulturen (und nach ihrem Ende) über sie hinaus sind: Er kritisiert das Interkulturalitätskonzept, da es „von wohl abgegrenzten und beträchtlich verschiedenen Kulturen" ausgehe (was nicht stimmt); Moderne Gesellschaften seien multikulturell in sich, nicht nur ethnisch:

„Heute werden für *jede* Kultur tendenziell alle anderen Kulturen zu Binnengehalten oder Traban-
ten [...]. Weltweit leben in der Mehrzahl der Länder Angehörige auch aller anderen Länder der
Erde. Ein Übriges tragen Unterhaltungs- und Freizeitindustrie, Mode und neue Konsumkultur bei
[...]. Durch solche Immanentisierung und Trabantisierung wird die Separiertheit und Besonde-
rung von Kulturen aufgehoben. Es gibt nichts schlechthin Fremdes mehr." (Welsch 1992, S. 11f.)

Doch hat Waldenfels sehr eindrücklich zwischen sozialer und kultureller Fremdheit unterschieden (Waldenfels 1998, S. 13ff.) und deutlich gemacht, dass Eigenes und Fremdes, Vertrautes und Unvertrautes sich beständig durchmischen. Die
„Zugehörigkeit zu einer bestimmten Gruppe" werde ersetzt durch die „Ausübung
der gleichen Funktion", so dass funktionsfremde Nachbarn uns zunehmend fern,
funktionsnahe „Ausländer" uns zunehmend nah rückten (Waldenfels 1998, S. 20).
Auch im Eigenen, sogar in uns selbst, finde sich Fremdes. Solche Lebensformen
oszillierten endlos zwischen Eigenem, das Fremdes ausschließt und einem Ganzen,
das Fremdes einschließt. Es entstehe ein „Ineinander von An- und Abwesenheit,
von Nähe und Ferne" (Waldenfels 1998, S. 26f.), so dass sich immer komplexe
Verflechtungen von Selbstheit und Fremdheit ergeben: Trotz sozialer Vertrautheit
im Alltag, z.b. bei ArbeitskollegInnen aus verschiedenen Ethnien, können sich
plötzlich Abgründe des Nichtverstehens auftun. Wir sind eben nicht über die Kulturen hinaus, auch wenn Aufwachsen zwischen den Kulturen inzwischen in vielen
Ländern zur Normalität gehort und Enkulturation ein beständiger Prozess bleibt.
Interkulturalität bleibt also zu reflektieren; und daher müssen nicht nur in Philosophie und Pädagogik, aber eben auch dort, Bemühungen zur Bewältigung dieser
faktischen Situation der Interkulturalität unternommen werden.

4. Konsequenzen für Medienwissenschaft und Pädagogik

Abgesehen von Grundlagenproblemen (so ist der Medienbegriff äußerst unscharf
und strittig: für McLuhan z.b. ist alles, was wie ein Werkzeug eingesetzt werden
kann – Sprache , Körper, Hammer, sogar jede Energieform ein Medium; vgl. die
Kritik bei Wiesing 2005, S. 149ff.), ist doch in der Medienwissenschaft ein Trend
festzustellen: Bei den neueren integrativen Ansätzen steht nicht mehr das Werk
im Fokus des Interesses, sondern der Prozess der medialen Vermittlung selbst:

„Medien werden ... als technische, organisatorische und ästhetische Dispositive zur Übermitt-
lung begriffen. Es geht um die Analyse von Programmzusammenhängen, von Inszenierungsstra-
tegien und von Wirkungsweisen [....]. Letzthin geht es um die unsichtbaren Codes des Sichtbaren, um die unsichtbaren Spielregeln, die immer mit übertragen werden." (Weber 2005, S. 122 f.)

Komparatistische, interkulturelle Untersuchungen der Art, wie z.b. internationale Sportereignisse dies in je verschiedener Weise tun, sind erhellend und offenbaren nicht nur unterschiedliche Wahrnehmungsgewohnheiten: Weber weist z.b. darauf hin, dass CNN für Europa anderes Bildmaterial einsetzt als für US-Zuschauer (offenbar kann man dem europäischen Publikum anderes zumuten), und der Sportreporter Fassbender forderte im Zusammenhang mit sehr spät eingeblendeten Zeitlupen, dass die Übertragungen von Großereignissen doch den mitteleuropäischen und angelsächsischen Sehgewohnheiten entsprechen sollten (Weber 2005, S. 124, 127).

Die jeweiligen Medienkulturen sind also unterschiedlich, so dass für Weber interkulturelle Forschung besonders für die Medienwissenschaften ein Desiderat zu sein scheint, da

> „allzu häufig internationale Dependenzen aus der Analyse ausgeklammert (Koproduktionen!) und nationale Eigenheiten für selbstverständlich genommen werden. Eine interkulturelle Perspektive könnte dabei als Korrektiv dienen, das gerade die nationale Bedingtheit von Medienkulturen wieder zu Bewusstsein bringt" (Weber 2005, S. 127).

In seinem deutsch-französischen Vergleich belegt Weber dies mit unterschiedlichen Orientierungen des jeweiligen Kinoschaffens und beklagt auch hier die oft fehlende interkulturelle Perspektive: „Die wissenschaftliche Auseinandersetzung mit Film und Fernsehen in Deutschland wird heute in starkem Maße durch die Rezeption der angelsächsischen Konzepte bestimmt [...] Man neigt dazu, die amerikanische Entwicklung als Maßstab schlechthin zu sehen", vor allem, wenn der amerikanische Hollywood-Film als unumstößlicher Ausdruck eines *„state-of-the-art"* verstanden werde, wohingegen es trotz des großen Gewichts des französischen Kinos keine Rezeption oder Studien auf deutscher Seite, z.B. der Bildästhetik und Medienkultur der *Nouvelle Vague* gebe, die bis heute die filmästhetischen Debatten in Frankreich präge (Weber 2005, S. 126f.). Dabei sollten gerade die unterschiedlichen Arten, wie etwas in Szene gesetzt wird, von Interesse sein.

Damit ergeben sich nun auch Zieldimensionen für eine interkulturelle Medienpädagogik, wie sie bereits in verschiedenen Schulfächern (natürlich vorzugsweise den Fremdsprachen) versucht wird, wobei Khan-Svik an Nestvogel kritisiert, dass sie nicht nur interkulturelle, sondern auch intrakulturelle bzw. transkulturelle Ziele bzw. Wege nennt (und dabei auch den Austausch über „kulturelle Objektivationen (Texte, Filme etc.)" empfiehlt (Khan-Svik 2008, S. 92, 101).

Trotz des genannten Vorbehalts sollen diese Ziele abschließend genannt werden (denn das Interkulturelle ist, wie wir sahen, wegen der Durchmischung von Eigenem und Fremdem längst auch intrakulturell und umgekehrt):

„1. Die Wahrnehmung, dass Denken, Fühlen und Handeln (nicht nur) in multikulturellen Gesellschaften in verschiedenen kulturellen Bezugssystemen stattfindet; 2. ein Verständnis für verschiedene Sicht- und Verhaltensweisen; 3. die Bereitschaft, sich auf neue Erfahrungen einzulassen; 4. die Perspektive des Anderen zu übernehmen; 5. der Erwerb von Empathie; 6. das Aushalten von Ambivalenz; 7. die Einübung von Ambiguitäts- und Frustrationstoleranz; 8. Sensibilität für die eigene kulturelle Prägung und die damit zusammenhängende Begrenztheit der eigenen Wahrnehmung; 9. eine kritische Reflexion der eigenen Kultur und Gesellschaft; 10. die Bereitschaft, Andere / Fremde zu integrieren, ohne sie zu vereinnahmen." (Nestvogel 1996, S. 64)

Es wäre für eine interkulturelle Medienpädagogik zu wünschen, dass dabei auch die komplexe Haltung verschiedener Medien-Kulturen und –Traditionen zum Status bildhafter Repräsentationen, zu dem, was wie im Bild gezeigt werden darf und was nicht, reflektiert wird. Gerade in Auseinandersetzungen mit islamischen Sichtweisen würde dies einen wirklichen Fortschritt interkulturellen Verstehens bewirken.

Literatur

Allemann-Ghionda, C. (1993): Interkulturelle Bildung und Erziehung in einem multikulturellen Europa. In: Bildungsforschung und Bildungspraxis 15, H.3, S. 325-346.

Allemann-Ghionda, C. (1995): Das Pendeln zwischen Universalität und Partikularität. In: Interkulturelle Bildung zwischen Universalismus und Partikularität. Tertium Comparationis. Journal für internationale Bildungsforschung 2, H.2, S. 96-112.

Allemann-Ghionda, C. (1997): Interkulturelle Bildung. In: Zeitschrift für Pädagogik 36 (Beiheft), S. 107-149.

Anders, G. (1956): Die Antiquiertheit des Menschen. Bd. I. München: Beck.

Arnheim, R. (2002): Film als Kunst. Frankfurt am Main: Suhrkamp.

Austin, J. L. (1986): Zur Theorie der Sprechakte. How to do things with words. Stuttgart: Reclam.

Barthes, R. (1989): Die helle Kammer. Frankfurt am Main: Suhrkamp.

Belting, H. (2005): Das echte Bild. Bildfragen als Glaubensfragen. München: Beck.

Belting, H. (2008): Florenz und Bagdad. Eine westöstliche Geschichte des Blicks. München: Beck.

Billmann-Mahecha, E. (1990): Egozentrismus und Perspektivenwechsel. Göttingen: Huber.

Boehm, G. (Hrsg.) (1994): Was ist ein Bild? München: Fink.

Boehm, G. (2010): Wie Bilder Sinn erzeugen. Die Macht des Zeigens. Berlin: Univ. Press.

Cassirer, E. (1960): Was ist der Mensch? Versuch einer Philosophie der menschlichen Kultur. Stuttgart: Kohlhammer.

Foucault, M. (1974): Die Ordnung der Dinge. Frankfurt am Main: Suhrkamp.

Foucault, M. (2001): Andere Räume. In: Foucault, M. (Hrsg.): Short Cuts. Frankfurt am Main: Zweitausendeins, S. 20-38.

Gadamer, H.-G. (1994): Bildkunst und Wortkunst. In: Boehm, G. (Hrsg.): Was ist ein Bild? München: Fink, S. 90-104.

Ferraris, Z. (2007): Die letzte Sure. München u.a.: Pendo.

Friedrich, M. (Hrsg.) (1984): Die Fremden sehen. Ethnologie und Film. München: Trickster.

Herzog, W. (1999): Die Schule und die Pluralität ihrer Kulturen. Für eine Neufassung des pädagogischen Kulturbegriffs. In: Zeitschrift für Erziehungswissenschaft 2, H. 2, S.229-245.

Holzbrecher, A. (1997): Die Wahrnehmung des Anderen. Zur Didaktik interkulturellen Lernens. Opladen: Leske und Budrich.

Husserl, E. (1980): Phantasie und Bildbewusstsein. Hua XXXIII, den Haag u.a.: Meiner.

Jonas, H. (1994): Homo Pictor. Von der Freiheit des Bildens. In: Boehm, G. (Hrsg.): Was ist ein Bild? München: Fink, S. 105-124.

Kapust, A. (2009): Phänomenologische Bildpositionen. In: Sachs-Hombach, K. (Hrsg.): Das Bild als kommunikatives Medium. Köln: Von Halem, S. 255-283.

Khan-Svik, G. (2008): Kultur und Ethnizität als Forschungsdimension. Von der Kulturanthropologie zur interkulturellen Pädagogik. Frankfurt am Main: Lang.

Kracauer, S. (1960): Theorie des Films. Die Errettung der äußeren Wirklichkeit. Frankfurt am Main: Suhrkamp.

Kreuzer, D. (2002): Die Kollision von Transparenz und Schleier. Die arabische Welt angesichts des westlichen Bildergebots. In: Valentin, J. (Hrsg.): Weltreligionen im Film. Marburg: Schüren, S. 99-118.

Kumbier, D./Schulz von Thun, F. (Hrsg.) (2009): Interkulturelle Kommunikation: Methoden, Modelle, Beispiele. Reinbek: Rowohlt.

Lévinas, E. (1993): Totalität und Unendlichkeit. Freiburg: Alber.

Lippold, L. (1993): Macht des Bildes – Bild der Macht. Leipzig: Ed. Leipzig.

Mitchell, W.J.T. (2008): Das Leben der Bilder. Eine Theorie der visuellen Kultur. München: Beck.

Martig, C. (2002): Indische Mythologie und sozialkritischer Realismus. Hinduismus in Filmen des indischen Subkontinents. In: Valentin, J. (Hrsg.): Weltreligionen im Film. Marburg: Schüren, S. 197-210.

Martig, C./Karrer, L. (Hrsg.) (2003): Traumwelten. Der filmische Blick nach Innen. Marburg: Schüren.

Müller, J. (2000): Jugendliche türkischer Herkunft und islamischer Fundamentalismus. In: Fechler, B./ Kößler, G./Liebertz-Groß, T. (Hrsg.): „Erziehung nach Auschwitz" in der multi-kulturellen Gesellschaft. Weinheim/München: Juventa, S. 87-94.

Münnix, G. (1998): Warum mit Bildern philosophieren? In: Ethik und Unterricht 3, S. 28-36.

Münnix, G. (2005): Horizontverschiebungen. Multiperspektivität als Prinzip praktischen Philosophierens. In: Scheidgen, H.-J. /Hintersteiner, N./Nakamura, Y. (Hrsg.): Philosophie, Gesellschaft und Bildung in Zeiten der Globalisierung. Amsterdam u.a.: Rodopi, S. 325-344.

Münnix, G. (2010): Das Sehen des Anderen. In: Fachverband Philosophie (Hrsg.): Mitteilungen H. 50, im Druck.

Naef, S. (2007): Bilder und Bilderverbot im Islam. Vom Koran bis zum Karikaturenstreit. München: Beck.

Nestvogel, R. (1996): Konfliktregelungen in der internationalen Flüchtlingsarbeit. Übungen zum interkulturellen Lernen. Frankfurt: IKO.

Nöth, W. (2009): Bildsemiotik. In: Sachs-Hombach, K. (Hrsg.): Bildtheorien. Frankfurt am Main: Suhrkamp, S. 235-254.

Piaget, Jean/Inhelder, Bärbel (1975): Die Entwicklung des räumlichen Denkens beim Kinde. Stuttgart: Klett.

Pruisken, T. (2007): Medialität und Zeichen. Würzburg: Königshausen und Neumann.

Robertson, R. (1992): Globalization. London: Sage.

Sachs-Hombach, K. (2003): Das Bild als kommunikatives Medium. Köln: Von Halem.

Sachs-Hombach, K. (Hrsg.) (2009): Bildtheorien. Frankfurt am Main: Suhrkamp.

Sartre, J.-P. (1981): Was ist Literatur? Reinbek: RoRoRo.

Sartre, J.-P. (1993): Das Sein und das Nichts, Reinbek: Rowohlt.

Schaedler, L. (2002): Westliche Okkupation und östliche Selbstreflexion. Buddhismus im Spielfilm. In: Valentin, J. (Hrsg.): Weltreligionen im Film. Marburg: Schüren, S. 211-224.

Schwemmer, O. (2005): Kulturphilosophie. Eine medientheoretische Grundlegung. München: Fink.

Sen, A. (2006): Identity and Violence. The Illusion of Destiny. London: Norton.

Valentin, J. (Hrsg.) (2002): Weltreligionen im Film. Marburg: Schüren.

Valentin, J. (2002): Ratlos vor dem negativen Absoluten. Spielfilme widmen sich dem Thema Shoa. In: Valentin, J. (Hrsg.): Weltreligionen im Film. Marburg: Schüren, S. 153-164.

Virilio, P. (1994): Das Privileg des Auges. In: Dubost, J.-P. (Hrsg.): Bildstörung. Gedanken zu einer Ethik der Wahrnehmung. Leipzig: Reclam, S. 55-71.

Waldenfels, B. (1998): Soziale und kulturelle Fremdheit. In: Schneider, N./Mall, Ram, A./Lohmar, D. (Hrsg.): Einheit und Vielfalt. Das Verstehen der Kulturen. Amsterdam/Atlanta: Rodopi, S. 13-36.

Weber, T. (2005): Perspektiven interkultureller Forschung in der deutschen Medienwissenschaft. In: Fischer, C./Harth, H./Viallon, P. & V. (Hrsg.): Identität und Diversität. Eine interdisziplinäre Bilanz der Interkulturalitätsforschung in Deutschland und Frankreich. Berlin: Avinus, S. 119-132

Welsch, W. (1992): Transkulturalität. Lebensformen nach dem Ende der Kulturen. In: Information Philosophie 92, H. 2, S. 8-17.

Wiesing, L. (2005): Artifizielle Präsenz. Frankfurt: Suhrkamp.

Wischermann, U. (Hrsg.) (2008): Medien, Diversität, Ungleichheit. Zur medialen Konstruktion sozialer Differenz. Wiesbaden: VS.

Abbildungen

1. Ipsiroglu, M.S. (1971): Das Bild im Islam. Ein Verbot und seine Folgen. München: Schroll.

2. Trutwin, W. (2005): Islam. Düsseldorf: Patmos.

3. Barks, C. (2010): Rumi. Heart of the Beloved 2011 Wall Calendar. New York: Amber Lotus.

4. van Voolen, E. (2006): Jüdische Kunst und Kultur. München: Prestel.

Ethnic Crossroads: Visualizing Urban Narratives

Jerome Krase

Introduction: Theories, Histories, and Methods

Charles Taylor in "The Politics of Recognition" writes: "Equal recognition is not just the appropriate mode for a healthy democratic society. Its refusal can inflict damage on those who are denied it." He continues, "The projection of an inferior or demeaning image on another can actually distort and oppress, to the extent that the image is internalized" (Taylor 1994: 36). This sensitivity to the power of images is central to my approach to teaching about diversity. Showing how a shared sense of community is possible in multicultural societies has been a perennial quest for my mentor Feliks Gross (1999) and me.

Here, I will synthesize ideas about diversity in history, sociology, and education in my visual pedagogy. I suggest that the methods I use are applicable, with informed modifications, for global venues (Krase 2002, 2004, 2005, 2006, 2009). To make the abstract arguments more concrete, examples of student written and visual work are provided. For decades, my City University of New York classes have been offered to an extremely diverse student body whose biographies and neighborhoods are a rich source of knowledge that I utilize to enhance my own and my students' learning from other conventional sources. The simple questions asked here are 'How do their individual stories fit into and perhaps create the collective stories told about the country in which they live?' and 'What is the relationship between personal and meta-narratives?' I hope to demonstrate how visual and virtual teaching technologies can be integrated with traditional modes to foster an understanding of multicultural urban environments. In the Macaulay Honors College Freshman Seminar 2 'The Peopling of New York City' and my Brooklyn College Visual Sociology course, students examined neighborhoods created and maintained by more and less recent immigrants groups.

Virtually all my work is cross-cultural and comparative, being based on research and lecturing in cities around the globe. My students learn about themselves, their families, their neighborhoods, and the purported groups to which they belong. In class discussions and small groups, this self-knowledge is shared and students implicitly and explicitly compare their narratives in various verbal, written and visual ways. Learning becomes a collaborative process of building upon shared information and perspectives. Students find similarities and differences in their stories and relate them to the successively larger structures and processes of society: Self; Family; Neighborhood; Group; City; State; Country; World. This cumulative exercise is a continuum from personal to meta-narratives, where meta-narratives are the stories or theories which claim to be above ordinary accounts of social life and that are often used to justify the existence of social institutions and authorities.

Self-reflection by all participants is required. I often tell my students that when I was a child in the 1950s public schools and mass media worked to create and maintain a shared national culture and identity. The effort was so successful that I thought I was a direct descendant of the Pilgrims and the Founding Fathers. The curricular and extracurricular programs of the public schools were nationalistic, even chauvinistic. Americanization permeated schools and the popular media, where brave cowboys fought savage Indians, and heroic secret agents countered evil foreign spies. Despite elaborate meta-narratives, solidarity was still problematic. Historian Richard Polenberg wrote in *One Nation Divisible* (1980) that, as opposed to the classless and unified nation claimed by the melting pot myth, class, race, and ethnic identity divided the country from the Great Depression through Watergate.

Despite Jean-François Lyotard's argument that *The Postmodern condition* (1984) meant losing the ability to believe in them, meta-narratives persist, and even thrive. Most people still seem to require a 'larger' story to explain their own, or perhaps to seek a 'higher purpose' in it. National myths draw together our biographies and provide a comfortable common ground for them. Postmodernists also claimed that Marxian, Durkheimian and Weberian theories, in effect Sociology itself, are presented as universal meta-narratives and claim to be superior to local or more grounded stories. Consequently, many call for a return to the local and a rejection of 'grand' theory as well as the politically privileged position of scientific narratives.

The tension between personal and societal narratives is not a new idea. In fact, it is a common sociological insight. C. Wright Mills (1959: 15)., decades ago, saw the importance of individual experience to the sociological enterprise in describing the Sociological Imagination: "It is a quality of mind that seems most dramatically to promise an understanding of the intimate realities of ourselves in connection with larger social realities'" Sociological imagination enables people "to grasp what is going on in the world, and to understand what is happening in themselves as minute points of the intersections of biography and history within society" (ibid.: 7). Some years ago my colleague Tibbi Duboys and I employed Mills' insights in our Sociology and Teacher Education pedagogies. The challenge for us was integrating our students' sense of their own and others' cultural differences into an understanding of human continuity and community. We did this by connecting the concerns and perceptions that structure our everyday worlds to our academic fields of study. Schools failed to present knowledge as a symbol of human activity and aspiration and had instead separated education from the motives and concerns that animate students. In contrast, we revealed how academic discourses could address issues that concern students. Rather than beginning with such discourses and then asking students to bring themselves to it, we began with the students' own texts and brought our disciplines into it as questions for interpretation. In *Education and Sociology Are About People*, we wrote:

> "As professors in an urban institution, we share with our students a city that is stunning in the density and variety of experience it presents to us. We shape our courses to help our students understand schooling in an urban society. We want them to realize how schooling draws children out and away from their homes and families and requires them to shift to customs, language use, and styles of expression that may be dramatically different from the cultural conventions that have surrounded them at home. We want them to understand how different groups in the city have responded to the tension between the culture of home and neighborhood and the norms and expectations of schooling. We want our students to understand the social history of their own attitudes and biases and to understand the history of urban schools as well as the various roles that the social studies curriculum has played during that history" (Duboys/Krase 1992: 14-17).

This critical pedagogy mimics the ideas of Antonio Gramsci for whom learners should be "active and creative", not "passive and mechanical" in relationship to their education (Gramsci 1977: 42). Later, Paulo Freire saw progressive educational practice as that which "favors the autonomy of the students" (Freire 1972: 21) and their ability to make the connection between their individual problems and experiences and the worlds in which they live. More to the point as to politically contested teaching practices in the USA, for Joe L. Kincheloe those who embrace a critical pedagogy

> "…must also possess a wide range of education in the culture: TV, radio, popular music, movies, the Internet, youth subcultures and so on; alternative bodies of knowledge produced by marginalized or low-status groups; the ways power operates to construct identities and oppress particular groups; the modus operandi (MO) of the ways social regulation operates; the complex processes of racism, gender bias, class bias, cultural bias, heterosexism, religious intolerance, and so on; the cultural experiences of the students; diverse teaching styles; the forces that shape the curriculum; the often conflicting purposes of education; and much more" (Kincheloe 2008: 2-3).

The term "multicultural" is often used as an adjective describing ethnic, racial, religious, or other life style diversity. Using such a definition, the United States of America is clearly a multicultural society. Although many think of the idea of Multiculturalism as something new, others such as Ronald Takaki, advisedly employed the term in their description of the entire history of the United States (Takaki 1993). Clearly, however, the diversity that has defined America's 'exceptional' history has gone through many metamorphoses. The standard meta-narrative for European society has been a world unified by the Christian faith, prosperous and safe from Barbarians. Whereas Europe's reference was the 'Old' Jerusalem and Promised Land, America unabashedly fashioned itself as the 'New' Jerusalem and Promised Land.

The conception of America as a transforming nation, banishing old identities and creating a new one, prevailed through most of its history. More than two hundred years ago, French immigrant Hector St. John de Crèvecoeur wrote:

> "What then is the American, this new man? He is either an European, or the descendant of an European, hence that strange mixture of blood, which you will find in no other country. I could point out to you a family whose grandfather was an Englishman, whose wife was Dutch, whose son married a French woman, and whose present four sons have now four wives of different nations... Here individuals of all nations are melted into a new race of men, whose labours and posterity will one day cause great changes in the world. Americans are the western pilgrims, who are carrying along with them that great mass of arts, sciences, vigour, and industry which began long since in the east; they will finish the great circle. .. The American is a new man, who acts upon new principles; he must therefore entertain new ideas, and form new opinions. From involuntary idleness, servile dependence, penury, and useless labour, he has passed to toils of a very different nature, rewarded by ample subsistence.- This is an American..." (de Crèvecoeur 1793: 46-7).

Others such as Alexis de Tocqueville later fortified myth-making commentary and his version of American exceptionalism exempted it from bitter class and religious conflicts. Tocqueville did however recognize the dangers of slavery and race that became what Gunnar Myrdal called "The American Dilemma." In between de Tocqueville and Myrdal, the American meta-narrative was edited several more times. One was Emma Lazarus' 1883 sonnet *"New Colossus"* engraved on a bronze plaque inside the Statue of Liberty:

> "...Give me your tired, your poor,
> Your huddled masses yearning to breathe free,
> The wretched refuse of your teeming shore.
> Send these, the homeless, tempest-tossed to me,
> I lift my lamp beside the golden door!"

Another revision was expressed in Israel Zangwill's play *The Melting Pot* that opened in 1908 and depicted a Russian-Jewish immigrant family. In the play, David, who survived a pogrom that killed his mother and sister, tries to forget the horror by composing an "American Symphony" in which the hero exclaims:

"America is God's Crucible, the great Melting-Pot where all the races of Europe are melting and reforming... Germans and Frenchmen, Irishmen and Englishmen, Jews and Russians - into the Crucible with you all! God is making the American' (Zangwill 1917: 33)."

America has been, as Israel, a Light unto Nations and the Promised Land for the Chosen people manifestly destined to shine from 'sea to shining sea'. For two centuries, immigrants streamed into 'the land of opportunity' to seek the 'American Dream' in cities with streets paved with gold. As a result, America's ethnic diversity paradigm has three major variations on the dominant Melting Pot theme. Assimilationism, Cultural Pluralism, and Multiculturalism mimic society's responses to real and imagined threats to the dominant Anglo-Saxon culture. These 'isms' are ideological as well as historical conceptions that are often used in public discourse. Cultural Pluralism and Multiculturalism are represented in the culinary metaphors of Stew Pot, and Salad Bowl respectively, alongside The Melting Pot foundry metaphor.

Assimilationism and Multiculturalism are at opposite ends of a spectrum of what Michael Walzer calls 'Tolerance' and 'Toleration'. For him toleration, as a set of institutional and other arrangements, rather than attitudes, of tolerance is crucial for the success of diverse societies. For a situation of Toleration, mutual respect is less important than peaceful coexistence (Walzer 1997). The reality of everyday inter-group life and 'minority' relations in America falls today somewhere in the middle of the spectrum – in Cultural Pluralism. While Assimilationism abhors difference and tries to destroy or quarantine it, Multiculturalism idolizes and tries to preserve it as well as make it public. In the middle is Cultural Pluralism, which recognizes the positive value of diversity for democratic societies but only in tandem with overarching common values that connect the disparate groups.

The term 'Cultural Pluralism' was a precursor of 'Multiculturalism'. Horace Kallen criticized the Melting Pot (Assimilationism) thesis and coined the term and the idea of cultural pluralism. Randolph Bourne used it earlier in a 1916 essay 'Trans-National America'. Joseph F. Healey notes:

"... Kallen argued that people should not have to surrender their culture and traditions to become full participants in American society... and that American society could be a federation of diverse groups, a mosaic of harmonious and interdependent cultures and peoples" (Healey 2006: 50).

In contrast, I conclude this section of the paper with the most noted counter-myth of American history provided by Howard Zinn in his *A People's History of the United States*:

"The pretense is that there really is such a thing as 'the United States,' subject to occasional conflicts and quarrels, but fundamentally a community of people with common interests. It is as if there really is a 'national interest' represented in the Constitution, in territorial expansion, in the laws passed by Congress, the decisions of the courts, the development of capitalism, the culture of education and the mass media" (Zinn 1980: 9).

And, he continues,

"My viewpoint, in telling the history of the United States, is different: that we must not accept the memory of states as our own. Nations are not communities and never have been. The history of any country, presented as the history of a family, conceals fierce conflicts of interest (sometimes exploding, most often repressed) between conquerors and conquered, masters and slaves, capitalists and workers, dominators and dominated in race and sex. And in such a world of conflict, a world of victims and executioners, it is the job of thinking people, as Albert Camus suggested, not to be on the side of the executioners" (Zinn 1980: 10).

New York City Immigration: from Personal Narrative to American Meta-narrative.

Almost all students were either immigrants themselves or children of immigrants. They create diversity by reflecting upon their personal experiences and making connections to academic studies as well as popular media via their narratives. In both the freshman seminar and the visual sociology elective, students wrote and illustrated a 'There to Here' essay and analyzed films about immigration to New York City. They collected demographic and visual data about their neighborhoods, and visited immigrant areas as well as sites such as the Ellis Island Immigration Museum. Seminar students wrote and illustrated descriptions of what they consider an ideal American community, and created a class website for displaying their work. They also collaborated in class projects about individual assignments.

There to Here Essay

Here is how the students engage the phenomenon of migration. In the syllabus, the assignment is presented in the following way:

"How did you get from there to here? Individual Essay: Trace your roots back to the place in the world from which you came to New York City (Migrants - from places within the United States and Immigrants - from places outside the United States) (500 words).".

I expect students to recognize that New York is a place filled with people who at one time or another were newcomers. They should also realize how diversity contributes to the visual character of the city. The essays are not meant to be simple retellings but meaningful 'representations' of experience that students can share in class, and discuss. They also consider how their narratives relate to those of the nation's meta-narrative. In their essays, students also offer photographs from family albums, maps, scanned documents, and other visual materials. Although immigration to the United States takes place in different epochs and from different places most narratives have common elements such as struggle and triumph. Anna Ouyan, a student in the 2009 seminar wrote:

> "My grandparents and parents always tell me about their life in China – how they lived in poverty and had very little to eat. However, they think positively of immigrating although it was hard because of the language barrier and lack of skills; they had no choice but to work in clothing factories, like most Chinese women immigrants who could not speak English. They see how my sisters and I have a better life here, however, and therefore have no regrets immigrating because their immigration gave their children a better life. As a first generation Chinese-American, I am glad to experience the best of both worlds."

Christian Iezzi was in the same class and shared:

> "The story of the Iezzi and Striano family begins in Italy. Naples and Abruzzo to be specific. Three great-grandparents, Francesco Iezzi, Angelina Striano, and Salvatore Striano came from Naples and Angelina Iezzi came from Abruzzo. There was a powerful sense of community amongst both families. They were a part of a much larger group of citizens living in the same towns who all tried to support each other. Their problems came mostly from economic hardships and from the desire to embrace the new world. They all eked out modest livings, whether it was Angelina making wedding dresses or Salvatore shining shoes. There was a common sentiment amongst both couples, getting to America was at the top of their priority list. They wanted to establish a better life for themselves and they knew that they could not do so in their beloved *Italia*."

Immigration in Film

The Immigration Film assignment from the syllabus is presented simply:

> "Day at the Movies: What do Immigrants Look Like? Each student is asked to bring in a 1-minute video clip from a commercial movie about (im)migration to NYC."

This is the most 'visual' of all assignments in which students explore migration and diversity as represented in various forms of popular visual media. Naturally, they are led to think of how these cinematic depictions reflect various national myths of immigration. The individual film assignments culminate in a 'What do Immigrants Look Like?' collaborative project. It is expected that students will see that there are common, stereotypical ways by which immigrants are depicted in films; some of which might be inaccurate. Some might ask if society provides stories in which immigrants can find themselves as characters. They also discover that the popular media provide models for migrants to follow in the host country. For all Collaborative Projects, students divide themselves into small groups and share their individual work. Each group chooses its own Recorder and a Reporter. They then decide what their individual products have in common which the Recorder documents. The class reassembles as a whole and the Recorders from each group present their 'findings' to the whole class, which then discusses what these products have in common with each other.

Here is the brief film analysis of Rachel Bass, an individual student in the 2008 seminar:

> *"Moscow on the Hudson* captures the essence of the immigration experience. Tired of his miserably oppressed life in the Soviet Union, Vladimir makes his escape by boldly declaring asylum in Bloomingdales. Defying his boss, he utters, ' I defect' just inside the entrance of the crowded department store. The store's opulence swayed Vladimir to come to this decision, opening his eyes to a world outside of his poor and restrictive homeland. After this heart touching scene, Vladimir is faced with the struggles that all poor immigrants must endure. Nevertheless, he sees that even with all its difficulties, America still offers him something that his native country deprived him of – freedom. And, unlike Russia, he sees that in America, through hard work and ambition he can shape his own future. I think that most immigrants who come to New York can relate to Vladimir's experiences, motives, and emotions."

One of the 2008 Collaborative Groups composed of Nickeitta Leung, Seo Kyulee, Hasbini Salim, and Chinemerem Eze found the following similarities in their individual film selections:

> "The characters all came with the hope of having a better life and more opportunities in America; the place they left behind was inconvenient and oppressing for them all; they found that 'making it' in their new world was not so easy; they had problems fitting in with the people; and there were many things new to them in the new world that they had to learn."

The class found these common issues among all collaborative groups: Opportunities; Struggles in America; Negative Reactions; Poverty and oppression at home; Attraction of a modern country, and Pressure to Assimilate.

In the summer Visual Sociology class, Richard Marchand commented insightfully on how immigrants were depicted in *Gangs of New York:*

> "Throughout the entire movie, poverty was present. The poor citizens dressed in dirty clothes that were dark in color. The streets were filthy and garbage consisted of everything imaginable plus dead bodies. At one point the director allows for us to see the ' higher society' and portrays their character with bright colors on their clothes and in their homes. They seem to prioritize cleanliness compared to the primitive nature of the lower class. Just using contrast in color, Martin Scorsese was able to emphasize certain attributes about each of the social classes.'

Since students are given great latitude in presenting their group work, on occasion the products are quite remarkable. In the 2009 seminar, Jasper Cuneen, Andrew Gardia, Andrey Grebenetsky, and Daniel Goldenberg created a 'Media Video Spoof' in which they comically acted out some negative immigrant stereotypes. Below is their discussion of their production:

"The video above is essentially our understanding of how the media (which includes movies, newspapers, television, etc.) portrays immigration to America. During the semester, we read books about immigration, visited national parks related to immigration and even found short clips from movies that highlighted immigration. All of them had a common theme, immigrants struggle to fit into and adjust to American society. It is a combination of not knowing American culture and not being accepted by American natives that contribute to an immigrant's struggles. However, as time passes and new immigrants come into the country, the immigrants that originally found it hard to assimilate are now the ones that look at the new waves of immigrants as being different. It is a cycle that will continue on and has continued to this day. New immigration has so many similarities to old immigration. Other than the types of people coming and the way they arrive (i.e.: boat vs. airplane), immigrants of each time period share many of the same obstacles."[1]

Ideal Community Essay

In their 'Ideal Community' essay students describe and discuss what would be for them the 'perfect place' in which to live. Almost all their ideal community variants relate to the American Melting Pot myth; from a homogenous enclave in a heterogeneous city to a heterogeneous neighborhood. As relatively 'new' members of American society, students seem to feel that it is necessary for them to conform to, if not embrace, that model even though they can be critical of it. Community in any society is a moral prescription and in his essay Jonathan Lin tells us that:

"The ideal community would be somewhat of a utopia and thus, never exist. The core of a community is its people. For the community to be ideal, it is essential that its people also be somewhat ideal. People must be willing to contribute daily, to help their neighbors and donate time to better the community. Also, it is essential that the people must coexist and not let differences create hostility. Laws must be just, impartial and flexible to adjust to changing times. Like with many governments, laws should be created by a group selected directly by the people. In an ideal community, the laws must not only be accompanied with appropriate punishments for lawbreakers, but they must also be made clear to everyone in the community... Government must work to serve the people and better the community while remaining impartial, without corruption or fulfillment of personal agendas. Government would regulate much of business to protect consumers from unfair practices and prices... Religious establishments (churches, temples, etc.) must be kept separate from government. Government should not be permitted to advocate or denounce any religion."

---

1   http://macaulay.cuny.edu/seminars/krase09/index.php/New_Immigration

Zujaja Tauqeer, Nickeitta Leung, and Alexandra Chudner found these 'Common Aspects of An Ideal Community' in their own essays: tolerance of diversity; good housing for all; no violence/hate crimes; unity among residents (working towards a common communal goal); and a variety of commercial and financial enterprises. Their class as a whole, five collaborative groups, found these common elements in the following order: Tolerance; Diversity; Cooperation and Unity; Safety; Extra-curricular / Recreation; Shops/ Business, Services; Town Hall; Housing Shelter; Suburban (Trees and Grass); Sanctions.

Websites

The final, public, product of the: 'Peopling of New York City' seminars are websites created by the students which include their own individual work as well as a visually enhanced class project. The heading of the 2007 seminar was: Welcome to the Crossroads of Coney Island Avenue: The Melting Pot and Beyond! [2]

Coney Island Avenue features the 'Jewish commercial strip' of Avenue J, the 'panoramic hue' of Avenue U, 'Little Odessa' also known as Brighton Beach and finally 'the Islamic Haven' at the cross section of Foster and Coney Island Avenue. The Avenue runs almost parallel to Ocean Parkway. It commences at Neptune Avenue and bypasses Parkside Avenue and progresses until it morphs into Prospect Park Southwest. It is a cultural landscape that depicts a world united on one avenue. The B68 that runs along Coney Island Avenue, allows one to see to see this world through the windows of the bus. The street is dotted with stores from all corners of the earth. While it is not as famous as Flatbush Avenue, Coney Island Avenue represents a diversity and unity in cultural unrivaled by any other avenue. Its cross streets are instrumental in maintaining the diversity observed on the Avenue. Our class has accepted the challenge of examining and analyzing the cultural make-up of these cross streets through walking tours, research and various observation techniques.

The following photographs were taken through a dirty window on the Coney Island Avenue bus.

---

2   http://macaulay.cuny.edu/seminars/krase07/index.php/Main_Page

Figure 1: 'Islamic Haven' at Foster Avenue

Figure 2: 'Jewish Commercial Strip' near Avenue J

Figure 3:   'Little Odessa' in Brighton Beach

The 2008 seminar introduced their website with 'Welcome to Brooklyn: A World in a Borough'.[3]

Upon driving into Brooklyn, one will see one of the signs depicted above (depending on the highway one is traveling on). According to Mayor Bloomberg and Brooklyn Borough President Marty Markowitz, Brooklyn is 'home to everyone from everywhere,' 'an experience' and 'like no other place in the world'. We, as members of the Macaulay Honors program at Brooklyn College, sought to determine for ourselves whether Brooklyn is truly a unique borough.

Just by walking through the streets of Brooklyn, it is obvious that Brooklyn is a diverse borough. From the Soviet community in Brighton Beach to the Orthodox Jewish community in Midwood to the West Indian community in Flatbush, Brooklyn is most certainly 'a world in a borough'. In order to have a more

---

3   http://macaulay.cuny.edu/seminars/krase08/index.php/Main_Page.

well-rounded view of Brooklyn, we each posted our own immigration stories on our personal page of the wiki. We discovered that in one classroom, we had students from Russia, Nigeria, Pakistan, Syria and more. By comparing our immigration stories, discussing sociological theorems and contemplating commonalities linking different communities, we decided to narrow our research to four issues: The Ellis Island Question, East and West of Brooklyn College, the Syrian Jewish community, and the Soviet and Ukrainian communities of Brighton Beach. Each of these four chapters combine to form a book: Brooklyn: A World in a Borough. By exploring these four overarching chapters, one will not only learn from what is written here, rather one will be directed to links of our individual pages with more personal and detailed information.

After examining different neighborhoods, social themes and ethnic groups, it is apparent that Brooklyn is definitely 'home to everyone from everywhere'. This online book opens our eyes to the ethnic diversity of Brooklyn and explores its place in the world of immigration. We hope you enjoy the information, photographs and maps presented here and we are proud to be members of the Brooklyn community.

Syrian Jews

If one were to roam the streets of Flatbush and Gravesend in Brooklyn, New York, one would encounter a large community of Syrian Jews. Syrian Jews began arriving in Brooklyn in the late nineteenth and early twentieth centuries. The Syrian Jewish community in Brooklyn is largely reminiscent of the communities that once existed in Aleppo and Damascus. Many of the traditions and customs of Syrian Jews have been maintained (a strong family unit, traditional foods, etc.). In addition, there are dozens of schools (Yeshivahs) that have been built in order to serve the Syrian Jewish community. There is a large community center and plenty of synagogues that serve the community. The early immigrants were peddlers on the Lower East Side and in Bensonhurst. Today, the Syrian Jews have built up prosperous businesses and institutions and have climbed the social ladder. Let's further explore Jewish life in Aleppo and the Syrian Jewish community in Brooklyn...

Figure 4:   Sephardic Community Center

The Syrian Jewish Community

Contents [hide]
1 Introduction
2 Diana: An Ideal Community
3 Colette: An Ideal Community
4 Kyulee: An Ideal Community
5 Syrian Jews in Aleppo
6 Syrian Jews in Damascus
7 Of multiculturalism, cultural pluralism and assimilationism. Which one most accurately depicts Syrian Jews? What do YOU think?
8 Syrian Jews in Brooklyn
   8.1 Neighborhood Statistics
   8.2 Syrian Jews mark 100 years in U.S.
   8.3 Group Members

Introduction

If one were to roam the streets of Flatbush and Gravesend in Brooklyn, New York, one would encounter a large community of Syrian Jews. Syrian Jews began arriving in Brooklyn in the late nineteenth/early twentieth centuries. The Syrian Jewish community in Brooklyn is largely reminiscent of the communities that once existed in Aleppo and Damascus. Many of the traditions and customs of Syrian Jews have been maintained (a strong family unit, traditional foods, etc.). In addition, there are dozens of schools (Yeshivahs) that have been built in order to serve the Syrian Jewish community. There is a large community center and plenty of synagogues that serve the community. The early immigrants were peddlers on the Lower East Side and in Bensonhurst. Today, the Syrian Jews have built up prosperous businesses and institutions and have climbed the social ladder. Let's further explore Jewish life in Aleppo and the Syrian Jewish community in Brooklyn...

Sephardic Community Center

Diana: An Ideal Community

If I were to walk up and down my block, I could probably tell you who lives in each house, how many children they have (and their names) and whether or not they own a pet. No, I don't live in some quiet village in the Midwest. Actually, I live right in the heart of Brooklyn, New York. Amidst the hustle and bustle of Brooklyn, there are individuals who choose to override the anonymity of life in New York and settle in smaller communities. Upon choosing a community in which to live, there are many factors one must consider. Each person has his or her own opinion as to what the ideal community is.

In my opinion, an ideal community is a place where friendship and amicability are the norm. Children can roam the streets freely while parents are worry-free. Doors can be left unlocked. Everyone knows each other. Everyone trusts each other. People's homes, and hearts, are always open. The whole community shares in the happiness of a wedding and mourns a loss at a funeral. Churches, synagogues and mosques can be built on the same block without fear of racist and discriminatory attacks. A community center

The 2009 seminar students also played on the title of one their assigned readings, *The World in a City* by Joseph Berger calling their website project 'A World in a Class, a Class in a City.'[4]

Throughout our display, we will be taking you through the interesting journeys of hypothetical families representing three influential groups of immigrants: the Italian Valentino family, the Irish Callaghan family, and the African-American Senkofa family. Based on the information learned throughout the semester, we will create fictional situations that we believe are accurate representations of the real life stories we studied. We have traveled throughout New York City to various landmarks allowing us to obtain hands-on knowledge about the ethnicities studied. First, we experienced the iconic location of Ellis Island... In this wiki, our class will proceed to discuss each landmark we studied, which symbolize each family's journey to America. We will use various forms of media, including self-produced

---

4   http://macaulay.cuny.edu/seminars/krase09/index.php/Main_Page.

videos and photos. Our true goal is to grant the respect that each of these families so fervently sought in life, but never achieved.

The Senkofa Family struggled with a vastly different problem than that of the Valentino's and Callaghan's. They did not come here of their own volition. They were slaves and were bought by a New York based company and forced to build up the area of Lower Manhattan. Their struggles included a cruel master, the hatred directed at them by other ethnicities, and being reduced to property. They worked and slaved to make Manhattan partially what it is today. The father and mother, Kwame and Keisha, even under the oppression of slavery, managed to give birth to their daughter, Ayana. She grew up living the life of a slave girl and nearly died of starvation. Their horrific plight finally came to an end when the three family members died from consuming poisoned meat. They died in the place where they had the least respect, their master's land. Their bodies were eventually moved to the African Burial Ground.

Figure 5: Ellis Island Trip

Figure 6: African Burial Ground

African Burial Ground

The African Burial Ground project began in 1991, when, during excavation work for
a new federal office building, workers discovered the skeletal remains of the first of
more than 400 men, women and children. Further investigation revealed that during
the 17th and 18th centuries, free and enslaved Africans were buried in a 6.6 acre
burial ground in lower Manhattan outside the boundaries of the settlement of New
Amsterdam, which would become New York. Over the decades, the unmarked
cemetery was covered over by development and landfill.

Visual Ethnography

The focus of the summer 2009 Visual Sociology class was a US National Park Service outreach project to new immigrant groups in New York City, especially those
from the Caribbean. My students used their understanding of their own migration
experience to better appreciate that of these groups. Photographs from two visual
ethnography field trips are presented below, as well as part of one 'There to Here'
essay. The class and the outreach efforts of my students were documented in a video *Hear Every Voice* that was shown to members of the community and resides
on a public television station and NPS websites. [5]

---

5   http://www.thirteen.org/localparks/hear-every-voice/hear-every-voice/ and http://www.nps.gov/
     gate/parknews/hear-every-voice.htm.

The students received training in demographic research and interviewing techniques. They also learned about the National Park Service, its mission of stewardship and the Gateway National Recreation Area's rich and diverse resources, facilities and programs from the park's ranger staff. Through their interviews in the Caribbean communities of Brooklyn and Queens, the students created a bridge to a population that had limited exposure to the park and opened a dialog between the park and the community. Although the seminar students also conducted visual ethnographic research it was in the visual sociology class that the quality of the images was the highest. Here are a few photographs taken by Kseniya Gratcheva in the summer of 2009.

Figure 7: Little Guyana, Queens, New York

Figure 8:   Cricket Players in Gateway National Park

Summary

In this paper, I tried to demonstrate how to synthesize ideas about diversity in a visual pedagogy for a diverse student body. By reflecting upon, and sharing their own experiences they collaboratively produced a new rich source of knowledge. They addressed simple questions about how their personal narratives fit into as well as create meta-narratives about New York City and indeed America itself. In these classes, the experiences of the earliest and latest immigrants to America were studied and compared at many different levels and in many different formats. Students also learned of the more conventional ways that academics approach diversity in New York City where they are, ironically, the research subjects. Therefore, it is not surprising that their work mirrors some findings of New York City immigration scholars Philip Kasinitz, John H. Mollenkopf, Mary C. Waters, and Jennifer Holdaway, who noted in their recent works (2004, 2008) that despite the contentious issue of immigration, in New York City at least, immigrants and their children can avoid some of the obstacles faced by native-born minority groups. Nancy Foner suggests a partial explanation for this in the exceptionality of New York where its remarkable ethnic and racial diversity combined with its long history of immigration have helped to create a special version of Multiculturalism

(Foner 2007). Finally, I hope I have shown here how my own critical pedagogy can be integrated with traditional modes of learning to foster a better appreciation of multicultural urban environments.

Students not already credited:

Macaulay Honors College Seminar 2007
Macaulay Honors College Seminar 2008
Macaulay Honors College Seminar 2009

References

Berger, J. (2007): The World in a City. New York: Random House.
Burke, B. (1999, 2005): Antonio Gramsci, schooling and education. In: the encyclopedia of informal education. – http://www.infed.org/thinkers/et-gram.htm.
Crèvecoeur, M. G. J. de (1793): Letters from an American Farmer. Philadelphia: Matthew Carey. http://www.fordham.edu/halsall/mod/crevecour2.html.
Duboys, T./Krase, J. (1992): Education and Sociology Are About People. In: Liberal Education, Vol. 78 (3), pp. 14-17.
Foner, N. (2007): How exceptional is New York? Migration and Multiculturalism in the Empire City. In: Ethnic and Racial Studies, Vol. 30 (6), pp. 999-1023.
Freire, P. (1972): Pedagogy of the Oppressed. Harmondsworth: Penguin.
Gramsci, A. (1989): An Antonio Gramsci Reader: Selected Writings, 1916-1935. New York: Schocken Books.
Gross, F. (1999): Citizenship and Ethnicity. Westport, CT: Greenwood Press.
Healey, J. F. (2006): Race, Ethnicity, Gender, and Class: The Socio- logy of Group Conflict and Change. 4th Ed. Thousand Oaks: Pine Forge Press.
Kasinitz, P./Mollenkopf, J. H./Waters, M. C. (2004): Becoming New Yorkers: Ethnographies of the New Second Generation. New York: Russell Sage Foundation.
Kasinitz, P./Mollenkopf, J. H./Waters, M. C./Holdaway, J. (2008): Inheriting the City: The Children of Immigrants Come of Age. New York: Russell Sage Foundation.
Kincheloe, J. L. (2008): Critical Pedagogy Primer. 2nd Ed. New York: Peter Lang.
Krase, J. (2002): The Inner City/Teaching about Seeing. In: Papademas, D. (ed.): Visual Sociology: Teaching with Film/Video, Photography, and Visual Media. 5th Ed. Washington D.C.: American Sociological Association, pp. 112-16.
Krase, J. (2004): Seeing Community in a Multicultural Society. In: Perspectives of Multiculturalism: Western and Transitional Countries. Zagreb: Croatian Commission for UNESCO, FF Press, pp. 151-77.

Krase, J. (2005): The Visual Presentation of Community. In: Chapman, R. (ed.): Senses of Place: Urban Narratives as Public Secrets. Pace University, Institute for Environmental and Regional Studies, 4, pp. 151-75.

Krase, J. (2006): The Blending of America. In: Healey, J. F. (ed.): Race, Ethnicity, Gender, and Class. 4th Ed. Thousand Oaks: Pine Forge Press, pp. 47-49.

Krase, J. (2009): A Visual Approach to Multiculturalism. In: Prato, G. (ed.): Beyond Multiculturalism. Farnham: Ashgate Publishing Ltd, pp. 1-38.

Lyotard, J. F. (1984): The Postmodern Condition: A Report on Knowledge. Translation from the French by Geoff Bennington and Brian Massumi. Minneapolis: University of Minnesota Press.

Mills, C. W. (1959): The Sociological Imagination. New York: Oxford University Press.

Myrdal, G. (1944): An American Dilemma: The Negro Problem and Modern Democracy. New York: Harper and Bros.

Polenberg, R. (1980): One Nation Divisible: Class, Race, and Ethnicity in the United States since 1938. New York: Penguin Books.

Takaki, R. (1993): A Different Mirror: A History of Multicultural America. Boston: Little, Brown and Company.

Taylor, C. (1994) 'The Politics of Recognition.' In: Gutmann, A. (ed.): Multiculturalism: Examining the Politics of Recognition. Princeton: Princeton University Press, pp. 25-73.

Tocqueville, A. de (2000): Democracy in America. Chicago: University of Chicago Press.

Zangwill, I. (1917): The Melting-Pot: Drama in Four Acts. New York: Macmillan. Zinn, H. (1980): A People's History of the United States. New York: Harper and Row.

II

Diversität, Migation und *gender*

Conceptualizing Transnationalism: East-West Migration Patterns in Europe

Paolo Ruspini

Introduction

The purpose of this article is to look at contemporary East-West mobility, its features and current developments in the light of the evolving theory and empirical findings on transnationalism. Patterns of circular migration and transnational formations are no new phenomena; however, the contemporary ease of communication and transportation changed the extent and magnitude of these flows.

The opening of borders and the free movement of persons, readjusted by selective labour market restrictions for the new EU members from Central and Eastern Europe (CEE), led to further transnational practices soon after the eastward enlargements in 2004 and its completion with Bulgaria and Romania's accession in 2007. Transnational migration from the CEE countries shows a variety of individuals and actors involved in these flows, but also similar features.

Empirical findings, until now limited to small-case ethnographic studies, require some comparative analysis to understand the magnitude of this social phenomenon, the impact of the EU migration regime and the causes and current transformations of the present economic crisis.

1. Transnationalism: Old Concept, New Definitions

The concept "transnationalism" became usual in the last few years. However, the term is neither new nor limited to migration-related phenomena, but refers to a wider range of actions, processes and institutions that cross the boundaries of states or national communities.

According to Rainer Bauböck, who held a (theoretical) "Conference on Diaspora and Transnationalism" at the European University Institute in Florence in April 2008, "its probably earliest use with reference to immigration is a famous essay by Randolph Bourne from 1916 in which he described America as a 'transnational nation' composed of, and constantly changed through, immigration from diverse origins."

In contemporary debates, the notion of transnationalism has been generally used to refer to migrants' ongoing ties with source countries. Portes, Guarnizo and Landolt (1999: 217) argue that "while back-and-forth movements by immigrants have always existed, they have not acquired until recently the critical mass and complexity necessary to speak of an emergent social field. This field is composed of a growing number of persons who live dual lives: speaking two languages, having homes in two countries, and making a living through continuous regular contact across national borders." When conceptualizing transnationalism, the same authors further argue that "it is preferable to delimit the concept of transnationalism to occupations and activities that require regular and sustained social contacts over time across national borders for their implementation." (ibid.: 219).

While defining the concept as "processes and activities that transcend international borders", Bauböck (2008) provides also an attentive distinction from similar social phenomena as well as a categorization of the social actors involved.

For instance, he argues that, firstly, transnationalism "occurs within the limited social and geographic space of a particular set of countries" in contrast to the universal impact of globalization. Secondly, "unlike international relations, transnationalism involves non-state actors." According to this perspective, cross border activities of NGOs, social protest movements, the migration flows that link specific sending and receiving countries as well as the ongoing ties migrants retain with their countries of origin, all these aspects belong to the same transnational phenomenon.

The countries of origin, the country of destination and the individual migrant thus create a triangular framework that is often expanded through the presence of other agents, including migrant associations and non-state political entities, such as hometown municipalities (Bauböck 2008).

By relying on the empirical work of Bryan Roberts on the Mexico-US migration system and its transformations from temporary migration, Portes/Guarnizo/Landolt (1999) looked at the causes of transnational migration and stressed that "a transnational migration pattern results when both the return pull of sending communities and retaining power of receiving economies are high."

This initial perspective by Portes et al. emphasized the economic dimension when looking at transnationalism. The current discussion on this social phenomenon is, however, much broader and encompasses non-economic factors as well. Transnational practices "bottom-up" as forms of adaptation to the influences of global capital are also reformulated by taking into account "middle forms of transnationalism as in the case of highly educated or middle class migrants."

Hybridity in global cities is another appealing perspective for the study of transnationalism (Ang 2000). In view of this theoretical perspective, immigrants may find their primary sense of identity at the level of the city rather than at the level of the nation state. The old diaspora, seen as "long-distance nationalism in transnational virtual space", can be replaced by "local transnationalism", understood as the hybridization of cosmopolitan communities sharing local territorial space.

Prominent migration scholar Stephen Castles (2002) argues, however, that the latter "local" perspective can be misleading for two reasons: (1) It takes for granted equality or harmony between ethnic groups in global cities; and (2) the city as the key site for inter-group relations can lead to misconceptions on its relative autonomy from the nation-state. One may also argue, following Faist's (1999) reasoning, that transnational spaces encompass localities and transnational practices and flows. Therefore, the concept of "locality" can be build upon transnational ties.

At last, for the purpose of this short essay, the influence of evolving migration regimes and supranational institutions as the European Union is a distinctive feature of the East-West mobility in comparison to the much studied American model. Transnational lifestyle patterns are also the result of top-down policy making approaches that can be observed in the East-West geographical context.

2. East-West Migration Before and After the EU Enlargement

During the Cold War, the CEE region has long been considered a "buffer zone" for migration in between East and West. The role of the region was functional to Western Europe: Thanks to the Schengen border, the West aimed at being protected by uncontrolled inflows of illegal labour-seeking migrants or *mala fide* asylum seekers from the East. As a consequence, the CEE region became the second best destination for migrants coming from the bordering countries on their Eastern flank or even for those travelling through the extremities of the Eurasian continent in search for a landing place in the West.

Due to their cultural and geographic proximity, Poland or the Czech Republic, for instance, became much sought destinations for Ukrainian, Belarussian or Russian migrants. The 1990s were characterized by "circular or incomplete migration" in CEE, e.g. back and forth movements thanks to the border opening and the wage differentials between bordering regions at different pace of their economic development (Okólski 2001)[1]. It was the time of "shuttle migrants", false tourists or petty traders crossing borders with a variety of goods to be sold in open-air markets near the CEE bordering regions or in the big bazaar of/ in the 10th Anniversary Stadium (*Stadion Dziesiçiolecia*) in Warsaw, named *"Jarmark Europa."* Until its recent demolition, this stadium with its lively market has been a symbol of the circular migration patterns in CEE (Fig. 1).

Figure 1:   10th Anniversary Stadium, Warsaw, October 2003 (Photo by P. R.)

<hr />

1   By "incomplete migration", Okólski (2001: 107) means a "distinct kind of temporary population movement between countries in the form of mass mobility, which has the following characteristics: (1) it constitutes an important source of earnings for households; (2) it does not necessarily respect administrative rules concerning foreigners' entry and sojourn in the host country; (3) although individual trips are usually of very short duration, the cumulative effect is that the people involved stay abroad for a considerable amount of time over the year. Therefore, the main feature of incomplete migration is its quasi-migration (or circulatory) character."

This short historical overview aims at conceptualizing the transformations regarding migration faced by the region from the 1990s until today. Oft-repeated phrases as "there is nothing so permanent as a temporary migrant" (Hugo 2003) became also true for the circular patterns of migration in the CEE region.

Responding to the transformations and demands of local labour markets, the majority of these borders commuters began a slow, step-by-step process of settlement and has gradually become more permanent residents. The increase in mixed marriages between Polish women and Ukrainian men testifies this rooting process (Górny and Kępińska 2004).

The main features of the CEE circular migration patterns have been described as income-seeking, opportunistic or overly exploitative (e.g. Morawska 2008). Related migrant networks, which developed throughout the region, are functional to this work-related dimension and are sometimes used to hide illicit trade. Circular migration and its transnational dimension are therefore intrinsic to the geographical and economic characteristics of the CEE region in the early 1990s. The European migration regime contributed substantially to this migration framework by dictating the pace of "openings" and "closures" in terms of borders and access to opportunities in the local labour markets.

Most CEE countries still remain net labour exporters. The relative abundance of labour and the long standing institutional and economic "backwardness" of the region are supportive factors for its migration potential. This potential generated much debate before the eastward enlargement and urged some EU member states to call for transitional arrangements for the free movement of labour. The experience demonstrated either a sound increase of flows towards those EU members which opened their borders soon after the 2004 enlargement because of their labour demand or the unquestionably exaggerated character of those forecasts.

For the purpose of this article, we emphasize the characteristics of these CEE migration flows which have certainly contributed to change both the migration landscape and many neighbourhoods in the United Kingdom through an increasing presence of catholic, Eastern European citizens and Slavic languages. It must be remembered, however, that such migration flows have been no novelty in Britain.

East European migrants are, in fact, regional "free movers", *not* immigrants. The open borders have facilitated temporary, circular and transnational mobility governed rather by the ebb and flow of economic demand than by long-term permanent immigration and asylum seeking (Favell 2008). At the same time, most of the Eastern Europeans had already been in the UK as irregular migrants and simply regularized a situation which had already existed on the ground – as reported in various EC reports on the effects of the EU enlargement and the impact of the transitional arrangements on the Western European labour markets. Therefore it may be useful to track some changes and continuities in the pre- and post-accession migration and also to look briefly at the policy impact of these migration flows. The free movement, established by the EU treaties and coupled with the ease of transportation thanks to low-cost airline connections, has contributed to an increase in East-West mobility. This mobility assumed a demand-driven characteristic, where there were no legal obstacles in accessing labour markets as in the UK, in Ireland and to a lesser extent in Sweden. In these specific national contexts, a significant switch from irregular to regular work activities may also be noticed. Deskilling can be indicated as a related problem, since the average CEE migrant with a middle range educational background finds lower-skilled jobs usually in the construction, manufacturing and tourist sector of the above host countries.

As already mentioned, a number of surveys documented that most Poles intended to migrate only temporarily. Though migration intentions should be treated with care, other post-accession research work testifies the extent of networks' activities and in-group relations, particularly among the lower-skilled migrants and the long-standing diaspora communities of Poles in the UK (Garapich 2005).

Overall, the changes in character and magnitude of these post-2004 East-West migration typologies are certainly more relevant than any supposed continuity in terms of size and irregularity of the migration status of pre-accession times. It is too early to make a final evaluation on the post-2007 accession, but there are certainly many similarities with the former and more consistent eastward enlargement. These similarities are characteristic of the migration flows (circular and income seeking) and the predominance of middle-skilled persons. However, the post-2007 accession is oriented rather towards Southern European countries as Italy or Spain. In addition, these flows include a wider irregular component as a result of the informal character of the Southern European labour markets and the wider restrictions on the labour market accession of these newer EU citizens, adopted by several member states including the UK and Ireland.

In the short term, the current financial crisis might have instilled new flows of return migration to selected CEE countries as Poland. The European migration space looks more fluid now and the migration phenomena are less permanent within these newly enlarged borders. In a long term perspective, due to the progressive demographic deficit which the CEE countries are also facing and the concomitant catch-up of their economies, the CEE migration pressure will be exhausted in favour of more prominent South-North flows marked by a consistent demographic gap and some present and future wider economic inequalities.

In this short comparative sketch between the pre- and post-EU accession mobility, the positive influence that the process of EU policymaking generated on CEE migrants in the first round of the EU enlargement should be highlighted. The policymaking process allowed the Polish immigrant communities to become more visible. At the same time it favoured the switch from a status of temporality and liminality, associated with irregular or temporary migration, to the progressive acquisition of a full European citizenship status (Garapich 2005). It is desirable that Bulgarian and Romanian labour migrants may soon acquire the same fully fledged European citizenship status, together with those migrants from other CEE member states which live and work in EU countries where the labour market restrictions are still in force.

3. Transnational Patterns of CEE Migrants in Western Europe

A great deal of empirical findings and analyses show both established patterns of transnational migration and the emergence of transnational social spaces for Eastern Europe. For example, Pries (2003) refers to the ethnographic works on Polish migration to Berlin, published (respectively) in 2001 by Miera, Korczynska and Cyrus, where they all identify transnational socio-economic spaces in which some Polish people live between Berlin and places in Poland. Ludger Pries (2003: 17) argues that "there exists an informal labour market with its own rules and mechanisms, an infrastructure of clubs, newspapers and other cultural goods that is neither simply Polish nor simply of or for Polish immigrants, but part of the boundary spanning the everyday-life practices and identities of transmigrants."

Transnationalism in Eastern Europe and in the post-Soviet space is no new phenomenon of the 1990s, but something which apparently seems to have existed for a long time. Ethnicity, ethnic self-ascription and awareness had also a recent resurgence in the former Soviet Union with the development of hybrid identities and lifestyles.

Other significant small scale ethnographic studies show the extent and changing patterns of transnational migration and incorporation of Polish and Romanian migrants soon after the eastward enlargements in 2004 and 2007. Within the limited extent of this paper, it is, however, impossible to gather and draw from the full body of research carried out on transnationalism from Eastern Europe. Comparative analysis may assist the researcher in providing a more comprehensive picture of transnationalism and its Eastern European components.

In the framework of this paper, the focus is on selected cases of transnational migration in the specific pre- and post-EU accession situation of Poland and Romania. Some related comparative research refers to the Mexican-US transnational model. The extraordinary cross-border flow, social forms as well as economic and political structures that have developed among Mexicans in the US, particularly in California, have provided the material for a thorough rethinking of the nation-state. This state has been centred on the immigration/assimilation paradigm and has thus seen the phenomenon only through the receiving country's eyes (e.g. Glick-Schiller/Basch/Szanton Blanc 1995). The US-Mexican model remains, even in the transnational field, a point of reference for migration theory.

What can we learn from single local/national case studies on transnational practices of Poles in the UK and Romanians in Italy? We build our comparative analysis on the research carried out in the UK and Poland by Drinkwater, Eade and Garapich (2006) as well as on those by Anghel (2008) and Sandu (2005) in Italy and Romania.

The inquiry by Drinkwater/Eade/Garapich (2006) is a multidisciplinary study of recent migration between Poland and the UK carried out between October 2005 and May 2006. It is based on data from the UK Labour Force Survey, Workers Registration Scheme and the Census plus interviews with 50 persons in various locations across London as well as 14 persons in different places in Poland.

Anghel (2008) applied the same multi-sited ethnography by conducting around 120 interviews and discussions in Milan, Italy, and Borşa, a small city in the northern part of Transylvania in Romania between July and September 2005. His empirical findings are based upon Thomas Faist's theory of "transnational social spaces." Sandu (2005) relies upon the analysis of data produced by a community census carried out in December 2001 to show the role of local communities and the area of origin in influencing temporary or circular migration.

Both the Polish and the Romanian cases show the emergence of a transnational social space between the migrant's country of origin and the country of destination. In both cases, such transnational movements had developed long before the EU accession, though in the Polish case they reached their momentum in the run up to the EU enlargement. For Romanian citizens, these practices changed in magnitude and selectivity with the relief of the visa requirements to EU countries on 1 January 2002.

In the Associate Members Agreement (1993), signed by the accession states and the EU members, the right to set up businesses in the EU member states was established. This contributed to some changes in the presence of Polish migrant workers in the UK. Immigration advice offices were set up to assist Polish migrants in emerging from the informal economy. According to Garapich (2005), tens of thousands of Polish migrants obtained, sometimes by stretching the rules, "self-employed visa" which allowed them to work, pay taxes, take out mortgages and "be freer to participate in the social life of the UK."

However the biggest social transformations took place from 2004, stimulated by immigration advisors offices, which generated a vibrant media and social culture. This new social environment contributed to formalize the presence of a migrant labour force and to create and develop interpersonal ties among Polish migrants. Symbolic conflicts on different values, as for example nationalism and solidarity vs. consumerism and individualism, emerged in the UK between the "established" Polish diaspora and the "newcomers."

The majority of respondents in the Drinkwater/Eade//Garapich (2006: 7) surveys are young (62% between 25-40 years of age) and mid-educated (68% hold a secondary school diploma). The sample shows a slight prevalence of men over women. The majority comes from small (36%) and medium size towns (36%) in comparison to those originating from rural areas in Poland (28%). They mostly do menial jobs in the UK with a slight majority of 20% employed as manual labourers in the construction industry, 18% in the catering/hospitality industry, another 18% in the cleaning industry and so on.

Transnational practices between Poland and the UK depend on circular migration patterns lasting between a couple of months, frequent seasonal visits and several years. 80% of the Drinkwater/Eade/Garapich (2006: 13) survey respondents make frequent visits to Poland, from 3 to 10 times a year. 70% of the respondents maintain strong economic and social links in their home community, i.e. buying land, investing in estates, businesses, education, job seeking, voting, etc. 26% have bought or are planning to buy a flat or house from money earned in London. Migration plans of these Poles are deliberately open-ended, difficult to predict and highly opportunistic: only 14% declared that they would not come back to Poland, while 20% said that soon they were going to come back because they wanted to live in Poland. The latter researchers defined this strategy as "intentional unpredictability" dominated by a "wait and see approach" (Garapich, 2006: 6-7). Finally, this influential piece of research carried out in Poland and London shows the effects of "chain migration" in which existing migrants are constantly bringing in new ones and create opportunities for friends and family back home (Drinkwater/Eade/Garapich 2006).

This certainly represents a common feature of other research findings on transnational migration and especially of the practices involving the Borsheni migrants in Milan. After 2002, the EU free movement policy for Romanians transformed migration patterns based to a great extent on networks (mostly kin-based) to a mix of networks and individual practices, such as forms of irregular shuttle migration. According to Anghel (2008), mass migration was the consequence of the free movement policy for Romanians compared with the US-Mexican model in which mass migration emerged on the basis of networks' development. At a later time, as in the case of Poles, Romanians became therefore legal travellers and migration became easier and less expensive for them. The Borsheni created their locality in Milan by meeting regularly in city parks and by visiting both the main railway station and two car parks where buses from Romania used to stop. Compared with other cases, this "place-making" does not feature any retail business or Romanian shops and restaurant.

However, similarly to the Polish case, the intentions of legal Romanian migrants from Borşa are not to settle in Italy, but to live in Romania and to work temporarily in Italy. Remittances are used in this case for building new houses, for expenses or for increasing the families' savings. Housing construction in Borşa, buying of land and flats in other parts of Romania or the creation of new business ventures are the visible effects of this migrant multiple scales display of wealth (Anghel 2008).

In both the Romanian and the Polish experience, the EU supranational policies have indeed a significant influence on transnational practices. This is a unique feature of the European migration system when compared with other models of transnational migration as in the case of the US-Mexican pattern.

4. Conclusions: The Economic Crisis and the East-West Transnational Migration Patterns

At the time of completing this article (2010), it is difficult to ascertain the impact of the current economic crisis on circular migration and on the transnational practices of Central and Eastern European migrants in Western Europe. On the one hand, data and estimations from the UK Home Office (2009) suggest that inflows have decreased substantially and migrants, especially from Poland, have already returned in considerable numbers. Pollard, Latorre and Sriskandarajah (2008) estimate that about 1 million migrant workers from the new EU state members of CEE (Accession 8, A8) have arrived in the UK since 2004, but that half of this group has already left. This seems not only due to the current crisis, but also to a lower barrier to mobility which leads to less permanent emigration in the long run as well as to some reported home sickness by the Polish migrants.

According to a widespread opinion, it is also likely that those individuals lacking opportunities in their countries of origin or the necessary resources to return will have a strong incentive to stay (Angenendt 2009). Therefore a "wait and see approach" seems, on the other hand, to prevail at least for many Poles in the UK. Data from the Polish Central Statistical Office (GUS) supports this perspective by showing that on 2.21 million Poles permanently resident abroad at the end of 2008 – of which 650,000 in Britain – only 60,000 returned home (including 40,000 from the UK) in that year. As underlined by Krystyna Iglicka additional data from Polish district labour offices seem to confirm this low return trend of Polish labourers, since only 22,000, registered as unemployed, claim benefits or transfer their benefits from the UK and Ireland (Polish Market Online 2010).

All in all, however, the current transformations of the extent and magnitude of patterns of East-West migration in Europe will have a relative impact on transnational communities which combine a wider array of practices in different social spaces. Let us take, for example, the Irish case where Polish migrants widely use Internet communicators as Gadu-Gadu and Skype. Poles in Ireland as well as in the UK are often "home oriented". They read and watch news from Poland through the Internet and seem to prefer the style of Polish media (Kropiwiec/King-O'Riain 2006). Before 2004, Polish beers were not widely available in the UK. Nowadays, some 44 million pints of Lech and Tyskie, Poland's two leading brands, are sold annually in the UK (Pollard/Latorre/Sriskandarajah 2008).

These transnational practices will not disappear easily. They will probably increase in the future. In contrast, although the money transfers and airline companies may be affected to different degrees by the economic crisis, it is hard to predict the extent of these effects on migrants' habits and decisions. Unpredictability is a much safer word in this realm.

Transnational migration might possibly contribute to mould that Europe of people, of shared diversity and multiplicity of belonging, advocated by scholars as Ludger Pries (2003: 20-21). At last, transnational migration does not only represent one possible consequence of national and supranational policies "top-down", but it can also provide a fertile ground for the development of further transnational ties and policies "bottom-up".

References

Ang, I. (2000): Beyond Transnational Nationalism: Questioning Chinese Diasporas in the Global City. International Conference on Transnational Communities in the Asia-Pacific Region, Singapore: Centre for Advanced Studies, National University of Singapore and Transnational Communities Program ESRC UK.

Angenendt, S. (2009): Labor Migration Management in Times of Recession. Is Circular Migration a Solution? In: Transatlantic Academy Paper Series. Washington, D.C.: Transatlantic Academy.

Anghel, R. G. (2008): Changing Statutes: Freedom of Movement, Locality and Transnationality of Irregular Romanian Migrants in Italy. In: Journal of Ethnic and Migration Studies, Vol. 34 (5), pp. 787-802.

Bauböck, R. (2003): Towards a Political Theory of Migrant Transnationalism. In: International Migration Review, Vol. 37 (3), Transnational Migration: International Perspectives, pp. 700-723.

Bauböck, R. (2008): Ties Across Borders: The Growing Salience of Transnationalism and Diaspora Politics. In: IMISCOE Policy Brief, No. 13, 8 pages.

Castles, S. (2002): Migration and Community Formation under Conditions of Globalization. In: International Migration Review, Vol. 36 (4), Host Societies and the Reception of Immigrants: Institutions, Markets and Policies, pp. 1143-1168.

CEC (2008): The impact of free movement of workers in the context of EU enlargement. Report on the first phase (1 January 2007 – 31 December 2008) of the Transitional Arrangements set out in the 2005 Accession Treaty and as requested according to the Transitional Arrangement set out in the 2003 Accession Treaty. Communication from the Commission to the European Parliament, the Council, the European Economic and Social Committee and the Committee of the Regions, COM 765 final. Brussels: Commission of the European Communities.

Drinkwater, S./Eade, J./Garapich, M. P. (2006): London's Polish Borders. Class and Ethnicity among Global City Migrants. Guildford: Centre for Research on Nationalism, Ethnicity and Multiculturalism (CRONEM), University of Surrey.

Drinkwater, S./Eade, J./Garapich, M. P. (2009): Poles Apart? EU Enlargement and the Labour Market Outcomes of Immigrants in the United Kingdom. In: International Migration, Vol. 47 (1), pp. 161-190.

European Integration Consortium (2009): Labour mobility within the EU in the context of enlargement and the functioning of the transitional arrangements. Executive Summary. Nuremberg.

Faist, T. (1999): Developing transnational social spaces: the Turkish-German example. In: Pries, L. (ed.): Migration and Transnational Social Spaces. Aldershot: Ashgate, pp. 36-72.

Favell, A. (2008): The New Face of East-West Migration in Europe. In: Journal of Ethnic and Migration Studies, Vol. 34 (5), pp. 701-716.

Finch, T./Latorre, M./Pollard, N./Rutter, J. (2009): Shall We Stay Or Shall We Go? Re-migration trends among Britain's immigrants. London: Institute for Public Policy Research.

Garapich, M. P. (2005): Soldiers and plumbers. Immigration business and the impact of EU enlargement on Polish migrants. Paper for the international conference "New Patterns of East-West Migration in Europe", 18-19 November 2005, Hamburg: Institute of International Economics, Migration Research Group.

Glick-Schiller, N./Basch, N./Szanton Blanc, C. (1995): From immigrant to transmigrant: theorizing transnational migration. In: Anthropological Quarterly, Vol. 68 (1), pp. 48-63.

Górny, A./Kępińska, E. (2004): Mixed Marriages in Migration from the Ukraine to Poland. In: Journal of Ethnic and Migration Studies, Vol. 30 (2), pp. 353-372.

Hugo, G. (2003): Circular Migration: Keeping Development Rolling? In: Migration Information Source, 1 June 2003, Washington, D.C.: Migration Policy Institute.

Jordan, B./Duvell, F. (2002): Irregular Migration. The Dilemmas of Transnational Mobility. Cheltenham: Edward Elgar Publishing.

Kivisto, P. (2001): Theorizing transnational immigration: a critical review of current efforts. In: Ethnic and Racial Studies, Vol. 24 (4), pp. 549-577.

Kropiwiec, K./King-O'Riain, R. C. (2006): Polish Migrant Workers in Ireland. Community Profiles Series, Dublin: National Consultative Committee on Racism and Interculturalism (NCCRI).

Massey, D./Goldring, L./Durand, J. (1994): Continuities in transnational migration: an analysis of nineteen Mexican communities. In: American Journal of Sociology, Vol. 99 (6), pp. 492-533.

Morawska, E. (2002): Transnational migration in the enlarged European Union: a perspective from East and Central Europe. In: Zielonka, J. (ed.): Europe Unbound. Enlarging and reshaping the boundaries of the European Union. London: Routledge, pp. 161-190.

Morawska, E. (2008): East European Westbound Income-Seeking Migrants: Some Unwelcome Effects on Sender- and Receiver- Societies. In: Working Paper Series of the Research Network 1989, Nr. 16, 14 pages.

Nowicka, E. (2006): Identity and socio-cultural capital: Duality of transnational people in Poland. In: Ethnic and Racial Studies, Vol. 29 (6), pp. 1072-1086.

Okólski, M. (2001): Incomplete Migration: a New Form of Mobility in Central and Eastern Europe. The Case of Polish and Ukrainian Migrants. In: Wallace, C./Stola, D. (eds.): Patterns of Migration in Central Europe. Basingstoke: Palgrave, pp. 105-128.

Okólski, M. (2004): Migration Patterns in Central and Eastern Europe on the Eve of the European Union Expansion· an Overview. In: Górny, A./Ruspini, P. (eds.): Migration in the New Europe: East-West Revisited. Basingstoke: Palgrave-Macmillan, pp. 23-47.

Polish Market Online (2010): Polish migrant labourers stay in the West despite crisis. A small proportion of Polish migrant labourers has returned to Poland since the beginning of the economic slowdown in the EU. 24 February 2010.
http://www.polishmarket.com.pl/document/:22473?p=%2FEconomic+Monitor%2F

Pollard, N./Latorre, M./Sriskandarajah, D. (2008): Floodgates and turnstiles? Post-EU enlargement migration flows to (and from) the UK. London: Institute for Public Policy Research.

Portes, A./Guarnizo, L. E./Landolt, P. (1999): The study of transnationalism: pitfalls and promise of an emergent research field. In: Ethnic and Racial Studies, Vol. 22 (2), pp. 217-237.

Pries, L. (2003): Labour migration, social incorporation and transmigration in the new Europe. The case of Germany in a comparative perspective. Unpublished paper, 26 p.

Sandu, D. (2005): Emerging Transnational Migration from Romanian Villages. In: Current Sociology, Vol. 53 (4), pp. 555-582.

Vertovec, S. (2004): Migrant Transnationalism and Modes of Transformation. In: International Migration Review, Vol. 38 (3), pp. 970-1001.

Im Spannungsfeld von Differenz und Ungleichheit: *Diversity* in der Jugendarbeit

Susanne Spindler

Gesellschaft ist von Vielfalt geprägt, dennoch ist diese nicht unbedingt immer erwünscht und wird gar positiv gesehen. Das Konzept *diversity* steht dafür, die Vielfalt der Menschen und ihre Unterschiede als Normalität und Ressource zu begreifen. *Diversity* sieht Vielfalt und Differenz als Stärke, die ökonomisch und sozial positive Effekte hervorruft. Gut verankert ist *diversity* als Strategie eines „Managing Diversity" in personalpolitischer und programmatischer Hinsicht in Wirtschaftsorganisationen (vgl. Vinz 2008, S. 36f.). Vielfalt innerhalb eines Unternehmens und der „richtige" Umgang damit wurde als in ökonomischer Hinsicht Erfolg versprechend für das Unternehmen entdeckt. Auch die Pädagogik hat den Ansatz aufgegriffen und diskutiert Übertragbarkeit, Möglichkeiten und Grenzen einer solchen Sichtweise auf Vielfalt. Ist es möglich, Differenzen in den Mittelpunkt zu stellen und dennoch für Gleichheit einzustehen? Inwiefern müssen wir einen pädagogischen Ansatz, der von Problemlagen ausgeht, überdenken, wenn der Fokus verstärkt auf den Ressourcen liegt? Damit steht auch die interkulturelle Pädagogik vor neuen Herausforderungen: Ihr geht es zwar, ebenso wie dem *diversity*-Ansatz, um Anerkennung von Vielfalt, jedoch weist der Blick auf Vielfalt als Ressource, die gesellschaftliche Entwicklung fördert, darüber hinaus (vgl. Nestvogel 2008, S. 26). Während also die interkulturelle Pädagogik eher aus der Defensive heraus für Toleranz und Anerkennung von Unterschieden wirbt, argumentiert *diversity* offensiv und stellt die Vielfalt von Unterschieden in den Mittelpunkt. Gemeinsam ist beiden Ansätzen ihre Differenzfreundlichkeit. Dies birgt auch einige Probleme, die im Folgenden genauer beleuchtet werden.

1. Differenz, Vielfalt und Macht in der pädagogischen Arbeit

Differenz ist nicht gleich Differenz: Differenzen können nicht einfach verallgemeinert werden, denn sie wirken in unterschiedlicher Weise machtvoll und unterscheiden sich hinsichtlich ihrer politischen, individuellen und sozialen Bedeutung.

So wirken bestimmte Differenzordnungen, wie sie vor allem im Zusammenhang mit Klasse, Geschlecht und Migrationshintergrund zu sehen sind, schon sehr früh prägend und biographisch strukturierend (vgl. Mecheril 2009, S. 205). Ein Beispiel: Vegetarisch zu leben kann eine bedeutende Differenz des Lebensstils einer Person zu anderen sein. Die nicht-deutsche Herkunft als Differenz überschreitet die Lebensstildifferenz insofern, als sie Probleme wie Diskriminierung, Rassismus, Kulturalisierung, Ungleichbehandlung nach sich ziehen kann. Für die schulischen Bildungschancen, die berufliche Entwicklung und insgesamt für die gesellschaftliche Stellung kann es ein bedeutsamer Unterschied sein, keinen deutschen Pass zu haben, während die vegetarische Lebensweise hierfür kaum eine Rolle spielt.

> „Die sozialisierende Wirkung solcher grundlegenden Zugehörigkeitsordnungen besteht darin, dass sie Selbstverständnisse vermitteln, in denen sich soziale Positionen und Lagerungen spiegeln. Diese Wirkung auf Identität und soziale Position kann als ein erstes machtvolles Potenzial von Differenzordnungen verstanden werden." (Mecheril 2009, S. 205)

Die Festlegung auf *eine bestimmte* Differenz (wie den Migrationshintergrund) bedeutet zugleich die Vereinheitlichung von Individuen unter die gesetzte Zugehörigkeitsordnung. Gesellschaftlich werden damit Vorstellungen von Identität verbunden, die weit davon entfernt sind, die Vielfalt eines jeden einzelnen Individuums anzuerkennen. Gerade bezüglich des Diskurses um Integration erleben wir eine Homogenisierung und Standardisierung von Menschen. Da wird von „wir" als national einheitlicher Gesellschaft gesprochen, von den Anderen, die sich in dieses Kollektiv integrieren sollen und die Anpassung an „unsere Kultur" wird verlangt. Bildungsabschlüsse, die außereuropäisch erworben wurden, werden einfach nicht anerkannt. Den MigrantInnen auferlegten Zwang zur Teilnahme am Sprach- und Orientierungskurs bezeichnet Kien Nghi Ha (2007, S. 113) als „Zwang zur sekundären Sozialisation als favorisiertes Mittel ihrer gesellschaftlichen Integration". Er führt dies aus:

> „Anstelle von Angeboten auf freiwilliger Basis wird mit dieser staatlichen Anordnung erstmals im Aufenthaltsrecht der Grundsatz des Integrationszwangs als nationalpädagogisches Machtinstrument für die kulturelle (Re-)Sozialisierung und die politische Umerziehung migrantischer Subjekte mit außereuropäischen Herkünften institutionalisiert." (Ha 2007, S. 114)

Dieser von Ha beschriebene Versuch „kultureller (Re)Sozialisierung" zeigt Homogenisierungsbestrebungen, die aufgrund verbreiteter Vorstellungen und spezifischer Machtkonstellationen durchgesetzt werden können. Differenzordnungen sind nicht machtfrei und die Unterschiede, um die es geht, sind eben nicht Differenzen in Gewohnheiten und persönlichen Vorlieben, sondern es sind solche, die zu sozial relevanten Unterschieden werden. Es sind sozioökonomische Unterschiede, die auf soziale Ungleichheit verweisen und die auch wiederum Unterschiede in den Möglichkeiten der Lebensführung nach sich ziehen. Die großen Gesellschaft strukturierenden Unterschiede, die mit Klasse, Geschlecht und Migrationshintergrund verbunden werden, führen zu sozialer Ungleichheit und/oder rechtlicher oder politischer Diskriminierung und sind somit politisch und sozial hochrelevant.

Für den *diversity*-Ansatz stellt dies die Notwendigkeit und eben auch die Möglichkeit und Herausforderung dar, Differenzordnungen zu problematisieren und zu hinterfragen und sich zugleich positiv auf Vielfalt und Differenzen der Individuen zu beziehen. Dabei ist eine Aufgabe, auf Zusammenhänge und Trennlinien der verschiedenen Formen dieser Unterschiede zu verweisen (vgl. Vinz 2008, S. 36). Besonders das Spannungsfeld des Umgangs mit und der Sicht auf Differenzen allgemein sowie der Ungleichheit erzeugenden Differenzen ist dabei umkämpft. Der *diversity*-Ansatz könnte eben auch den Verdacht nahe legen, dass er der Ungleichheit das Wort redet, indem z.B. Klassenunterschiede zu einer weiteren Vielfalt werden, die in der Logik von *diversity* anerkannt und genutzt werden sollten. Damit stehen auch Fragen der Anerkennung zur Disposition, die für Klassenunterschiede besonders relevant sind, denn pädagogische Arbeit sieht im Sinne von Gerechtigkeit ihre Aufgabe vorrangig in der Benennung und Bekämpfung von Unterschieden sowie in der Forderung nach Umverteilung und nicht in ihrer Anerkennung[1] (vgl. Fraser 2002, S.3 ff.). Gerade die antirassistische bzw. die nicht-rassistische Bildungsarbeit arbeitet mit der Aufdeckung der Mechanismen, die zu Diskriminierung und Rassismen führen. Dem Migrationshintergrund als gesellschaftlich hergestelltem und politisch aufgeladenem Diskriminierungsfaktor tritt der Ansatz entgegen durch die Benennung der Gemeinsamkeiten von MigrantInnen und Nicht-MigrantInnen, den Abbau von Vorurteilen, der Bewusstwerdung über Ethnisierung und Kulturalisierung. Ein unreflektierter und entpolitisierter Ansatz von *diversity* könnte in der Konzentration auf Differenz auch die Gefahr bergen, diese zu dramatisieren, Klischees zu verfestigen, Individuen auf eine bestimmte Differenz festzulegen.

2. Vielfalt und Differenz in der Arbeit mit Jugendlichen

Unterschiede, die zu sozialer Ungleichheit führen, sind für die Arbeit mit Jugendlichen gerade im städtischen Raum relevant, zugleich sind auch andere Differenzen Alltag. Jugendarbeit ist geprägt vom Umgang mit verschiedenen Hintergründen der Jugendlichen: Individuelle, soziale, ökonomische, altersbezogene, klassen-, mig-

---

1   Auch wenn problematischerweise im Kontext von Armut pädagogische Konzepte teilweise in eine Haltung von „Erziehung zur Armut" münden (vgl. Kessl/Reutlinger/Ziegler 2007, S. 12).

rations-, gruppen- und jugendkulturspezifische Vielfalt ist Normalität und Alltag der Jugendarbeit. Wie gehen die Jugendarbeiter mit dieser Vielfalt und der damit verbundenen Differenz im Arbeitsalltag um?

Gerade im Rhein-Main-Gebiet treffen wir eine sehr heterogene Bevölkerung an, sowohl was die BewohnerInnenstruktur innerhalb eines Stadtteiles betrifft als auch was Stadtteile im Vergleich zueinander aufweisen. Hier haben wir[2] im Rahmen der konzeptionellen Weiterentwicklung Offener Kinder- und Jugendarbeit Interviews mit MitarbeiterInnen städtischer und kirchlicher Jugendzentren über ihre Arbeit, die Arbeitsbedingungen, die BesucherInnen und den Umgang mit diesen sowie über pädagogische Konzepte geführt. Die Interviews hatten nicht die Frage, ob *diversity* als Konzept dient, zum Gegenstand, auch deshalb, weil in der Praxis das Konzept noch recht unbekannt ist. Dennoch: Alle MitarbeiterInnen der Jugendarbeit haben Differenzen, Ungleichheiten, Heterogenität der BesucherInnen angesprochen, im Konzept *diversity* enthaltene Themen sind also in der Praxis vorhanden. Um genauere Aussagen über Diversität zu treffen, habe ich die Interviews einer Analyse unterzogen, die die Thematisierung von und den Umgang der MitarbeiterInnen mit Differenz und Vielfalt im Arbeitsalltag in den Blick nimmt. Was thematisieren die MitarbeiterInnen als Differenz oder Vielfalt? In welchen Zusammenhängen wird Vielfalt im Sinne von *diversity* als Stärke gesehen und pädagogisch so bearbeitet, wo nicht? Welche Schwierigkeiten birgt es, wenn Unterschiede soziale Ungleichheit bedeutet? Welcher Umgang zeigt sich in der Praxis im Spannungsfeld von Vielfalt, Differenz und sozialer Ungleichheit?

3. Das Umfeld von Jugendlichen und Jugendarbeit: Geringe Ausrichtung auf Vielfalt

Da Kinder- und Jugendarbeit immer auch vom Umfeld geprägt ist, in dem die Teilnehmenden agieren, muss auch dieses Umfeld genauer in Hinblick auf seinen Umgang mit Diversität betrachtet werden: In der vorliegenden Untersuchung fand die Jugendarbeit im städtischen Raum statt. In Bezug auf die Zielgruppe Jugend und speziell von jugendlichen BesucherInnen der Jugendzentren ist ihr Umfeld in vielerlei Hinsicht nicht ressourcenorientiert ausgerichtet.

---

2   Das MitarbeiterInnenteam bestand mit Philipp Berg, Henning Funk, Miriam Riedelsheimer und Lennart Seip aus vier Studierenden des Masterstudiengangs Soziale Arbeit der Hochschule Darmstadt.

Jugendzentren und ihr Ruf

Viele Jugendzentren müssen trotz sehr guter Arbeit gegen einen schlechten Ruf ankämpfen. Oftmals beurteilen gerade Nicht-BesucherInnen sie als schlecht. Frau Tank[3], Mitarbeiterin eines städtischen Jugendzentrums in einem sozial benachteiligten Quartier erklärt dies folgendermaßen:u.a.

> *Interviewer:* Gibt's Jugendliche, die nicht kommen?
>
> *Frau Tank:* Ja, also es gibt, wahrscheinlich von den Eltern bzw. von den Jugendlichen, so ne Abgrenzung dem Juz gegenüber, also wir haben schon nen bestimmten Ruf, bei uns kommen halt die schlimmen Kinder und die schlimmen Jugendlichen hin, da wollen viele keinen Kontakt haben. Wir haben jetzt mal nen Kontakt geknüpft zur Kindertagesstätte, die hier nebenan ist. Da gibt's ganz viele Eltern, die, weil sie das hier einfach nicht kennen, ihre Kinder nicht hinschicken wollen, weil sie gehört haben, das wär irgendwie nichts. Ja, das ist so alter Ruf.

Das Image des Jugendzentrums ist nicht Abbild der Realität, sondern gerade Kinder und Jugendliche, die das Kinder- und Jugendzentrum nicht besuchen, „wissen" einiges darüber, wie es dort zugeht. Sie schenken Gerüchten Glauben oder spüren Vorbehalte, die ihre Eltern haben. Jugendzentren in benachteiligten Stadtteilen werden vermehrt von BesucherInnen aus benachteiligten Verhältnissen aufgesucht, wodurch ihnen dann schnell ein Stigma anhängt. Diese Images sind hartnäckig, und es versperrt Kindern und Jugendlichen den Zugang, wenn sie ein schlechtes Bild einer Einrichtung haben. Die Sichtweise auf die Offene Jugendarbeit beinhaltet im erweiterten Umfeld des städtischen Raumes insgesamt einen wenig ressourcenorientierten Blick. Gerade Kinder und Jugendliche aus benachteiligten Familien und Gebieten haben gegen Stigmatisierungen zu kämpfen.

Jugend als Problem

Es gibt nur wenig Orte, an denen Jugendliche das Jugendlich-Sein ausleben können, diese sind oft beschränkt auf einige Sportangebote, die Jugendarbeit und auf kommerzielle Angebote. Den öffentlichen Raum, auf den Jugendliche in ihren Aneignungsversuchen treffen, beschreiben sie selbst als stark kontrolliert. Dies ist für sie nicht nur problematisch, sie verbinden damit auch ein Gefühl von mehr Sicherheit. Zugleich registrieren sie, dass ihnen als Jugendliche per se Konflikthaftigkeit unterstellt wird. Diese ist Resultat von Machtverhältnissen, die qua Alter gesetzt werden. Den Jugendlichen sollen mit der Kontrolle Grenzen gesetzt werden, und zugleich produzieren Erwachsene ihre Vorstellungen von Ordnung im öffentlichen

---

3   Alle Namen sind anonymisiert.

Raum, an die sich auch die Kinder und Jugendlichen halten sollen. Bourdieu erklärt den dahinter liegenden Machtmechanismus folgendermaßen:

> „In der ideologischen Vorstellung von der Aufteilung in jung und alt werden den Jungen bestimmte Dinge gewährt, für die sie im Gegenzug eine Menge lassen müssen. […] Diese Struktur, die sich auch an anderen Stellen wieder findet (zum Beispiel im Geschlechterverhältnis) erinnert daran, dass es bei der […] Aufteilung zwischen Jugend und Alter um Macht geht […]. Klassifizierungen nach dem Alter (aber auch nach Geschlecht und natürlich nach der Klasse) laufen immer darauf hinaus, Grenzen zu setzen und eine Ordnung zu produzieren, an die sich jeder zu halten hat, in der jeder seinen Platz zu behalten hat." (Bourdieu 1993, S.137; zitiert nach Scherr 2009, S. 73)

Jugendlichkeit (und nicht ihr zugeschriebene Attribute, die dann wiederum für Erwachsene interessant sind wie junges Aussehen oder körperliche Fitness) als Ressource anzuerkennen hieße für Erwachsene, Macht abzugeben. Die von Bourdieu beschriebene Ordnung steht dem entgegen. Schlechte Chancen für Diversity? Hört Diversity da auf, wo Macht anfängt bzw. haben wir es mit einer naiven Sichtweise zu tun, die nur bestimmte Differenzen als Ressource erörtert und da, wo Machtungleichgewichte sind, die Differenz in den Hintergrund treten lässt? Im konkreten Fall: Hört die Sicht auf die Differenz Jugend als Ressource da auf, wo sie unkontrollierbar erscheint, irrational, nicht kommerzialisierbar, pubertierend unverständlich und ungebildet? Eine Stärke von Diversity dagegen könnte sein, gerade in diesen Kontexten Machtverhältnisse zu thematisieren und in Frage zu stellen.

Differenz BesucherInnen – MitarbeiterInnen

Das Jugendzentrum selbst ist ein Ort der Diversität, wobei man meist auf die Zusammensetzung der BesucherInnen schaut. Auch die Zusammenschau von MitarbeiterInnenu.a.und BesucherInnen zeigt schon Vielfalt und Differenz entlang bestimmter Linien (Alter, Klasse, Orte, an denen sie leben – während die BesucherInnen meist in unmittelbarer Nähe des Juz leben, ist das bei den MitarbeiterInnen nicht notwendigerweise der Fall), die kaum thematisiert werden. Inwiefern bearbeiten die MitarbeiterInnen das Alter ihrer Klientel ressourcenorientiert? Diverse Interviews verdeutlichen, dass bei der konkreten Frage danach, wie die Jugendlichen (mit ihren Ressourcen) am Geschehen beteiligt werden, jugendlicher Eigensinn und jugendliche Themen eher selten als Ressource auftauchen. Die Haltung der MitarbeiterInnen ist sicherlich partizipationsbewusst – schließlich ist Partizipation ein Hauptauftrag den das Kinder- und Jugendhilfegesetz der Jugendarbeit gibt – dennoch agieren sie eher angebotsorientiert.

4. Der Umgang mit Differenzkategorien in der Jugendarbeit

Wahrnehmung von Heterogenität

Zum Ausgangspunkt für die Fragen nach Wahrnehmung von Heterogenität nehme ich zunächst die Beschreibung der Klientel, die uns die MitarbeiterInnen gaben. Solche Beschreibungenu.a.zeigen sowohl etwas über die Jugendlichen selbst als auch die Sicht der Sozialarbeiter, die dann wiederum ihren Umgang mit den Jugendlichen beeinflusst. So ist es ein Unterschied, ob ein Jugendlicher als Individuum oder als Teil einer bestimmten Gruppe wahrgenommen wird (Jungen/Mädchen; aus sozial benachteiligtem Stadtteil/aus eher dörflichem Umfeld; untere Klasse/ Mittelschicht; SchülerInnen/Arbeitslose). Die Beschreibungen der Jugendlichen und Kinder sind von Mitarbeiterin zu Mitarbeiter sehr unterschiedlich. Herr Georgis arbeitet in einem Jugendzentrum in einem sozial benachteiligten Stadtteil, der auch zum Programmgebiet „Soziale Stadt" gehört. Das Haus liegt sehr versteckt, die Räumlichkeiten sind beengt.

> *Interviewer:* Könnt ihr vielleicht was zu den Jugendlichen sagen, die zu euch kommen?
>
> *Herr Georgis:* Geht ab 14 los, und teilweise bis 23, 24. Schwerpunkt würde ich sagen ist bei uns so 17 bis 20, 16 bis 20.
>
> *I:* Ihr habt jetzt keine Grenzen?
>
> *G:* Die Grenze ist bis 27. Sind circa 120 Jugendliche (…). Verschiedenste Nationalitäten halt.
>
> *I:* Wie sieht es mit Jungen/Mädchenverhältnis aus?
>
> *G:* Es wankt immer mal. Mal sind wir ganz gut bestückt, sag ich mal, mit Mädchen. Und mal sind es wieder weniger.

Der Mitarbeiter beschreibt die jugendlichen BesucherInnen durch sozialstrukturelle Kategorien, die Großkategorien von Differenz sind: Alter, Nationalität, Geschlecht. Er weist auf eine recht breite Altersspanne der Jugendlichen hin sowie auf eine Heterogenität bezüglich des Migrationshintergrundes der Jugendlichen. Die Beschreibung beinhaltet keinerlei Bewertung. Im Sinne der von ihm herangezogenen Kriterien ist Vielfalt Normalität. Mangelnde Vielfalt fällt ihm auf: Bezüglich des Geschlechterverhältnisses sei das Verhältnis nicht ausgewogen, sagt er.

Selbstverständnis von Diversity als Stärke

Jugendarbeit beinhaltet Heterogenität bezüglich des sozialen und ökonomischen Hintergrundes, der Herkunft und der Gruppenbezüge der Jugendlichen. Den Umgang damit beschreiben MitarbeiterInnen der Jugendzentren oft als recht schwierig. Im Sinne von *diversity* ist Vielfalt nicht als Problem, sondern als Stärke zu betrachten (Nestvogel 2008, S.22). Eine solche Sicht auf Vielfalt als Stärke greift keiner der Befragten direkt in den Erzählungen auf, aber Vielfalt an sich wird genannt. An einigen Stellen zeigt sich, dass Unterschiede produktiv eingesetzt werden können sowie eine partizipative Haltung. Im folgenden Zitat berichtet Herr Burgheim, Mitarbeiter in einem Jugendzentrum, das ebenfalls in einem sozial benachteiligten Quartier liegt, von einer neuen Gruppe, die das Jugendhaus erobern möchte:

> *Herr Burgheim:* Also wir hatten jetzt vor einiger Zeit ne große Clique, die auf einmal rein kam. [...] Das war ne Clique, die sich jetzt nicht nur hier aus unserem Stadtteil rekrutiert hat, sondern die waren aus umliegenden Stadtteilen gewesen und das waren so, ach du das waren 30, 40 Kinder, die auf einmal hier reingeströmt sind. Sie waren auch noch ganz wild und haben die Regeln noch gar nicht gekannt, also das war schon sehr aufregend gewesen und sehr stressig. Die haben das so richtig in Beschlag genommen und die Älteren, unsere alten Hasen, die haben dann wirklich erstmal so geguckt: „Oh hoppla, wer kommt uns denn jetzt hier an?" Ne und die sind dann einfach erst mal dann auch nach kurzer Zeit weggeblieben, die haben gemosert: „Die sind zu jung", weil die warn natürlich größer und stärker gewesen, die Älteren. Aber die haben sich einfach raus drängen lassen weil die die Gruppe einfach jung, wild hier rein gekommen sind. Die haben hier rumgewuselt, die warn einfach laut gewesen, die haben Krach gemacht, der Junge hat das Mädchen gejagt und das Mädchen hat den Jungen gejagt, also da war schon was los gewesen und die haben sich das dann so ein bisschen auch erobert, die Räumlichkeiten. Da kann man auch nicht sagen, jetzt sag ich mal von der Herkunft her oder sonst was-, das waren so alle sozialen Schichten und Schulbildungen warn da vertreten gewesen, will ich mal sagen. Und ansonsten kommen aber die eigentlich ins Jugendzentrum, nur die Leute, die auch irgendwie schon bestehende soziale Kontakte hier drin haben.
>
> *Interviewer:* OK, und die Jugendlichen, die sich haben damals vertreiben lassen, sind die jetzt auch wieder hier?
>
> *B:* Die kommen jetzt wieder, die kommen jetzt wieder, weil die andre Clique sind auch ruhiger geworden, die haben Regeln akzeptiert und das ist auch ganz wichtig dass dann die Jüngeren von den Älteren auch ein bisschen lernen, weil die haben dann so Ruhe rein gebracht.

Herr Burgheim bemerkt, dass die neue Gruppe sich sehr heterogen zusammensetzt, so dass nicht nur die beiden aufeinander treffenden Gruppen differieren, sondern auch die Gruppe in sich vielfältig ist. Die Konflikte, die aus dieser Situation der „Besetzung" entstehen, werden nicht durch ein einfaches „wir waren zuerst hier und sind älter" gelöst, sondern bieten für die Beteiligten Lernanlässe. In der ganzen Situation zeigt sich ein konstruktiver Umgang mit Vielfalt, in dem die Jugendlichen die Möglichkeit bekommen, selbst bestimmt mit den Konflikten umzugehen, Hauptakteure bei der Regulierung zu sein. Dieser Umgang mit Differenzen weist – ganz im Sinne von *diversity* – auf die Möglichkeiten hin, Abweichungen, Konflikte sowie Differenzen der Erfahrungen produktiv für die Gruppenarbeit zu nutzen (vgl. Vinz 2008, S. 36).

Gibt es eine sehr heterogene Besucherstruktur, zeigt sich, dass es im alltäglichen Umgang nicht immer das Ziel ist, sie zusammen zu führen, sondern dass für verschiedene, oft nach Kategorien sozialer Ungleichheit gespaltene Gruppen, getrennte Angebote gemacht werden. Hierzu Frau Schmidt, die in einem kirchlichen Jugendzentrum in einem eher mittelschichtgeprägten Stadtteil arbeitet:

> *Frau Schmidt:* Die, die aus stabilem familiärem Hintergrund kommen, die kommen nicht in den offenen Treff, die kommen in Projekte oder wie gesagt, wir sind ja Kirche, wir haben ja auch nen großen ehrenamtlichen Kader, das ist für mich auch Jugendarbeit. Die einen brauchen, sag ich mal, vielleicht nen Platz zum Abhängen, die anderen machen nen Film und die Dritten mögen sich sozial engagieren. Das seh ich alles als persönliche Interessen. […] Da muss man schon differenzieren.

An anderer Stelle spezifiziert sie, dass die BesucherInnen des offenen Treffs aus benachteiligten Verhältnissen kommen. Frau Schmidt stellt die in kirchlichen Zusammenhängen aktiven Jugendlichen aus stabilen Familienverhältnissen den benachteiligten Jugendlichen in deren Interessenlagen entgegen: Während die einen in Projekten und in der Konfirmandenarbeit tätig sind, „hängen" die anderen im offenen Treff „ab". Die Angebote für die jeweils ausgemachte Gruppe finden räumlich getrennt voneinander statt und beinhalten den Gegensatz aktiv – inaktiv sein („machen" und „engagieren" contra „brauchen"). Unterschiede der Jugendlichen werden hier insofern als Ressource genutzt, als diverse Angebote gemacht werden können. Dass diese Angebote entlang der Klassenunterschiede gemacht werden, verengt den Blick wiederum. Klassendifferenzen werden als Differenzen dargestellt, die nicht genutzt werden können, um Synergieeffekte, gemeinsames Lernen, Aufbrechen von Vorurteilen usw. hervorzubringen. Die Zuordnung der Angebote zu einem familiären und ökonomischen Hintergrund zeigt verfestigte Identitätsvorstellungen über die Jugendlichen.

5. Umgang mit sozialer Ungleichheit

Die vorangehenden Ausführungen deuten an, dass sich der Unterschied der Klasse als der Hauptunterschied zeigt, der für die Arbeit der JugendarbeiterInnen relevant ist; dies taucht immer wieder in verschiedenen Interviews auf. Wie thematisieren die MitarbeiterInnen die soziale, politische und individuelle Bedeutsamkeit und welche Konsequenzen ziehen sie daraus? Wird dieser Unterschied in seiner Problematik der Diskriminierung verdeutlicht? Wie gehen sie mit einer solchen Differenz um? Welche weiteren Unterschiede thematisieren die Jugendarbeiter als sozial bedeutsam?

Differenz und soziale Ungleichheitu.a.

Frau Schmidt beschreibt die BesucherInnen des Jugendzentrums, in dem sie arbeitet, auf einer inhaltsorientierten Ebene. Dieses Jugendzentrum liegt in einem Stadtteil, der von seiner Architektur und Sozialstruktur her mittelschichtorientiert ist und fast dörflich wirkt.

Interviewer: Wie erleben Sie die Jugendlichen, die hierhin kommen, sie haben schon gesagt, dass Mädchen im Frauenhaus untergebracht werden müssen, wie erleben Sie die Jugendlichen so allgemein?

Frau Schmidt: Ich erleb die orientierungslos, ich erleb die oft psychisch labil, mindestens labil und mehr, ich erleb die oft hilflos, z.b. einfachste Verhaltensregeln oder Möglichkeiten, Konflikte zu lösen, oder wie geh ich Dinge an, das fehlt denen, denen fehlen so Basisgeschichten. Das macht die unsicher und das macht es ihnen schwer, was zu finden, was zukunftstragend ist. Ich erleb die auch in der Schule als völlig unmotiviert, ja, kein Ziel vor Augen, auch nicht das Wissen, dass Bildung wichtig ist, so ne Mentalität von „was weiß ich was morgen kommt" und „ich habe eh keine Chance", also ich sag mal, die benachteiligten Verhältnisse, in denen die da aufwachsen, die schlagen schon durch.

Frau Schmidt beschreibt wenig Unterschiede zwischen den Jugendlichen, die Klientel wirkt eher homogen. Dieu.a.benachteiligten Verhältnisse, also Klassenverhältnisse, sind die Hauptkategorie der Beschreibung, in der sie jugendliche Identitäten eng mit dem Klassenhintergrund verknüpft. Die Wahrnehmung von Vielfalt gerät hier an ihre Grenzen, es zeigt sich eher, dass eine Form der „Andersheit" in Gestalt der Klasse (hier sind die Jugendlichen auch anders als Frau Schmidt) andere Differenzen überlagert und von Frau Schmidt als problematisch beschrieben wird. Differenzen sozialer Ungleichheit (Raum, Armut) wirken aus dieser Sicht stärker auf die Jugendlichen als andere Differenzen.

Die Herausforderungen, vor die sich die MitarbeiterInnen der Jugendarbeit täglich gestellt sehen, werden in der folgenden Beschreibung weiterhin deutlich. Auch Frau Tank stellt die Klassenfrage in den Mittelpunkt. Bei ihr ist die Beschreibung der Jugendlichen sehr räumlich bezogen – das Jugendzentrum, in dem sie arbeitet, liegt in einem sozial benachteiligten Quartier direkt an einem Waldgebiet:

Frau Tank: Fast nur Jugendliche aus dem Viertel, das ist so ortsgebunden hier, wir haben viele Migranten, viele Kinder von allein Erziehenden, ja, was das Stadtgebiet so hergibt. Die Siedlung, die hat auch so nen bestimmten Ruf, letztes Jahr habe sie sich auch selbst so nen Namen gegeben, „Ghettowaldis", das geht so in Richtung sozialer Brennpunkt. (…) Wir haben Jugendliche, die überhaupt keine Zukunftsperspektive haben und wo ich mittlerweile auch ratlos bin, also das find ich ganz erschreckend. Auch die Eltern, die keine Perspektive haben, die selbst völlig perspektivlos sind. Für sie ist klar, sie beziehen dann bald Hartz IV für immer und ewig und haben da keine Ideen, keinen Antrieb und trauen sich auch nix zu. Gerade bei den Jugendlichen find ich das sehr erschreckend. Was die Perspektive des Jugendzentrums angeht sind wir ja seit einigen Jahren von der Schließung bedroht.

Frau Tank beschreibt zunehmende und relevanter werdende Armutsverhältnisse, die mit Perspektiv- und Chancenlosigkeit einhergehen. Die Differenz verorten sowohl die Jugendlichen als auch ihr Umfeld räumlich. Die Pädagogik reagiert mit einer zunehmenden Orientierung am Sozialraum. Frau Tank beschreibt die Einschätzung der Zukunftsperspektiven seitens der Jugendlichen als sehr pessimistisch. Ebenso problematisch ist die Zukunft des Jugendzentrums zu verorten, denn es ist seit einigen Jahren von der Schließung bedroht.

Im Sinne von *diversity* thematisieren beide Mitarbeiterinnen Differenz und die mit der sozialen Lage verbundene Ungleichheit. Eine Herausforderung, die durch das Anwenden eines *diversity*-orientierten Hintergrundes daraus erwachsen könnte, wäre, einen ressourcenorientierten Blick auf das Individuum zu werfen und sensibel zu bleiben für die Unterschiede der Jugendlichen trotz gleicher Klassenlage. Ute Schad (vgl. 2007, S. 202) beschreibt, wie bei genauem Hinsehen Differenzen innerhalb einer als homogen konstruierten Gruppe (aufgrund der gleichen Klassenzugehörigkeit, des gleichen Bildungsstandes und eines Migrationshintergrundes) wachsen, wenn man sich Einstellungen der Einzelnen etwa zu Religion, Geschlechterrollen und zur Selbstdefinition der Jugendlichen anschaut; mit der Bezeichnung „anders anders" macht sie diesen Prozess fest.

Gleichbehandlung und soziale Ungleichheitu.a.

Ein anderer Mitarbeiter eines kirchlichen Trägers, Herr Wolfram, hat sich auf Theaterarbeit spezialisiert. Die Jugendarbeit von Herrn Wolfram findet in einem Stadtgebiet statt, das sehr dörflich wirkt. In manchen Interviews mit MitarbeiterInnen kirchlicher Träger zeigt sich, dass diese sich – sicherlich im Rahmen ihres Auftrags, aber vielleicht zugleich als Rückzugfeld – verstärkt auf die Arbeit mit KonfirmandInnen beziehen und die offene Arbeit weniger in den Blick nehmen. Herr Wolfram erzählt, dass er sich einer Gruppe arbeitsloser Jugendlicher, die den offenen Treff des Jugendzentrums besuchte, „mit Tricks" entledigt hat. Seither gibt es keinen offenen Treff mehr. Zugleich betrachtet er seine Arbeit mit dem Medium Theater als den Bedürfnissen der Jugendlichen des Stadtteils angemessen. Diese wollen aktiv sein und suchen die Angebote der Jugendarbeit zielgerichtet mit der Perspektive auf, dass dieses Angebot für ihre Zukunft, ihre beruflichen Perspektiven etc. wichtig werden könnte. Die Arbeit in Offenen Treffs hält er eher für sozial benachteiligte Stadtteile passend. Auch ihn fragten wir nach den Jugendlichen, die die Jugendarbeit aufsuchen.

Interviewer: Generell, was sind das für Jugendliche, die hierher kommen, sind das zum großen Teil evangelische oder christliche Jugendliche?

Herr Wolfram: Nein, das sind Jugendliche. Es gibt keine christlichen Jugendlichen oder – also ich seh das nicht so. […]

Interviewer: Gibt es auch ne Gruppe von Jugendlichen, wo Sie sagen, die erreichen Sie nicht, oder haben Sie bisher nicht erreicht?

W: Wenn man so nen Schwerpunkt hat, gibt es auch Jugendliche, die man nicht erreicht.

I: Also Theater, ich denke, ich würde mal denken, dass es schon eher ne gehobene oder gebildetere Schicht ist, die sowas in der Freizeit tut.

W: Ja, bei den Kindern weniger, sag ich mal, das ist bunt gemischt. Wobei ich hab auch in der Jugendtheatergruppe so so aus (schnippt) wie sagt man so schön, also ich mag das nicht so sehr, in so Klassen zu reden, weil ich nehm den Menschen so wahr, wie er ist. Da gibt es natürlich finanzielle Probleme, bei einem Mädchen z.b. aus der Gruppe, wobei die anderen lernen dadurch auch, das mit zu tragen.u.a.

Aus Gründen der Nichtstigmatisierung möchte Herr Wolfram nicht über Klassen oder Schichten sprechen. Er möchte alle Jugendlichen gleichbehandelt und gleichbezeichnet wissen, keine Unterscheidungen nach Kategorien der sozioökonomischen Lage ziehen. In diesem als Gleichbehandlung der Jugendlichen gedachten Ansatz steckt jedoch das Problem, bei Nicht-Benennung z.b. von Armut auch die damit verbundenen Problemlagen zu übergehen. Diesen Eindruck verstärkt seine Erzählung über die arbeitslosen Jugendlichen, die zuvor das Haus besuchten. Die Differenz der Arbeitslosigkeit ist mit einer spezifischen Problemlage verbunden. Zugleich kann die Spezialisierung auf Theaterarbeit trotz Gleichbehandlung unter Umständen auch Ungleichheit ausbilden: Durch die Auswahl der spezifisch Interessierten wird es weniger notwendig, Differenzen zu beachten und der Vielfalt an Voraussetzungen in den Angeboten für und der Arbeit mit den Jugendlichen gerecht werden zu müssen.

6. Schlussbemerkungen: *Diversity* als Ansatz der Bearbeitung sozialer Ungleichheit

Eine Rückkehr der Kategorie Klasse wird in der Beschreibung vieler MitarbeiterInnen der Jugendarbeit als Hauptkategorie der Ungleichheit sehr deutlich, andere Differenzen verblassen im Gegensatz dazu. Wie kommt diese Zuspitzung zustande? Es zeichnet sich gesellschaftlich ab, dass Klassenunterschiede zunehmend relevanter werden und in der Jugendarbeit bildet sich dies ab. Gerade sie ist eine der wenigen Anlaufstellen für Jugendliche aus benachteiligten ökonomischen Verhältnissen und damit ist sie besonders mit diesem Phänomen konfrontiert. Zugleich sieht sich Jugendarbeit allein gelassen mit damit einhergehenden Problemen, wie Bildungsbenachteiligung, Perspektivlosigkeit, Arbeitslosigkeit und Chancenlosigkeit der Jugendlichen. Jugendarbeit beschreibt die Schule als eine distanzierte Institution, die die Jugendlichen nicht aufnimmt, sondern fallen lässt.

Ungleichheit tritt zudem in spezifischer räumlicher Verteilung auf, so dass der Raum als Problem gesehen wird, auch in der Wahrnehmung der Jugendlichen, z.B. wenn sie sich selbst als „Ghettowaldis" bezeichnen. An bestimmten Orten kumulieren soziale Probleme, die dann in einer problematischen Wendung zu räumlichen Problemen umgedeutet werden. Dies führt weg vom Thema Armut als soziales Risiko in öffentlicher Verantwortung hin zur Sicht auf Armut als Problem bestimmter Quartiere (vgl. Kessl/Reutlinger 2007, S. 38f.).

Mit dieser Sicht sind auch die in und außerhalb dieser Stadtquartiere agierenden SozialarbeiterInnen konfrontiert. Festzuhalten ist, dass sie als Kategorie der Beschreibung von Differenz die Klasse an prominenter Stelle nennen. Weiterhin spielt das Geschlecht eine Rolle, vor allem in der Frage, wie weibliche Jugendliche erreicht werden können. Zudem werden der Migrationshintergrund und weitere Faktoren der sozialen Lage wie allein erziehende Eltern thematisiert.

Hinter diesen Großkategorien steckt die Gefahr, dass die Differenzen der Individuen zunehmend verschwinden. *Diversity* als Konzept könnte hier dazu dienen, Individualität und Vielfalt gezielter in den Vordergrund zu stellen, um die Jugendlichen in ihren Ressourcen zu erkennen und sie bezüglich der Identität nicht auf bestimmte Kategorien festzuschreiben, sondern der Heterogenität der Zuordnungsmöglichkeiten und Überkreuzungen diverser Kategorien Beachtung zu schenken. Scherr argumentiert im Kontext der Zwänge ethnisierender Zuordnungen folgendermaßen:

> „Dies ermöglicht und erfordert ein Verständnis von Identitätsbildung, Zuordnungen und Zugehörigkeiten, das gerade nicht vom Postulat eines ethnischen und nationalen Master-Status ausgeht, im Verhältnis zu dem andere Dimensionen nachrangig sind. Folglich sind soziale Positionierungen als eine Praxis zu thematisieren, die Möglichkeiten der Distanzierung und Kritik einschließt." (Scherr 2008, S. 61)

Eine weitere Frage stellt sich, wenn es darum geht, ob *diversity* tatsächlich allen Formen der Vielfalt gerecht wird, oder ob nicht schon eine Hierarchie der Differenzen besteht. Nestvogel u.a. bezweifelt, dass die Theorie der Beachtung jeglicher Vielfalt tatsächlich konsequent von denen umgesetzt wird, die nach *diversity* Konzepten arbeiten: u.a.

> „Auch wenn Diversity-Konzepte sich den Anschein geben, jegliche Art von Vielfalt wertzuschätzen, ist zu fragen, ob sie de facto nicht doch nur bestimmte Differenzkategorien zu schätzenswerten konstruieren, diese als quasi natürlich gegeben voraussetzen, d.h. essentialisieren und ideologisieren und andere mögliche Differenzkategorien wie Arme, Alte, Ungebildete, Kranke, körperlich und geistig Behinderte ignorieren." (Nestvogel 2008, S. 23)

Die Reflexion der eigenen Differenz der JugendarbeiterInnen zu den Jugendlichen
(Alter, sozialer Hintergrund, Wohnhintergrund, Wohnumfeld) kann sicherlich zu
einer Veränderung des Blickwinkels beitragen. Damit sind zugleich auch Macht-
fragen, die nicht nur außerhalb, sondern auch innerhalb der eigenen Einrichtung
herrschen können angesprochen, wie Status- und Rechtsungleichheit, Asymmet-
rie, Wohlstandsgefälle. Mecheril (vgl. 2008, S. 82ff.) verdeutlicht, dass es in der
pädagogischen Arbeit um die kritische Reflexion von Machtverhältnissen gegen
Entmächtigung geht, um Selbstreflexivität gegenüber nicht intendierten Effekten
und Nebenwirkungen; und es geht um Aufmerksamkeit und Be-Achtung des Un-
eindeutigen, des aus dem Rahmen fallenden, um den Menschen gerecht zu werden. Hubertus Schröer weist die pädagogische Herausforderung von *diversity* in
zwei Stichworten aus: „Vielfalt leben" und „Vielfalt gestalten". „Vielfalt leben"
präzisiert er in einer Haltung, die Gleichwertigkeit und Verschiedenheit anerkennt.
„Vielfalt gestalten" beinhaltet eine aktive Entwicklung und produktive Bearbeitung der Vielfalt (vgl. Schröer, 2009, S. 209f.). In dem Stichwort der Gestaltung
von Vielfalt liegen die Möglichkeiten, Ungleichheiten zu benennen und an ihrer
Veränderung zu arbeiten.

Literatur

Fraser, N. (2002): Soziale Gerechtigkeit in der Wissensgesellschaft: Umverteilung, Anerkennung und
    Teilhabe. In: Heinrich-Böll-Stiftung (Hg.): Gut zu Wissen – Links zur Wissensgesellschaft. Müns-
    ter: Verlag Westfälisches Dampfboot, S. 50-63.
Ha, K. N. (2007): Deutsche Integrationspolitik als koloniale Praxis. In: Ha, K. N./Lauré al-Samarai,
    N./Mysorekar, S. (Hg.): re/visionen. Postkoloniale Perspektiven von People of Color auf Rassis-
    mus, Kulturpolitik und Widerstand in Deutschland. Münster: Unrast, S. 113-128.
Kessl, F./Reutlinger, C. (2007): Sozialraum. Eine Einführung. Wiesbaden: VS Verlag für Sozialwis-
    senschaften.
Kessl, F./Reutlinger, C./Ziegler, H. (2007): Erziehung zur Armut? Soziale Arbeit und die „neue Un-
    terschicht" – eine Einführung. In: Kessl, F./Reutlinger, C./Ziegler, H. (Hrsg.): Erziehung zur
    Armut? Soziale Arbeit und die „neue Unterschicht". Wiesbaden: VS Verlag für Sozialwissen-
    schaften, S. 7-15.
Mecheril, P. (2009): Diversity Mainstreaming. In: Lange, D./Polat, A. (Hrsg.): Unsere Wirklichkeit ist
    anders. Migration und Alltag. Bonn: Bpb, S. 202-210.
Mecheril, P. (2008): „Diversity". Differenzordnungen und Verknüpfung. In: Heinrich Böll Stiftung:
    Politics of Diversity. Dossier, S.77-84. http://www.migrationboell.de/downloads/diversity/
    Dossier_Politics_of_Diversity.pdf.

Nestvogel, R. (2008): Diversity Studies und Erziehungswissenschaft. In: GPJE (Hrsg.): Diversity Studies und politische Bildung. Schwalbach/Ts.: Wochenschau Verlag, S. 21-33.

Schad, U. (2007): „Anders anders." Geschlecht und Ethnizität in einer Pädagogik der kulturellen Vielfalt. In: Munsch, C./Gemende, M./Weber-Unger-Rotino, S. (Hrsg.): Eva ist emanzipiert, Mehmet ist ein Macho. Zuschreibung, Ausgrenzung, Lebensbewältigung und Handlungsansätze im Kontext von Migration und Geschlecht. Weinheim u.a.: Juventa, S. 193-206.

Scherr, A. (2008): Diversity im Kontext von Machtbeziehungen und sozialen Ungleichheiten. In: GPJE (Hrsg.): Diversity Studies und politische Bildung. Schwalbach/Ts.: Wochenschau Verlag, S. 53-64.

Scherr, A. (⁹2009): Jugendsoziologie. Einführung in Grundlagen und Theorien. Wiesbaden: VS Verlag für Sozialwissenschaften.

Schröer, H. (2009): Interkulturelle Öffnung und Diversity Management. In: Migration und Soziale Arbeit, Heft 3/4, S. 203-211.

Vinz, D. (2008): Vielfalt, Differenz und Chancengleichheit – Von Managing Diversity zu Diversity Politics? In: GPJE (Hrsg.): Diversity Studies und politische Bildung. Schwalbach/Ts.: Wochenschau Verlag, S. 34-52.

Das Kopftuch als Verdichtungssymbol – Zur medialen Inszenierung von *gender*, Ethnizität und Religiosität in der Migrationsgesellschaft

Annette Müller

1. Einleitung

„Ich würde mir wünschen, dass mich meine Kommilitoninnen und Kommilitonen einfach mal fragen, was ich von Angela Merkel halte!" Dies war die Antwort von Nilgün Celik auf die Frage, welche Vision sie habe, wenn sie an die Darstellung von *gender*, Ethnizität und Religiosität in den Medien denke.[1] Weiter führt die Studentin der Erziehungswissenschaften aus: „Gerade, wenn die Lebenslage von Musliminnen dargestellt wird, erlebe ich eine einseitige Darstellung, die ich als diskriminierend empfinde. Dass ich tagtäglich auf mein Kopftuch angesprochen werde, ist aus meiner Sicht das Resultat der medialen Inszenierung."

Was Celik hier anspricht, ist die Verschränkung von medialer und sozialer Kommunikation. Das Kopftuch, das sie als gläubige Muslimin trägt, ist in den Massenmedien so präsent, dass es die soziale Kommunikation dominiert. Celik ist deutsche Staatsbürgerin. Gerne würde sie mit ihren Kommilitoninnen und Kommilitonen über die deutsche Bundeskanzlerin diskutieren, doch zunächst muss sie sich für ihr Kopftuch „rechtfertigen", wie sie sagt, „bevor irgendein anderes Thema besprochen werden kann." Darüber hinaus weist Celik auf die Verschränkung von drei „Differenzlinien" (Lutz/Leiprecht 2003, S. 121) hin: *gender*, Ethnizität und Religiosität. Diese einzelnen Differenzlinien wirken sich nicht auf einzelne Merkmale ihrer Person aus, sondern sie verschränken sich untereinander und werden gegenseitig relevant (Leiprecht/Lutz 2006, S. 219). Das Kopftuch erfüllt hierbei die Funktion eines „Verdichtungssymbols" (Schiffer 2005, S. 25). Seine Brisanz schöpft es aus der kumulativen Zusammenführung der drei Differenzlinien. Für Celik und ihre Kommilitoninnen und Kommilitonen wird dies offenbar besonders virulent, denn Celik wird mit dem medial inszenierten Bild der

---

1   Dieses und die folgenden Zitate sind Wortbeiträge einer Studentin im Rahmen meiner Lehrveranstaltung „Die Bedeutung von Ethnizität und Gender in der medialen Sozialisation" an der Universität Osnabrück. Der Name der Studentin wurde geändert.

verschleierten Frau in Verbindung gebracht. Dass dies die soziale Kommunikation in ihrem Alltag derart beeinflusst, zeigt, dass die Kategorien *gender*, Ethnizität und Religiosität in der Migrationsgesellschaft so vorrangig relevant sind, dass zunächst kein anderes Gesprächsthema möglich erscheint.

Der folgende Beitrag bietet einen Überblick über die wissenschaftliche Forschung zur Bedeutung von *gender*, Ethnizität und Religiosität in der medialen Sozialisation. Er erhebt nicht den Anspruch auf eine vollständige Darstellung, sondern bietet einen Einblick in einige wesentliche Aspekte.[2] Zunächst wird die mediale Inszenierung der drei Differenzlinien unabhängig voneinander analysiert, bevor sie in ihrer Verschränkung diskutiert wird. Abschließend werden grundlegende Konsequenzen für die Bildung formuliert.

2. Begriffliche Annäherungen

Der Soziologe Max Weber prägt noch heute die sozialwissenschaftliche Forschung zu der Frage, was eine Gruppe zu einer ‚ethnischen' Gruppe macht: Seiner Ansicht nach basiert sie auf einer „geglaubten Gemeinschaft" (Weber 1922/1972, S. 237) und ist demnach mehr Fiktion als Realität. Weber lässt ausdrücklich offen, ob objektivierbare Gemeinsamkeiten, gemeinsame historische Erfahrungen und Ähnliches vorhanden sind. Entscheidend für ihn ist allein der subjektive Gemeinsamkeitsglaube der Gemeinschaft, der durch Kommunikation entsteht (Weber 1922/1972, S. 237-238).

In Abgrenzung zur Religion als einer Weltanschauung aus dem Glauben an einen Gott bezeichnet Religiosität den subjektiven Stellenwert in der individuellen Sozialisation. Der Begriff Religiosität erweitert den Fokus von einer institutionalisierten hin zu einer individuellen Form von Glauben (Gensicke/Müller 2005, S. 64). Auch diese wird subjektiv und kommunikativ erzeugt.

Im Hinblick auf die Bedeutung von *gender* kommt die Kulturanthropologin Margret Mead zu einem ähnlichen Schluss. Als zentrale Erkenntnis aus ihren ethnologischen Studien lässt sich festhalten, dass die in westlichen Gesellschaften zur Norm erhobenen Unterschiede zwischen den Geschlechtern – männlich und weiblich – in den von ihr untersuchten Völkern nicht anzutreffen sind. Eigenschaften, die als maskulin oder feminin gelten, scheinen demnach mit dem Geschlecht lose

---

2   Darüber hinaus ist einschränkend darauf hinzuweisen, dass dieser Beitrag lediglich die Medien der Mehrheitsgesellschaft analysiert. So genannte Ethnomedien und auch Web 2.0-Formate, die inzwischen ebenfalls Bestandteil der medialen Sozialisation sein können, bleiben hier unberücksichtigt.

verbunden zu sein (Mead 1931/1976, S. 249-250). *Gender* wird nach Mead und in den Theorien, die sich ihr anschließen, kommunikativ hervorgebracht. Als „Mittler von Informationen" (Schorb 1998, S. 8) stellen Massenmedien heute in einer funktional komplex strukturierten Weise Kommunikation zwischen mehreren Menschen her (Hickethier 2003, S. 22). Auf diese Weise sind sie auch an der kommunikativen Herstellung von dem, was unter *gender*, Ethnizität und Religiosität zu verstehen ist, beteiligt.

Die Sozialisationstheorie soll hier helfen, einen mechanistisch verstandenen Wirkungsbegriff aufzuheben. Die Sozialisationstheorie beschreibt die Persönlichkeitsentwicklung als einen Prozess der aktiven Auseinandersetzung mit der Umwelt. Zu dieser gehören heute selbstverständlich auch die Medien. Sie sind nicht nur ein Teil der unmittelbaren materiellen Lebensumgebung, sondern bilden eine symbolische und kommunikative Umwelt, die aktiv und konstruktiv verarbeitet wird (Hurrelmann 1994, S. 387).

Massenmedien sind Teil der gesellschaftlichen Struktur, mit denen sich die Individuen auseinander setzen müssen. Mikos warnt vor einer Überbetonung der Medien. Seiner Ansicht nach mag es historisch und politisch zwar sinnvoll sein, den Prozess der Mediensozialisation hervorzuheben, um auf die besondere Bedeutung der Medien hinzuweisen, doch verdeckte dies die Tatsache, dass es die soziale Alltagswelt mit ihrer Lebenswirklichkeit ist, in die Sozialisationsprozesse eingelassen sind. Vielmehr sollte das besondere Augenmerk auf die Verschränkung von sozialer und medialer Kommunikation gelegt werden. In diesem Sinne hat sich Sozialisation nicht zu einer Mediensozialisation entwickelt, sondern die allgemeinen Sozialisationsbedingungen haben sich verändert: Medien stehen in immer stärkeren Wechselbeziehungen mit den anderen Sozialisationsinstanzen (Mikos 2007, S. 27 f., S. 42).

Auch wenn die Medien Wirklichkeitskonzepte und normative Vorstellungen mit beeinflussen, kann das Subjekt diese auch erweitern (Hurrelmann 2002, S. 122). Perspektivisch sollten daher die Wechselbeziehungen zwischen medialer und sozialer Kommunikation in den verschiedenen Sozialisationsinstanzen in ein umfassendes Konzept integriert werden, statt von einer eigenständigen Mediensozialisation zu sprechen. Um diese genauer zu erforschen, kann die ethnografische Alltagsforschung ein Ansatzpunkt sein, die sich mit den medialen und sozialen Bedingungen der Sozialisation auseinandersetzt.

3. *Gender* zwischen Androzentrismus und Ambivalenz

Ein klassisches Beispiel zur Darstellung von Geschlechterstereotypen in den bildhaften Medien ist die Werbung. Insgesamt lässt sich jedoch festhalten, dass der
Stand der Forschung zur Darstellung von Frauen und Männern in der Werbung in
Deutschland im Vergleich zu den USA noch nicht weit vorangeschritten ist. Mit
Goffmans Werk „Geschlecht und Werbung" (1976/1981) liegt eine zentrale Untersuchung über die Darstellung von Frauen und Männern in der Werbung im US-
amerikanischen Raum vor, auf die sich viele nachfolgende Studien beziehen. Auf
der Basis von 500 Werbeannoncen analysiert Goffman die visuelle Darstellung von
Frauen und Männern in Illustrierten. Hierbei stellt er verschiedene Auffälligkei-
ten heraus (Goffman 1981, S. 120-122). Weibliche und männliche Figuren werden
häufig so positioniert, dass Männer durch einen mittigen oder erhöhten Standort
zu einer Zentralfigur werden. Durch diese Anordnung wird die im gesellschaftlichen Alltag ohnehin stattfindende Ritualisierung, so Goffman, in der Werbung
*hyper*ritualisiert: „Dabei rückt die Stilisierung selbst in den Mittelpunkt der Aufmerksamkeit [...]. Das Ritual selbst wird ritualisiert, es gerät zur Transformation
von etwas bereits Transformiertem, zur ‚Hyperritualisierung'" (Goffman 1981, S.
18). Werbe-Designerinnen und -Designer erfinden diese ritualisierten Ausdruck-
weisen also nicht, sondern stilisieren das, was bereits eine Stilisierung ist (Goffman 1981, S. 328). Das androzentrische Weltbild, das den Mann in das Zentrum
rückt, wird bestärkt.

In ihrer Analyse deutschsprachiger Werbung in den Printmedien weist Mühlen-Achs nach, dass viele der von Goffman beschriebenen Details auch dort zu finden sind. Laterale Körper- und Kopfhaltungen der weiblichen Figuren kontrastie-
ren mit der aufrechten Position der männlichen. Die Abbildungen zeigen Frauen,
die mit ineinander verwickelten Beinen oder angeschmiegten Armen wenig Raum
einnehmen, Männer hingegen haben einen festen Stand und nehmen so mehr Raum
ein. Die in den zu Posen zum Ausdruck kommenden Zeichen und Gesten zeigen
Männlichkeitsrituale, die Stärke, Wettbewerbsorientierung und Autonomie sym-
bolisieren. Dagegen stellen Werbebilder Frauen tendenziell als emotional, opfer-
bereit und beziehungsorientiert dar (Mühlen-Achs 1998, S. 40).

Kotthoff stellt heraus, dass sich Hyperritualisierungen auch in *auditivem* Material auffinden lassen. So weist sie in der Radiowerbung eine Porträtierung der
Geschlechter nach, welche derjenigen in der Bildwerbung entspricht. „Über Dialogrollen, Stimmen und Intonation wird dem Mann Autorität, Kompetenz und
Sachlichkeit zugeordnet und der Frau Emotionalität, Hilflosigkeit und Instabilität."
(Kotthoff 2001, S. 191) Neben den Dialogrollen, die Kotthoff im Einzelnen analysiert, findet dies auch in der extremen Überzeichnung männlicher und weiblicher

Stimmen Ausdruck. Männer werden mit sehr tiefen Stimmen inszeniert, Frauen mit sehr hohen (Kotthoff 2001, S. 187). Stimmen und Intonation werden also in der Radiowerbung, um bei Goffmans Terminologie zu bleiben, hyperritualisiert. Neuere Untersuchungen zeigen, dass Medienbilder in den vergangenen fünfzig Jahren differenzierter und ambivalenter geworden sind. Dreßler stellt beispielsweise unterschiedliche Männertypen vor, die in der Anzeigenwerbung im Nachrichtenmagazin *stern* seit den 1950er Jahren veröffentlicht wurden: der Karrieremann, der Familiäre, der Sonnyboy, der Gesellige, der Abenteurer, der Sachliche (Dreßler 2008, S. 132). Darüber hinaus benennt Pelinka den ‚Metrosex-Mann': „Er cremt und pflegt sich [...] und ist nicht schwul." (Pelinka 2005, S. 14) Männer werden also, so Pelinka, nicht nur sinnbildlich als ‚Marlboro-Mann', sondern auch als sorgsam-sensible Menschen dargestellt, die sich vorrangig um ihre persönliche Entwicklung und um ihr familiäres Umfeld kümmern. Sie stellen eine „Synthese aus ‚neuem Vater' und ‚emanzipiertem Partner'" (Pelinka 2005, S. 13) dar. Zurstiege kommt ebenfalls zu dem Schluss, dass die Männerdarstellungen in der Werbung ambivalent sind: „Die Werbung besetzt Grenzbereiche zwischen Traditionellem und Innovativem." (Zurstiege 2008, S. 120) Auch im Hinblick auf die Darstellungen von Frauen in der Werbung stellen Vennemann und Holtz-Bacha heraus, dass die Werbefrau im Vergleich zu den 1980er Jahren über ein größeres Rollenrepertoire verfüge. So sei sie heute auch „selbstsicher, unabhängig und energisch" (Vennemann/Holtz-Bacha 2008, S. 104). Die Autorinnen fügen jedoch einschränkend hinzu, dass dieses Ergebnis nicht verallgemeinerbar sei. Zwar konnten sie im Rahmen ihrer Studie eine größere Bandbreite von Frauenrollen identifizieren, dies bedeute aber nicht, dass es die offensichtlichen und subtilen Signale der Ordnung der Geschlechter in der Werbung nicht mehr gebe (Vennemann/Holtz-Bacha 2008, S. 105).

Die dargestellten Beispiele verdeutlichen eine zunehmende Pluralisierung sowohl der Frauen- als auch der Männerrollen, wobei von einem Abschied traditioneller Stereotype noch nicht die Rede sein kann.

Wie eingangs erwähnt, ist von einer Interdependenz und Verschränkung von medialer und sozialer Kommunikation auszugehen: Pluralisiert sich die Gesellschaft, so pluralisieren sich die in den Medien inszenierten Konstruktionen von *gender* und umgekehrt. Dieser Interdependenz widmet sich die Aneignungsforschung der *Cultural Studies*. Hepp führt eine Studie heran, in denen der gesprochene Text über Medieninhalte und die hier verwendeten textuellen Strategien untersucht wurden, um die Medienaneignung zu analysieren. In Anlehnung an Foucault wird hier deutlich, dass es der Bereich des Diskursiven ist, in dem eine Vielzahl soziokultureller Auseinandersetzungen ausgetragen wird. Im Rahmen solcher Auseinandersetzungen lässt sich idealtypisch ein dominanter Diskursbereich von einem widerständigen unterscheiden. Im widerständigen Diskurs wird versucht, lokale Bedeutungen zu entwickeln, die dominante Festschreibungsversuche unterwandern. Die von Hepp angeführte Untersuchung von Brown aus dem Jahr 1994 analysiert den Austausch von Frauen über Fernsehserien. „Der Klatsch von Frauen über Seifenopern [...] [ist, A.M.] eine konstante Irritation der dominanten Kultur." (Brown, zit. nach Hepp 2010, S. 213) Es sei Ausdruck eines widerständigen Diskurses, dass die Frauen über die dargestellten traditionellen Rollenverteilungen scherzen. Dies heißt jedoch nicht, dass für das Leben der Zuschauerinnen selbst eine andere Realität typisch wäre. Dass die Frauen anhand der Fernsehserien über die dort inszenierten Verhältnisse scherzen, interpretiert Brown als einen symbolischen Bruch mit ihrer untergeordneten Stellung als Frau. Das Gespräch über Fernsehserien ermöglicht es ihnen, eigenständige Positionen zu entwickeln und eine eigene *gender*-Identität zu artikulieren. Jedoch finden Frauengespräche über Fernsehserien meist nur im eigenen Freundeskreis statt, da die von Brown interviewten Frauen der Ansicht sind, dass diese Gespräche ein illegitimes Vergnügen darstellen (Hepp 2010, S. 212 ff.).

Dass dieser widerständige Diskurs nicht unmittelbar zu einer Neuordnung des Geschlechterverhältnisses führt, liegt auf der Hand. Vielmehr müssten dazu die gesellschaftlichen Produktionsbedingungen des Habitus – also auch die mediale Sozialisation – radikal umgestaltet werden (Bourdieu 1997, S. 215).

4. Ethnizität und Religiosität zwischen Negativismus und paradoxer Pluralität

In einem Überblick zum gegenwärtigen Forschungsstand bilanziert Müller, dass Migrantinnen und Migranten in den deutschen Massenmedien überwiegend negativ dargestellt werden (Müller 2005, S. 83-126). Bonfadelli stellt als quantitativen Kernbefund heraus, dass über Zugewanderte wenig berichtet wird; sie werden nicht nur im Alltag, sondern auch medial marginalisiert (Bonfadelli 2007, S. 103). Butterwegge kommt zu dem Ergebnis, dass im medialen Migrationsdiskurs „semantische Exklusionsmechanismen" (Butterwegge 2006, S. 190) dominieren. Als Beispiele legen Jung, Niehr und Böke eine Liste von Metaphern vor, die diesen Effekt hervorrufen. So führen sie Flut-, Zustrom- und Wellenmetaphern auf, die ein mit Migrationsbewegungen verbundenes Bedrohungsszenario konstruieren. In einer umfassenden Belegchronologie veranschaulichen die Autorin und die Autoren die Verwendung dieser Metaphern in der Presse von 1945 bis 2000. Wei-

tere Metaphern und Belege zu den Bereichen ‚Krieg' und ‚Warenhandel' folgen (Jung/Niehr/Böke 2000, S. 131-178).
Weitere Längsschnittanalysen zur Entwicklung der medialen Berichterstattung liegen aktuell nicht vor. Eine Ausnahme stellt die Untersuchung von Fick dar. Er vergleicht die Darstellung ethnischer Minderheiten in zwei Lokalzeitungen im Abstand eines Jahrzehnts (1996 und 2006) und kommt zu dem Schluss, dass eine negative Verzerrung ethnischer Minderheiten im Jahr 2006 immer noch deutlich erkennbar ist. Rund ein Drittel aller Berichte stellt ethnische Minderheiten in einen negativen Zusammenhang: „Immer noch werden in rund einem Drittel aller Berichte ethnische Minderheiten als Kriminelle oder Straftäter dargestellt und weitere 10 Prozent als Konkurrenz oder Bedrohung für die Mehrheitsgesellschaft." (Fick 2009, S. 265) Gleichzeitig werden Migrantinnen und Migranten als gut integrierter Teil der Gesellschaft dargestellt (41 Prozent) (Fick 2009, S. 250). Fick bezeichnet dieses Phänomen als „paradoxe Pluralität" (Fick 2009, S. 266) und wertet es als Indiz für eine Übergangsphase in einem Transformationsprozess zu einer multiethnischen Gesellschaft.
Ob diese ‚paradoxe Pluralität' auch weitere Untersuchungen bestätigen können, soll nun exemplarisch anhand der Berichterstattung über Straftaten in den Printmedien und der Darstellung des Islam im öffentlich-rechtlichen Fernsehen analysiert werden.
Die Nennung der ethnischen Herkunft einer Täterin oder eines Täters in der Berichterstattung über Straftaten wird im Pressekodex des Deutschen Presserats reglementiert. Hier heißt es unter Ziffer 12: „Niemand darf wegen seines Geschlechts, einer Behinderung oder seiner Zugehörigkeit zu einer ethnischen, religiösen, sozialen oder nationalen Gruppe diskriminiert werden." (Deutscher Presserat 2008, S. 16) Diese Forderung wird in Richtlinie 12.1 für die Kriminalitätsberichterstattung folgendermaßen ausgestaltet:

> „In der Berichterstattung über Straftaten wird die Zugehörigkeit der Verdächtigen oder Täter zu religiösen, ethnischen oder anderen Minderheiten nur dann erwähnt, wenn für das Verständnis des berichteten Vorgangs ein begründbarer Sachbezug besteht. Besonders ist zu beachten, dass die Erwähnung Vorurteile gegenüber Minderheiten schüren könnte." (Deutscher Presserat 2008, S. 16)

Müller hat zwei deutsche Regionalzeitungen dahingehend untersucht, inwieweit diese Regelung im Hinblick auf die Nennung der ethnischen Herkunft in der journalistischen Praxis Anwendung findet (Müller 2009, S. 189). Er kommt zu dem Ergebnis, dass die Zugehörigkeit von Tatverdächtigen zu ethnischen Minderheiten nur selten kenntlich gemacht wird. Von den 827 Artikeln, die sich innerhalb eines Monats im Jahr 2007 mit Kriminalität befassten, waren dies 78 Fälle. Dabei stellte Müller fest, dass die ethnische Kenntlichmachung aus dem Polizeibericht

mehrfach entfernt wurde und die verbliebenen aus seiner Sicht durchweg vertretbar erschienen: Sie hatten zumeist zum Ziel, nach der Täterin oder dem Täter zu
fahnden. Müller stellt die Hypothese auf, dass eine Sensibilisierung zugenommen
haben könnte und zwar möglicherweise auf Seiten der Quellenlieferanten (Poli-
zei, Staatsanwaltschaften, Gerichte), der Zuliefermedien (Agenturen), aber eben
auch der Journalistinnen und Journalisten selbst. Dies kann jedoch nur ein Lang-
zeitvergleich erweisen (Müller 2009, S. 213 f.).

Ob die Regulierung des deutschen Presserats die so genannte Vorurteilsaktualisierung eingrenzen kann, haben Mohr, Bader und Wicking untersucht. In be-
wusster Abgrenzung zu der Presseratsformulierung („Vorurteile schüren") gehen
sie von einer Aktualisierung von *vorhandenen* Vorurteilen der Leserinnen und Le-
ser aus. Zur Vorurteilsaktualisierung können verschiedene Arten von Informationen beitragen: explizite Informationen (Nennung der nationalen, ethnischen und/
oder religiösen Zugehörigkeit oder starke Hinweise darauf, wie z.B. die Nennung
von ethnischen Eigennamen), deskriptive Informationen (Beschreibung des Aus-
sehens, der allgemeinen Lebensweise und/oder kultureller Praktiken) und implizite Informationen (Hinweise auf die Minderheitenzugehörigkeit z.B. durch Angabe
eines Wohnviertels, in dem viele Migrantinnen und Migranten leben, als Tatort)
(Mohr/Bader/Wicking 2009, S. 220). In ihrer Untersuchung legten Mohr u.a. 68
Probandinnen und Probanden eine Zeitungsmeldung vor, in der auf die explizite
Nennung der ethnischen Herkunft verzichtet wurde. Diese Meldung enthielt jedoch deskriptive und implizite Informationen, die einen Hinweis auf die ethnische
Herkunft der beiden Täter und des Opfers geben könnten. Im Anschluss befragten
sie die Probandinnen und Probanden. Das Ergebnis ist uneindeutig: Die Ethnizität
wurde von den Befragten zunächst nicht genannt, bei späterer Nachfrage wurde
allerdings überdeutlich, dass auf Menschen mit Migrationshintergrund geschlossen wurde. Dies zeigt, dass die Annahme, es handele sich um zwei Täter und ein
Opfer mit Migrationshintergrund, durch deskriptive und implizite Informationen
aktiviert wird (Mohr/Bader/Wicking 2009, S. 228-231).

Wie stark eine negative Sicht auf den Islam im öffentlich-rechtlichen Fernsehen verbreitet ist, zeigt eine Studie von Hafez und Richter auf. Um Verzerrun-
gen zu vermeiden, die durch kurz- oder mittelfristige Großereignisse oder durch
eine Konzentration auf einzelne Sendungen auftreten können, wurde eine große
Anzahl von Sendungen über einen längeren Zeitraum (1.7.2005 bis 31.12.2006)
untersucht. Insgesamt wurde der Islam in den untersuchten Formaten in 133 Sendungen und Einzelbeiträgen thematisiert. Fast ein Viertel aller Berichte beschäftigt
sich mit dem Thema Terrorismus oder Extremismus (23,3%), gefolgt von internationalen Konflikten (16,5%), Integrationsproblemen (15,8%), religiöser Intoleranz

(9,8%) sowie Fundamentalismus und Islamisierung (7,5%). Im Ergebnis zeigt sich, dass 81 Prozent aller Thematisierungen negativ konnotiert sind; lediglich 19 Prozent repräsentieren ein neutrales oder positives Themenspektrum (Hafez/Richter 2007, S. 4). Im Hinblick auf einen neuen Pluralismus des Fernsehens, der neben notwendigen Berichten über Konflikte einen angemessenen politischen, sozialen und kulturellen Überblick über das Thema Islam bietet, sehen Hafez und Richter in den 19% der antizyklischen Berichterstattung über Soziales, Religion und Kultur einen Anfang (Hafez/Richter 2008, S. 14).

Das Phänomen der ‚paradoxen Pluralität' wird in den exemplarisch aufgeführten Themenbereichen über Kriminalität und Islam bestätigt. Neben der nach wie vor dominierenden Negativberichterstattung ist eine Entwicklung dahingehend erkennbar, die Nennung der ethnischen Herkunft der Täter in der lokalen Berichterstattung über Straftaten zu vermeiden und auch den Islam fernab von Gewalt und Unterdrückung zu thematisieren.

Massenmedien können eine wichtige Rolle bei der Integration von Migrantinnen und Migranten spielen. In diesem Bereich wurden jedoch bisher nur Einzelaspekte untersucht, eine umfassendere Analyse dieses Zusammenhangs fehlt.

Hepp zieht eine Studie von Gillespie aus dem Jahr 1995 heran. Sie analysiert die Bedeutung des Fernsehkonsums für die Entwicklung der kulturellen Identität jugendlicher Migrantinnen und Migranten der zweiten Generation im Londoner Stadtteil Southall. Ihre Eltern stammen aus dem Pandschab, einer ehemaligen Provinz in Britisch-Indien. Gillespie stützt sich neben schriftlichen Befragungen auf qualitative Interviews, Gruppendiskussionen und teilnehmende Beobachtungen. Basierend auf ihren Forschungen argumentiert sie, dass die Jugendlichen eine gemeinsame britisch-asiatische Identität entwickeln, wobei auch das Fernsehen ihnen das notwendige Material für diesen Prozess der Identitätsartikulation zur Verfügung stellt. Das Fernsehen gestattet es ihren Familien, die in Europa verstreut lebenden Familienmitgliedern mithilfe von Video-Briefen[3] an zentralen Festen symbolisch teilhaben zu lassen. Das Fernsehen bietet ihnen darüber hinaus einen Einblick in die Alltagswelt der weißen britischen Bevölkerung und der jugendlichen Populärkultur. Auf diese Weise ist es möglich, eine hybride Identität im Spannungsverhältnis zwischen beiden Kulturen zu artikulieren. Allerdings stellt Gillespie auch fest, dass insbesondere bei der Auseinandersetzung mit politischen

---

3   Die in den 1990er-Jahren noch vielfach genutzten analogen Videokameras werden heute durch digitale Kameras und Web-Cams ersetzt, anstelle von Briefen werden E-Mails versendet, filmische Aufzeichnungen können online abgerufen werden. Es kann davon ausgegangen werden, dass diese technischen Entwicklungen, die die weltweite Kommunikation erleichtern und beschleunigen, dazu beigetragen haben, dass die Teilhabe an der Herkunftskultur, wie sie in dieser Studie beschrieben wird, heute vermehrt praktiziert werden kann.

Fernsehsendungen (bspw. über den Golfkrieg) gegenläufige Momente erkennbar sind. Die in Nachrichtensendungen und Berichterstattungen inszenierten binären Oppositionen, wie z.b. ‚östlich' und ‚westlich', ‚traditionell' und ‚modern', haben zur Folge, dass Hybridität und Synkretismen stereotypen Vorstellungen weichen (Hepp 2010, S. 218 f.).

5. *Gender*, Ethnizität und Religiosität als Verschränkung

Rommelspacher kommt zu dem Schluss, dass das islamische Kopftuch viele Menschen deshalb provoziert, weil es ohne Umschweife die Verschiedenheit der Geschlechter markiert (Rommelspacher 2009, S. 34). Obwohl die in den Medien der Mehrheitsgesellschaft differenzierten Geschlechterinszenierungen zumindest teilweise eine Überwindung der Geschlechterdifferenz intendieren, kann von einer medialen Pluralisierung der Geschlechterverhältnisse oder gar von einer De-Konstruktion der Kategorie *gender* nicht ausgegangen werden. Somit berührt die Verschiedenheit der Geschlechter auch die Angehörigen der Mehrheitsgesellschaft. Dies betrifft nicht nur den Bereich der medialen Sozialisation: Auch wenn traditionelle Stereotype von der Mehrheitsgesellschaft teilweise hinterfragt werden, bleibt das binäre Einteilungsprinzip in männlich und weiblich und die Benachteiligung von Frauen in verschiedenen gesellschaftlichen Bereichen erhalten. Diese Ambivalenz zwischen den hinterfragten Stereotypen und weiterhin bestehenden Benachteiligungen kann wiederum durch mediale Polarisierungen aufgehoben werden. Dass in der Produktion von Medienbildern über Musliminnen das Thema patriarchaler Geschlechterverhältnisse derart zentral ist, dass kaum eine Darstellung ohne diesen thematischen Bezug auskommt, ist eine mögliche Form der medialen Polarisierung. Die ‚eigene' Benachteiligung wird so auf ethnisch und religiös ‚Andere' projiziert. Auf diese Weise werden zum einen die nach wie vor existierenden Benachteiligungen und auch die neuen Formen von Gewalt gegen Frauen in westlichen Gesellschaften übersehen, zum anderen die Emanzipation in muslimischen Gesellschaften. Selbst die als emanzipiert und modern gezeichneten muslimischen Frauen werden als Ausnahme-Muslima inszeniert und gelten als Beispiel für eine westliche Orientierung, wie Paulus in der Analyse einer Fernsehdokumentation mit dem Titel „Fremde Nachbarn" herausstellt (Paulus 2008, S. 126).

Darüber hinaus wird das Thema Zuwanderung sowohl in Nachrichtensendungen als auch in Zeitungen seit Jahren immer wieder mit Bildern kopftuchtragender Frauen unterlegt. Das Kopftuch erscheint als Symbol der ethnisch und religiös ‚Anderen' und dient somit der Konstruktion von ‚Fremdheit' (Schiffer 2005, S. 26). Der an das Kopftuch gekoppelte Diskurs zur Kategorie *gender* wird zur Konstitution des Binarismus Deutsche oder Deutscher auf der einen und Ausländerin oder Ausländer auf der anderen Seite eingesetzt (Heidenreich 2006, S. 205). Der in den vorangegangen Analysen dargelegte Negativismus in der Berichterstattung über Migrantinnen und Migranten bzw. ethnisch und religiös ,Andere' kann so mithilfe des Kopftuchs symbolisch verdichtet und inszeniert werden.

Seit dem 11. September 2001 ist festzustellen, dass Menschen türkischer und arabischer Abstammung unabhängig von ihrer Religiosität oder Säkularität vorschnell als Musliminnen und Muslime identifiziert werden (Farrokhzad 2002, S. 75). Gleichzeitig verlieren die christlichen Religionsgemeinschaften in der Mehrheitsgesellschaft zunehmend an Bedeutung. Die Vorbehalte gegenüber dem Islam nehmen zu, Tendenzen einer Islamophobie sind deutlich erkennbar. Hierbei fungiert der muslimische Schleier als Differenzmarker zwischen den Oppositionen Religiosität und Säkularität sowie Tradition und Moderne. Allzu häufig dienen Teilwahrheiten aus dem Leben muslimischer Frauen als Beleg für die Unterdrückungsmechanismen ,des' Islams als Gegenpol zur ersehnten Freiheit einer säkularen Weltsicht.

In der Verschränkung der Kategorien *gender*, Ethnizität und Religiosität wird das Kopftuch zu einem Symbol, das medial so eingesetzt wird, dass ,Fremdheit' stilisiert wird. Auch wenn die Erfahrung von ,Fremdheit' in einer in verschiedener Hinsicht pluralisierten Gesellschaft bereits alltäglich sein dürfte, so bleibt offenbar ein beunruhigendes Moment erhalten, anders ließe sich die mediale Hyperritualisierung kopftuchtragender Frauen nicht erklären. Worin die Beunruhigung besteht, kann wiederum entlang der Differenzlinien deutlich werden. So kann es z.B. die Angst vor *gender*bezogener Benachteiligung oder auch ihre Leugnung sein; es kann die Angst vor Konkurrenzsituationen und auch vor Kriminalität in multi*ethnischen* Gesellschaften sein; es könnte aber auch die Angst vor *religiös* begründeten Reglementierungen bis hin zu Fundamentalismen und die damit verbundenen Ängste vor der Einschränkung der individuellen Freiheit sein. Darüber hinaus wurden im Hinblick auf die Darstellung von *gender* neben dem medial inszenierten Androzentrismus Ambivalenzen deutlich, in Bezug auf Ethnizität und Religiosität konnte neben dem Negativismus auch eine paradoxe Pluralität identifiziert werden. Zusammenfassend wird deutlich, dass mediale Inszenierungen stereotype Vorstellungen aktivieren und verfestigen können, sie gleichzeitig aber auch das Potenzial zur Neuorientierung sowie zur sozialen und kulturellen Weiterentwicklung beinhalten.

6. Konsequenzen für die Bildung

Wenn es das Ziel der Bildung ist, Individuen darin zu bestärken, produktiv und friedfertig in einer von Diversität geprägten Gesellschaft zu leben, so ist eine Vielzahl an Kompetenzen erforderlich, die nur in ihrer Kombination wirksam werden können: Sie betreffen die persönlich-biografische, die soziale und die fachliche Ebene und gleichzeitig sind hierbei u.a. die Themen *gender*, Ethnizität und Religiosität sowie ihre Inszenierungen in den Medien relevant.

Eine essenzielle Voraussetzung und auch ein wesentliches Bildungsziel sind in diesem Zusammenhang die Bereitschaft und die Fähigkeit zur Selbstreflexion. Sie ermöglicht es, die ethnische Diversität, die Bedeutung von Religiosität und die Relevanz der Kategorie *gender* in der eigenen Sozialisation zu erkennen. Welchen Einfluss hat hier die mediale Kommunikation auf die soziale Kommunikation in der eigenen Alltagspraxis?

Im Kontext von Diversität können Irritationen und Unsicherheiten relevant werden, die nur dann konstruktiv verarbeitet werden können, wenn sie entweder in eine respektvolle Distanz oder in Neugier verwandelt werden. Ziel ist es, die Bereitschaft und Fähigkeit zur Offenheit und Flexibilität zu fördern, die dem Individuum eine tolerante Haltung gestatten. Diese hat wiederum Einfluss auf die individuelle Medienaneignung und -reflexion.

Zu den sozialen Kompetenzen gehört in pluralen Gesellschaften ein hohes Maß an Empathie. Erfahrungen divergieren in subjektiver und in kollektiver Hinsicht. Die Zugehörigkeit zu einer ethnischen oder religiösen Gruppe kann hier genauso relevant werden, wie die zum weiblichen oder männlichen Geschlecht. Diese Zugehörigkeiten sind jedoch nicht immer eindeutig, weder die zu einer ethnischen oder religiösen Gruppe, noch die zu einem Geschlecht. So haben etwa Crossdresser, Inter- und Transsexuelle in unterschiedlicher Weise einen Bezug zu beiden Geschlechtern und bringen ihrerseits Einstellungen und Erfahrungen mit, die sie miteinander teilen können, die sie aber wiederum von ‚Anderen' unterscheiden.

Um die in den Alltagspraxen relevanten Divergenzen konstruktiv und dialogisch miteinander vereinbaren zu können, ist es nicht nur wesentlich, die Lebenswelten der ‚Anderen' zu respektieren und zu versuchen, sie nachzuvollziehen, sondern auch mögliche Machtasymmetrien und dadurch bedingte Kommunikationsprobleme aufzudecken. Die Auswirkungen von Diskriminierungserfahrungen und Stereotypen bleiben oftmals unerkannt und erschweren Kommunikation und Kooperation.

Es wird deutlich, dass bereits dieser kleine Ausschnitt an personalen und sozialen Kompetenzen eine wesentliche Voraussetzung ist, um weiterführende Medienkompetenzen im Kontext medialer Inszenierungen von Diversität zu entwickeln.

Um die Darstellung von *gender*-bezogener, ethnischer und religiöser Diversität in den Medien zu reflektieren, muss der Bezug zur eigenen Biografie und zum eigenen sozialen Handeln hergestellt werden können. Nur so gelingt es, die Verbindung von medialer und sozialer Kommunikation konstruktiv zu gestalten. Eine in diesem Sinne konzipierte Medienpädagogik wird einen Teil dazu beitragen können, dass das Kopftuch von Nilgün Celik und den vielen anderen muslimischen Studierenden an deutschen Universitäten nicht jegliches Gespräch über Angela Merkel oder andere relevante Themen zunächst im Keim erstickt. Und mehr noch: Dass Celik sich der deutschen Gesellschaft zugehörig fühlt, ist für sie selbstverständlich und „für meine Kommilitoninnen und Kommilitonen hoffentlich bald auch."

Literatur

Bonfadelli, H. (2007): Die Darstellung ethnischer Minderheiten in den Massenmedien. In: Bonfadelli, H./Moser, H. (Hrsg.): Medien und Migration – Europa als multikultureller Raum. Wiesbaden: VS – Verlag für Sozialwissenschaften, S. 95-118.

Bourdieu, P. (1997): Die männliche Herrschaft. In: Dölling, I./Krais, B. (Hrsg.): Ein alltägliches Spiel – Geschlechterkonstruktion in der sozialen Praxis. Frankfurt am Main: Suhrkamp, S. 153-217.

Butterwegge, C. (2006): Migrationsberichterstattung, Medienpädagogik und politische Bildung. In: Butterwegge, C./Hentges, G. (Hrsg.): Massenmedien, Migration und Integration. Wiesbaden: VS – Verlag für Sozialwissenschaften, S. 187-237.

Deutscher Presserat (2008): Publizistische Grundsätze (Pressekodex) – Richtlinien für die publizistische Arbeit nach den Empfehlungen des Deutschen Presserats. Zugriff am 29.05.2010, von http://www.presserat.info/uploads/media/Pressekodex_01.pdf>.

Dreßler, R. (2008): Vom Patriarchat zum androgynen Lustobjekt – 50 Jahre Männer im stern. In: Holtz-Bacha, C. (Hrsg.): Stereotype? Frauen und Männer in der Werbung. Wiesbaden: VS – Verlag für Sozialwissenschaften, S. 124-154.

Farrokhzad, S. (2002): Medien im Einwanderungsdiskurs – Überlegungen zur Konstruktion der „fremden Frau". In: beiträge zur feministischen theorie und praxis 25, H. 61, S. 75-93.

Fick, P. (2009): Der Wandel der Darstellung von Migranten am Beispiel Siegener Lokalmedien in den Jahren 1996 und 2006. In: Geißler, R./Pöttker, H. (Hrsg.): Massenmedien und die Integration ethnischer Minderheiten in Deutschland – Forschungsbefunde. Bielefeld: Transcript, S. 235-269.

Gensicke, M./Müller, C. (2005): Die Problematik einer Definition – Das implizite Verständnis von Religion und Religiosität im Konzept des Hamburger Religionsunterrichtes für alle. In: Günther, U./Gensicke, M./Müller, C./Mitchell, G./Knauth, T./Bolle, R. (Hrsg.): Theologie – Pädagogik – Kontext: Zukunftsperspektiven der Religionspädagogik. Münster u.a.: Waxmann, S. 61-76.

Goffman, E. (1981): Geschlecht und Werbung. Frankfurt am Main: Suhrkamp.

Hafez, K./Richter, C. (2007): Das Gewalt- und Konfliktbild des Islams bei ARD und ZDF – Eine Untersuchung öffentlich-rechtlicher Magazin- und Talksendungen. Zugriff am 27.04.2010, von <http://issuu.com/ufuq.de/docs/islambild_-_hafez_und_richter>.

Hafez, K./Richter, C. (2008): Das Islambild von ARD und ZDF. Themenstrukturen einer Negativagenda. In: Fachjournalist 8, H. 3, S. 10-16.

Heidenreich, N. (2006): Von Bio- und anderen Deutschen – Aspekte der V/Erkennungsdienste des deutschen Ausländerdiskurses. In: Tießberger, M./Dietze, G./Hrzán, D./ Hussmann-Kastein, J. (Hrsg.): Weiß – Weißsein – Whiteness: Kritische Studien zu Gender und Rassismus. Frankfurt am Main: Peter Lang, S. 203-217.

Hepp, A. (³2010): Cultural Studies und Medienanalyse – Eine Einführung. Wiesbaden: VS – Verlag für Sozialwissenschaften.

Hickethier, K. (2003): Einführung in die Medienwissenschaft. Stuttgart u.a.: Metzler.

Hurrelmann, B. (²1994): Kinder und Medien. In: Merten, K./Schmidt, S. J./Weischenberg, S. (Hrsg.): Die Wirklichkeit der Medien. Opladen: Westdeutscher Verlag, S. 385-398.

Hurrelmann, B. (2002): Zur historischen und kulturellen Relativität des „gesellschaftlich handlungsfähigen Subjekts" als normativer Rahmenidee für Medienkompetenz. In: Groeben, N./Hurrelmann, B. (Hrsg.): Medienkompetenz – Voraussetzungen, Dimensionen, Funktionen. Weinheim u.a.: Juventa, S. 111-126.

Jung, M./ Niehr, T./ Böke, K. (2000): Ausländer und Migranten im Spiegel der Presse – Ein diskurshistorisches Wörterbuch zur Einwanderung seit 1945. Wiesbaden: Westdeutscher Verlag.

Kotthoff, H. (²2001): Nachwort – Geschlecht als Interaktionsritual? In: Goffman, E. (Hrsg.): Interaktion und Geschlecht. Frankfurt: Campus, S. 159-194.

Leiprecht, R./Lutz, H. (²2006): Intersektionalität im Klassenzimmer – Ethnizität, Klasse, Geschlecht. In: Leiprecht, R./Kerber, A. (Hrsg.): Schule in der Einwanderungsgesellschaft. Schwalbach/Ts: Wochenschau-Verlag, S. 218-234.

Lutz, H./Leiprecht, R. (2003): Heterogenität als Normalfall – Eine Herausforderung an die Lehrerbildung. In: Gogolin, I./Helmchen, J./Lutz, H./Schmidt, G. (Hrsg.): Pluralismus unausweichlich? Blickwechsel zwischen Vergleichender und Interkultureller Pädagogik. Münster: Waxmann, S. 115-127.

Mead, M. (⁴1976): Jugend und Sexualität in primitiven Gesellschaften – Geschlecht und Temperament in drei primitiven Gesellschaften. Bd. 3. München: Deutscher Taschenbuch Verlag.

Mikos, L. (2007): Mediensozialisation als Irrweg – Zur Integration von medialer und sozialer Kommunikation aus der Sozialisationsperspektive. In: Hoffmann, D./Mikos, L. (Hrsg.): Mediensozialisationstheorien – Neue Modelle und Ansätze in der Diskussion. Wiesbaden: VS Verlag für Sozialwissenschaften, S. 27-46.

Mohr, C./Bader, H./Wicking, M. (2009): „Da weiß ich immer schon, dass es ein Ausländer war" – Zur Wirkung der Richtlinie 12.1 des Pressekodex. In: Geißler, R./Pöttker, H. (Hrsg.): Massenmedien und die Integration ethnischer Minderheiten in Deutschland – Forschungsbefunde. Bielefeld: Transcript, S. 217-232.

Mühlen-Achs, B. (1998): Geschlecht bewusst gemacht – Körpersprachliche Inszenierungen; ein Bilder- und Arbeitsbuch. München: Verlag Frauenoffensive.

Müller, D. (2005): Die Darstellung ethnischer Minderheiten in deutschen Massenmedien. In: Geißler, R./Pöttker, H. (Hrsg.): Massenmedien und die Integration ethnischer Minderheiten in Deutschland: Problemaufriss – Forschungsstand – Bibliographie. Bielefeld: Transcript, S. 83-126.

Müller, D. (2009): Inwieweit berichten Journalisten ohne begründbaren Sachbezug über die Zugehörigkeit von Straftatverdächtigen zu ethnischen Minderheiten? Eine inhaltsanalytische Untersuchung Dortmunder Tageszeitungen 2007. In: Geißler, R./Pöttker, H. (Hrsg.): Massenmedien und die Integration ethnischer Minderheiten in Deutschland – Forschungsbefunde. Bielefeld: Transcript, S. 189-215.

Paulus, S. (2008): Ethnisierung von Geschlecht und die diskursive Produktion von Differenz in der Fernsehdokumentation „Fremde Nachbarn. Muslime zwischen Integration und Isolation". In: Wischermann, U./Thomas, T. (Hrsg.): Medien – Diversität – Ungleichheit. Zur medialen Konstruktion sozialer Differenz. Wiesbaden: VS – Verlag für Sozialwissenschaften, S. 125-139.

Pelinka, P. (2005): Vom Marlboro-Mann zum Metrosexuellen? Das gewandelte Männerbild in den Medien. In: Krall, H. (Hrsg.): Jungen- und Männerarbeit – Bildung, Beratung und Begegnung auf der „Baustelle Mann". Wiesbaden: VS Verlag für Sozialwissenschaften, S. 13-25.

Rommelspacher, B. (2009): Zur Emanzipation „der" muslimischen Frau. In: Aus Politik und Zeitgeschichte. Beilage zur Wochenzeitung Das Parlament, Jg. 59, H. 5, S. 34-38.

Schiffer, S. (2005): Der Islam in deutschen Medien. In: Aus Politik und Zeitgeschichte. Beilage zur Wochenzeitung Das Parlament, Jg. 55, H. 20, S. 23-30.

Schorb, B. (1998): Stichwort: Medienpädagogik. In: Zeitschrift für Erziehungswissenschaft 1, H. 1, S. 8-10.

Vennemann, A./Holtz-Bacha, C. (2008): Mehr als Frühjahrsputz und Südseezauber? Frauenbilder in der Fernsehwerbung und ihre Rezeption. In: Holtz-Bacha, C. (Hrsg.): Stereotype? Frauen und Männer in der Werbung. Wiesbaden: VS Verlag für Sozialwissenschaften, S. 76-106.

Weber, M. (1922/1972): Wirtschaft und Gesellschaft – Grundriss der verstehenden Soziologie. 5., überarbeitete Auflage. Tübingen: Mohr.

Zurstiege, G.. (2008): Fit und flott – und ein wenig sexy in schwarz-weiß: Die strukturelle Ambivalenz weiblicher Medienangebote. In: Holtz-Bacha, C. (Hrsg.): Stereotype? Frauen und Männer in der Werbung. Wiesbaden: VS Verlag für Sozialwissenschaften, S. 107-123.

Gender and Diversity

Kira Kosnick

What is the importance of thinking through gender in relation to diversity issues? In most contexts in which gender equality is seen as an integral part of contemporary diversity policies and aim of diversity politics, the case seems very clearcut at first sight: women should be on an equal footing with men. Yet, how self-evident and 'natural' is the binarism of gender, and what do the concepts of women and men imply? In order to demonstrate that these questions are anything but irrelevant or merely academic questions, I would like to briefly refer to a news story that made the headlines of mass media publications around the globe in 2009. It concerns the case of a young, highly talented South African athlete at the 2009 track and field world championships in Berlin.

The person I am referring to won the 800 meters race in the women's final, but soon afterwards she was challenged on the grounds that she might not actually be a 'true woman'. The press ran wild with the sensationalist allegation that she resembled something between the two categories of accepted biological sexes. The IAAF, which is athletics's world governing body, decided to test the athlete's genetic make-up in order to establish if she was mistakenly allowed to compete in the women's races. The intermittent official outcome of this process was that the athlete had a so-called "gender issue", meaning that her genetic make-up allegedly put her somewhere between what is medically defined as male and female. It was not so much her genetic profile, but her appearance and success that first raised doubts among competitors and officials. A deep voice, the lack of female curves, the muscles, the speed. The medical examination declared her to be a hermaphrodite, neither of the two sexes. And since there was said to be simply no place in sports or elsewhere for those who cannot be clearly classified as either male or female, she was seen to have a "medical condition" which would have most likely put an end to her sporting career. More recently and in the wake of much protest in South Africa, where politicians and sympathisers accused investigators and media protagonists of both racism and sexism, the International Association of Athletics Federations has decided that the young athlete would be allowed to compete in women's track competitions after all.

The wave of sensationalist reporting, that had occupied the mass media across the globe, agreed upon the basic impossibility of including someone with an intersex 'condition' in competitions that appear to simply follow the natural binary division between the sexes. Some of the reporting noted, as an aside, that being classified as intersexed was actually not quite as uncommon as public perception has made it out to be. There are no exact figures on how many people are classified as being intersexed at birth, and it is not exactly a condition parents happily announce. It is rather the very stigma attached to not possessing an anatomy easily classifiable as either male or female that has led to such cases being silenced and usually being surgically 'corrected' at a young age, assigning a male or female sex/gender identity to the person in question.

My aim is not, in the first instance, to take up this discussion in detail and argue the fine points of biological sex versus gender identity, nor the developments in feminist theory that challenge this divide, most prominently associated with the work of Judith Butler (1990). I am referring to this recent story because it proves quite drastically how fundamental the binary sex/gender complex is in our contemporary world – both as a scheme of cultural classification and as a social institution that affects a huge range of life practices, structures and discourses around the globe. Sex/gender is not simply a property of individual people, but as an institution it regulates the life, practices and identities of differently structured collectivities and processes (Martin 2004). And it does so across the world, even if not in the same ways. This is why one can speak of sex/gender as an institution, though it does not represent any kind of formal organization. I am referring to a more basic understanding of a social and cultural institution that is related to relatively enduring but changeable sets of rules and routines which have controlling but also empowering effects.

My discipline, cultural anthropology, is of course well-placed to highlight the differences between what we might call gender regimes in different parts of the world. Scores of ethnographic accounts show us that what it means to be a man or a woman differs significantly in different regions of the world, and in what anthropologists have liked to call cultures in the plural. Feminist anthropology in the 1970s was at pains to point out that gender was not a 'natural' fact, but something that was socially and culturally constructed in different ways (Reiter 1975). The fact that we no longer cling to a notion of culture relating to allegedly homogeneous social groups, rooted most often in national territories, makes this diversity of gender constructions all the more interesting. We cannot assume that one nation-state corresponds to only one single gender regime.

The flip side of this variety of meanings is that some notion of gender seems empirically to be almost universally significant as a principle of meaningful differentiation between human beings. And in the majority of contexts in which binary gender is a meaningful scheme of classification, the categories of male and female (still) do not exist on an equal footing, but imply hierarchical relationships in which men tend to occupy more powerful positions. It is this wide-ranging inequality that has prompted feminist movements, particularly over the course of the 20th century, to formulate different political demands on behalf of all women. Women were to receive equal pay for equal work, be allowed to attend schools and universities, have abortion rights, be legally protected against forms of sexual violence and so on. Using the term 'woman' as a universal category has been seen as an important dimension of highlighting both the scope of oppression and the need for differently conceptualized and hotly debated reforms.

Yet in the midst of these different waves of feminist activism in Western industrialized countries – without which there would probably be no gender studies as academic discipline and field at universities today – there have always been critical voices as well. These voices came from women who did not feel represented by the generalizations implied in the analysis of women's discrimination and difference nor by the notion of 'woman' in the singular. Voices from working-class women challenging the middle-class assumptions implicit in feminist demands, voices from lesbian women who felt ignored in the heteronormative assumptions of mainstream feminism, and finally – and maybe now most strongly – the voices of women of color who have challenged the implicit whiteness and Western bias of feminist movements.

A famous book that signalled the forceful emergence of US-Black feminist academic thought in the 1970s and 1980s was entitled: "All the Women Are White, All the Blacks Are Men, But Some of Us Are Brave" (Hull/Bell Scott/Smith 1982). Black feminists saw themselves sidelined in both anti-racist and anti-sexist struggles. With regard to the latter, they challenged the exclusive focus on gender as the only meaningful dimension of diversity that could be addressed in political and academic feminist discourses. This started a very fruitful debate within what was then still called women's studies. What other forms of diversity and inequality needed to be taken into account when trying to understand the oppression of women in concrete historical contexts? How did often highly significant forms of hierarchical difference, linked to 'race', ethnicity, gender, sexuality, age, social class, ability and so on, interact with each other – as people's lives are not just affected by being male and female, but also by having a certain ethnic background, age and so on? This issue certainly continues to be a central question for anyone interested in diversity issues: what kinds of differences count, on what terms do they count, and what do they have to do with each other? A significant answer to this problem has been formulated within the so-called intersectionality paradigm of gender studies . Black feminists in the United States, like the Combahee River Collective in the 1970s, have tried to understand the interlocking nature of oppression confronted by black women – women who have not only been affected by gender inequalities, but also by issues of racism, class and sexuality (Combahee River Collective 1986). They noted that in the social struggles they were part of, the fight for racial equality was led by a male-centered social movement while black women had little say in it. And the feminist agenda for women's rights was dominated by white, middle-class, heterosexual feminists. Both offered little room for the perspectives and needs of black women, they quite rightly felt. These themes were pursued further at the crossroads of social movement struggles and US academia.

An understanding of how different dimensions of diversity intersect with each other was then first formulated as a theory of intersectionality by legal scholar Kimberlé Crenshaw. She and others pointed out that a "single-axis" approach to discrimination was insufficient, and that different forms of inequality could not simply be added up on top of each other, as in: a person is black, she is also a woman, thus she carries the double burden of racism and sexism. Instead, the intersectionality paradigm set out an agenda for studying how different forms of diversity and inequality affect each other in specific ways and contexts.

The empirical example that Crenshaw famously analyzed when she was still a law student, was a case of labor rights litigation (DeGraffenreid v. General Motors) about a group of black female employees who were fighting hiring policies and seniority-based layoffs at General Motors that disproportionately affected black women (Crenshaw 1989). They had to find out that they had no chance in court, because the anti-discrimination legislation would recognize discrimination either as directed against female employees or against Black employees. The problem was that, when looking at all women employed there, namely at the average situation of female employees including the white ones, there was not enough statistical evidence of overt discrimination. And when looking at all black employees, including the men, again there was not enough statistical evidence that could be used in litigation. Kimberlé Crenshaw showed how a particular invisibility was produced at the intersection of anti-sexist and anti-racist discrimination laws which meant that the plight of black women could not be properly addressed in court. The boundaries of anti-sexist and anti-racist discrimination legislation were thus factually defined by the experiences of white women and black men respectively. Crenshaw argued:

> "Because the intersectional experience is greater than the sum of racism and sexism, any analysis that does not take intersectionality into account cannot sufficiently address the particular manner in which black women are subordinated." (Crenshaw 1989: 140)

Despite its being rightly seen as a significant theoretical contribution to the study of intersecting inequalities, the empirical context of Crenshaw's interest in intersectionality is important to remember because the crucial question she formulated with regard to the concept was: 'What difference does the difference make?' This is particularly important when we look at attempts to formulate theoretical abstractions regarding diversity, as is of course the business of scholars engaged in the study of diversity. With regard to the intersectionality paradigm, gender studies scholars have claimed it for the field and have been proud of making a theoretical contribution that has gained relatively wide recognition beyond the field of gender studies as such. As gender studies scholar Leslie McCall claimed a few years ago: "One could even say that intersectionality is the most important theoretical contribution that women's studies [...] has made so far." (McCall 2005: 1771) This is a far-reaching claim. While the interventions of feminists of color have been integrated into women's or gender studies canons, one could and should certainly also acknowledge them as contributions to the emerging fields of African American and other ethnic studies. But what is more, the status of theorizing in the context of intersectionality is far from clear.

Over the past decade, efforts at theorizing intersectionality have centered on discussions about the questions: a) Which exact dimensions should be counted as relevant for the study of diversities, and b) how can we attain a better understanding of the intersecting dimensions or different levels at which intersectionality should be studied? The question of how many categories of inequality should be taken on board tends to move between the 'classical' triad of gender, "race" and class (cf. Anthias 2001; Klinger 2003; Knapp 2005) on the one hand and more inclusive lists on the other. Helma Lutz and Norbert Wenning (2001) have argued for a greater range of axes of difference and suggested thirteen dimensions in order to examine interactions between social groups. These include, among others, additional factors such as age, sexuality, citizenship and health.

What do we do with these lists? When we consider the categories mentioned as possibly having some impact on how particular subjects might be situated in different schemes of hierarchical classification – as young or old, rich or poor, male or female, straight or gay and so on – we will also note that there is no easily identifiable way in which these axes of difference can be related together in the abstract. And this is in fact one of the major challenges identified in intersectionality theory today: how can we think dimensions of 'race', class and so on together, and how can we theorize these intersecting forms of diversity and inequality? How do we account for different forms and contexts of privilege and oppression? At a conference that took place at the Goethe University Frankfurt in 2009 on the topic 'Celebrating Intersectionality? Debates on a multi-faceted Concept in Gender Studies', the discussion around these questions was dominated by attempts to further the theorization and abstraction of intersectionality, so that gender studies could rightfully claim to have made a significant theoretical contribution to the scientific community. The conference brought together a number of established gender studies scholars and important figures in the field, some of whom expressed their impatience with the lacking speed of this theorization process.

Meanwhile, Kimberlé Crenshaw, one of the speakers at the conference, grew very impatient herself. In her speech and further comments in the course of panel debates, she tried to remind the audience of the original impetus and political urgency that had led her to think about intersectionality in the first place. And she finally stated, not without a hint of irony: "Intersectionality is what is done by people who are doing the doing." This is anything but an obvious statement. It can be seen as both an empirical description and a form of criticism. In fact, she criticized what had become of the intersectionality discussion in the hands of an academic establishment. What is actually at stake when 'we' are trying to understand diversity? What she seemed to imply, with some disdain, was that some scholars of intersectionality seemed more concerned with their stake in the race for academic recognition than with the particular struggles for equality and justice that had once given rise to the very concept. Kimberlé Crenshaw's statement can serve as an important reminder that concepts such as diversity and intersectionality are instruments which help us think through something, that they are intended to do a certain labour, and that we need to stay very aware of what we want that labour to be. The study of intersectionality in this sense must always move toward the concrete analysis of the particular circumstances under which differences might matter – we cannot simply assume that we already know what we are talking about on the basis of abstract conceptions of 'race', ethnicity, class and gender.

Regarding the empirical context I introduced at the beginning of this text, it is worthwhile considering the circumstances under which the sex/gender conundrum was constructed and eventually grounded in the materiality of genes in order to decide whether the young athlete from South Africa would be allowed to participate in women's track races. For the reassuring certainty with which 'second-wave' feminism distinguished between binary biological 'sex' and socio-culturally constructed gender is particularly challenged when the dividing line between the apparently 'naturally given' sexes seems to have been tempered with. The scandal involving the young South African athlete challenges ontologies that declare binary sex/gender as natural, 'real'. The suspicions raised by a 'masculine' appearance and performance give rise to the call for gene analysis, culminating in the imaginary production of an abject body deemed monstrous and unnatural. The sensationalist attention, fixated on a body and person deemed 'intersexed' at the same time, reconfirms the 'naturalness' of the binary sex/gender divide by describing this body as an aberration. If 'sex' is one of the norms by which bodies are qualified "for life within the domain of cultural intelligibility", as Judith Butler put it (Butler 1993: 2), the 'intersexed' body is abject in that it is placed in the zone of 'unlivable' or 'uninhabitable' life, outside the realm of legitimately sexed subjects. How, she asked in her book "Bodies that Matter", are we to understand the ritualized repetition by which gender norms "produce and stabilize not only the effects of gender but also the materiality of sex?" (Butler 1993: iv)

Questioning how the materiality of sex comes into being is a radical move in that it further destabilizes the notion of 'woman' as a self-contained, universal and singular subject position. As the comfortable distinction between 'naturally given', 'biological' males and females on the one hand and the socio-culturally enforced inequalities of gender on the other breaks down, what then does this tell us about intersecting axes of difference? What is the ontological status of these axes, can they be thought of independently, and what are the consequences of approaching diversity through the prism of categorical schemes of distinction and classification that are conceptualized as, in the first instance, being intrinsically unrelated to each other?

Not only are the forms of difference that are generally considered to produce diversity often incommensurable – such that class distinctions will hardly be celebrated in the way that ethno-cultural difference has come to be seen as an asset and worthy of protection in multiculturalist conceptions of ethnic diversity – but 'axes of difference' might also interact with each other in much more complex and interdependent ways than existing theoretical models of intersectionality can account for. Butler's work can again provide a useful starting point for questioning the model of intersecting crossroads of diversity. Can gender and sexual preference be treated as two basically unrelated dimensions of human difference that simply coincide in gendered bodies displaying certain sexual preferences? Or is the very model of binary gender itself intrinsically related to heteronormativity, as Butler has argued? A similar idea, based on a different theoretical framework, has already been articulated in the 1970s, when the anthropologist Gayle Rubin published her famous essay "The Traffic in Women. Notes on the 'Political Economy' of Sex" (Rubin 1975). She argued that dominant gender orders did not only produce binary gender identifications, but also regulated the forms of legitimate sexual desire, which were far from 'natural'. Gender discrimination, she concluded, could never be overcome without challenging obligatory, institutionalized heterosexuality. The regulation of sexual desires and behaviours has also been shown to be historically linked to racialization processes: colonial but also postcolonial state politics have had and sometimes continue to have heavy investments in the sexualization of particular bodies in order to stabilize particular forms of rule. The work of many postcolonial feminist scholars shows that the obsessive sexualization of colonial subjects and the attempted regulation of sexual relations between colonizers and colonized played a central role in racist colonial politics that have left legacies which extend into the present (Alexander 1994; Sharpley-Whiting 1999; Stoler 1995). It was not least this history of racist sexualization that South African protesters mobilized in their critique of Western media reporting: questioning the young athlete's 'gender' for them amounted to a racist attack on all African women. In theorizing 'diversity', such legacies of entanglement should not be forgotten. They do not provide a ready-made formula for thinking through gender and diversity, but they certainly give food for thought that is needed when one theorizes intersectionality, and tries to answer the question of what is at stake when doing so.

Literature

Alexander, M. J. (1994): Not Just (Any) Body Can Be a Citizen: The Politics of Law, Sexuality and Postcoloniality in Trinidad and Tobago and the Bahamas. In: Feminist Review, No. 48, pp. 5-23.

Anthias, F. (2001): The Material and the Symbolic in Theorizing Social Stratification: Issues of Gender, Ethnicity and Class. In: British Journal of Sociology, Vol. 52, pp. 367-390.

Butler, J. (1990): Gender trouble: Feminism and the subversion of identity. London: Routledge.

Butler, J. (1993): Bodies that Matter: On the Discursive Limits of 'Sex'. London and New York: Routledge.

Combahee River Collective (1986): Combahee River Collective Statement: Black Feminist Organizing in the Seventies and Eighties. New York: Kitchen Table Press.

Crenshaw, K. (1989): Demarginalizing the intersection of race and gender in antidiscrimination law, feminist theory, and antiracist politics. In: Chicago Legal Forum, pp. 139-167.

Degele, N./Winker, G. (2007): Intersektionalität als Mehrebenenanalyse. Hamburg: Technische Universität Hamburg-Harburg. http://doku.b.tuharburg.de/frontdoor.php?source_opus=455&la=de / http://doku.

Hull, G. T./Bell Scott, P./Smith, Barbara (eds.) (1982): All the Women are White, All the Blacks are Men, But some of Us Are Brave. Black Women's Studies. Old Westbury, N.Y: Feminist Press.

Klinger, C. (2003): Ungleichheit in den Verhältnissen von Klasse, Rasse und Geschlecht. In: Knapp, G.-A./Wetterer, A. (Hrsg.): Achsen der Differenz. Gesellschaftstheorie und feministische Kritik II. Münster: Westfälisches Dampfboot, S. 14-48.

Knapp, G.-A. (2005): "Intersectionality" – ein neues Paradigma feministischer Theorie? Zur transatlantischen Reise von „Race, Class, Gender". In: Feministische Studien 23, S. 68-81.

Lutz, H./Wenning, N. (2001): Differenzen über Differenz – Einführung in die Debatten. In: Lutz, H./Wenning, N. (Hrsg.): Unterschiedlich verschieden. Differenz in der Erziehungswissenschaft. Opladen: Leske und Budrich, S. 11-24.

Martin, P. Y. (2004): Gender as a Social Institution. In: Social Forces, Vol. 82 (4), pp. 1249–1273.

McCall, L. (2005): The complexity of intersectionality. In: Signs: Journal of Women in Culture and Society, Vol. 30 (3), pp. 1771–1800.

Reiter, R. (ed.) (1975): Toward an Anthropology of Women. New York: Monthly Review Press.

Rubin, G. (1997; first published 1975): The Traffic in Women. Notes on the 'Political Economy' of Sex. In: Nicholson, L. (ed.): The Second Wave. A Reader in Feminist Theory. New York, London: Routledge, pp. 27-62.

Sharpley-Whiting, T. D. (1999): Black Venus: Sexualized savages, primal fears, and primitive narratives in French. Durham: Duke University Press.

Stoler, A. L. (1995): Race and the Education of Desire: Foucault's History of Sexuality and the Colonial Order of Things. Durham: Duke University Press.

III

Institutionelle Inszenierung von Diversität

Interkulturalität, Gesundheit und Medizin

Cristina Allemann-Ghionda / Houda Hallal

1. Einleitung

Kulturübergreifende bzw. interkulturelle Kontakte gehören zum Alltag der medizinischen Praxis. Dabei sehen sich bereits Studierende der Medizin oftmals mit Bedürfnissen von Menschen unterschiedlicher Herkunft konfrontiert, deren soziale Praxis, Wertvorstellungen und Verhaltensweisen sie als fremd erfahren und die sie infolgedessen verunsichern, weil dadurch Eigenes und daher Bekanntes in Frage gestellt wird. Routinehandlungen, Zeitnot, Arbeitsbelastungen und ein Mangel an interkultureller Kompetenz erschweren die Entwicklung angemessener Herangehensweisen in Situationen kultureller Überschneidung. Dieser Umstand führt in der beruflichen Praxis oft dazu, dass wichtige Zusammenhänge in den Lebensrealitäten und Krankheitserfahrungen von Menschen mit Migrationshintergrund bzw. anderer als deutscher Herkunft nicht wahrgenommen werden und die zukünftigen und bereits aktiven Fachpersonen, ob es nun Ärzte oder Pflegepersonal sind, oft keine auf deren Bedürfnisse angepasste Behandlung bzw. Versorgungen anbieten können.[1]

Während sich seit den 1980er Jahren an nordamerikanischen und britischen Hochschulen Lehrangebote zum Beispiel zu den Themen *Cross-Cultural Education in U.S. Medical Schools* und *Teaching of Cultural Diversity in Medical Schools in the United Kingdom and Republic of Ireland* erfolgreich im medizinischen Curriculum etabliert haben (Dogra u.a. 2205), weisen in Deutschland sowohl das Medizinstudium als auch die Institutionen des Gesundheitssystems Defizite hinsichtlich interkultureller Aus- und Weiterbildung auf. Dieser Mangel steht im Widerspruch zu den Grundsätzen der offiziellen Approbationsordnung für Ärzte, welche die „fächerübergreifende Betrachtung von Krankheit" in der Ausbildung voraussetzt und die „Erkenntnis über die Einflüsse von Familie, Gesellschaft und Umwelt auf

---

1 Um der guten Lesbarkeit des Textes willen wird in den folgenden Ausführungen auf explizite Bezeichnungen für beide Geschlechter verzichtet. Wenn nicht anders angegeben, beziehen sich Formulierungen stets auf beide Geschlechter.

die Gesundheit" als „geistige, historische und ethische Grundlage ärztlichen Handelns" sieht (vgl. Bundesministerium der Justiz 2010/ ÄAppO §1).

In den folgenden Ausführungen sollen nach einer theoretischen Einführung, einer Betrachtung der Bedeutung von so genannten kulturell geprägten Pragma-Semantiken von Gesundheit und Krankheit, auch empirische Befunde zur Thematik Migration und Gesundheit, zu ihrer Bedeutung im Zusammenhang mit Interkulturalität und interkultureller Kompetenz (vgl. Allemann-Ghionda 2009) sowie der Vermittlung einer solchen im medizinischen Bildungsprozess und in den Institutionen des deutschen Gesundheitssystems betrachtet und reflektiert werden. Ziel dieses Beitrags ist es, einen Überblick über die Komplexität und Dynamik des Querschnittthemas ˋMigration, Gesundheit und Kultur´ zu geben und wesentliche Probleme, aber auch Ansatzpunkte der interkulturellen Orientierung im akademischen Bildungsprozess herauszuarbeiten.

2. Migration, Kultur und Gesundheit – die wissenschaftliche Diskussion

Ein großer und wachsender Anteil der in Deutschland lebenden Menschen hat einen Migrationshintergrund und dadurch oft eine andere soziokulturelle Prägung als Personen ohne Migrationshintergrund. Erstere können sich hinsichtlich ihrer Lebensweisen und anderer Faktoren mehr oder minder stark von der deutschen Mehrheitsbevölkerung unterscheiden. Betrachtet man ausschließlich die Einwanderung von Arbeitnehmern nach Deutschland, kann die Anwerbung ausländischer Arbeitskräfte in den 1960er und 1970er Jahren als selektiver Prozess bezeichnet werden. Entsprechend dem wirtschaftlichen Bedarf wurden spezifisch ungelernte und angelernte Männer und Frauen im Altersbereich von 20 – 40 Jahren angeworben. In den meisten Fällen erfolgte die Anwerbung geeigneter ˋArbeitskräfte´ über die in den Anwerbeländern eingerichteten Anwerbekommissionen. Die wichtigsten Anwerbungskriterien waren die Qualifikation und der Gesundheitszustand der potenziellen Arbeitnehmer. Jeder Bewerber musste sich vor Ort einer gründlichen medizinischen Untersuchung durch deutsche Ärzte unterziehen (Yano 2001). Diese gesundheits- und qualifikationsbezogene Selektion führte dazu, dass es sich bei der damaligen Migrantenpopulation um jüngere, wenig belastete und motivierte Personen handelte und nach dem Prinzip des so genannten *Healthy Migrant Effect* tendenziell nur gesunde Menschen durch Migration ins Land kommen konnten. Empirische Studien zum Gesundheitszustand von (Arbeits-)Migranten in der Bundesrepublik Deutschland belegen rückwirkend, dass mit zunehmender Aufenthaltsdauer zwar spezifisch-gesundheitliche Probleme auftreten konnten (Knipper/Bilgin 2009), diese allerdings „weniger einem Import von Krankheitsursachen, Krankheitsverständnis oder –verhalten, sondern eher bestimmten Belastungskonstellationen, Gesundheitsrisiken und Bewältigungsmöglichkeiten, insbesondere in der Arbeitswelt, zuzuschreiben seien" (Elkeles/Seifert 1993, S. 236).

Da sich mit dieser Erkenntnis der *Healthy Migrant Effect* nach längerem bzw. dauerhaften Aufenthalt in Deutschland umgekehrt hatte, wurde den genannten Faktoren ein größerer Erklärungswert im Beziehungsgefüge von `Migration und Gesundheit´ zugeschrieben als der Erklärung, gesundheitliche Beeinträchtigungen von Migranten seien Ausdruck eines Kulturschocks, der Anpassungsbemühungen an soziokulturelle Bedingungen oder misslungener Integration (vgl. Kap. 3 dieses Beitrags).

Beim Zugang zum Gesundheitssystem, bei den Anforderungen an medizinische Fachkräfte oder bei dem Verständnis von Krankheit und Gesundheit gibt es gegenüber der einheimischen Bevölkerung zum Teil erhebliche Unterschiede, welche sich auch bei der Nutzung von Präventions- und Vorsorgeangeboten zeigen. Sowohl für die zukünftig als auch für die bereits Tätigen des deutschen Gesundheitssystems, aber auch für Migranten, gibt es spezifische Barrieren.

Dabei geht es vornehmlich um die praktische und interaktive bzw. kommunikative Relevanz verschiedener kultureller Zugehörigkeiten von beispielsweise Arzt und Patient – namentlich im Sinne einer besonderen Sprache, Nationalität, Ethnie, Religion, Tradition. Als „fremd" oder „anders" wahrgenommene Zugehörigkeiten werden dann als kulturelle Distanz empfunden, wenn sie mit einer erheblich „anderen" sozialen Herkunft und Stellung auftreten. Das Nichtverstehen des so konstruierten `Fremden´ sowie latente oder manifeste Vorurteile können zu Reifizierungen und Entpersonifizierungen führen, die es nicht mehr zulassen, das Gegenüber reflektiert als Individuum wahrzunehmen. Der `fremde Andere´ wird entweder ignoriert (soziokulturelle Blindheit) oder als Störung des normalen Arbeitsablaufs gesehen und – gemessen an der eigenen Kultur und sozialen Stellung – abgewertet (Ethno- und Soziozentrismus).

In der Praxis hat die gesamte Bevölkerung der Bundesrepublik Anspruch auf Kranken-, Krankenhaus- sowie Rehabilitationsbehandlung und weitere Hilfen. Ferner müssen sämtliche Leistungen unabhängig von der lohnabhängigen Beitragshöhe bei Bedarf gewährt werden. Insofern besteht hier ein wichtiges Feld, auf dem sich die Teilnahme von Personen mit Migrationshintergrund und deren Veränderung im Verlauf von Integrationsprozessen beobachten lässt.

Wichtige Informationen bietet die Versorgungsforschung. Gegenstand dieser Disziplin sind die Institutionen, Arbeitsprozesse im Kontext der Arzt-Patienten-Beziehung, Handlungsabläufe im Gesundheitssystem sowie sozioökonomische

Rahmenbedingungen in ihren Auswirkungen auf die Gesundheit von Individuen und Gruppen. Gerade im Hinblick auf Bevölkerungsgruppen mit Migrationshintergrund eröffnen sich auf diese Weise Einblicke von hoher praktischer Relevanz. Trotz der Heterogenität der Patientengruppe mit Migrationshintergrund lassen sich dabei zwei zentrale Ergebnisse der bisher durchgeführten Studien identifizieren, die damit auf besondere Problembereiche in der Gesundheitsversorgung für Personen mit Migrationshintergrund hinweisen: Zum einen bestehen Zugangshindernisse zu den Leistungen des Gesundheitssystems und zum anderen vielfältige Versorgungsmängel.

Neben unvollendeten Sprachkenntnissen können bei den Patienten auch unterschiedliche Wertehaltungen, denen dann wiederum verschiedene Auffassungen von Gesundheit und Krankheit zugrunde liegen, den Zugang zu einer adäquaten Gesundheitsversorgung beeinträchtigen.[2]

Soziokulturelle Hintergründe als Begründung für die Probleme im Arzt- Patient- Verhältnis erstarren allerdings leicht zu Stereotypen mit geringem Erklärungswert, die nicht zu einer Verbesserung der Kommunikation führen, sondern sie erschweren können. Eine angeblich fremde Kultur reicht allein nicht aus, um Kommunikationsprobleme zu erklären und Lösungsansätze zu finden. Hinzukommen muss stets eine Berücksichtigung der individuellen Wertehaltung und Einstellungen von Patienten, die trotz gleicher `Kultur´ zum Beispiel durch die Zugehörigkeit zu verschiedenen sozialen Milieus unterschiedlich geprägt sein können.

Bei Menschen mit Migrationshintergrund liegen Versorgungsmängel in größerem Maße als bei der übrigen Bevölkerung vor. Mögliche Folgen dieser Probleme sind u. a. ein Einverständnis ins Missverständnis, Endlosdiagnostik, *doctor hopping* und ein erhöhtes Risiko der Fehlbehandlung. Schwierige Arzt-Patienten-Verhältnisse, Kommunikationsprobleme, mangelndes Verständnis und Versorgungsmängel sind allerdings nicht nur Phänomene, die ausschließlich bei Patienten mit Migrationshintergrund auftreten, sondern sie finden sich auch bei vielen Patienten ohne Migrationshintergrund. Besonders ausgeprägt sind diese bei Patienten aus sozialen Milieus mit einem geringen Bildungsniveau. Die gesundheitliche Versorgung wird aufgrund intervenierender Faktoren wie Arbeitslosigkeit, nachteilige Bildungsvoraussetzungen, finanzielle und wohnbedingte Faktoren, Verständigungs-, Geschlechter- und Generationenproblematiken erschwert:

---

2   Zu beachten sind in diesem Kontext zum einen die Anwendung eines angemessenen Kulturbegriffs, welcher nicht allein die Traditionen und habitualisierten Denk- und Handlungsmuster auf Seiten der `Fremden´, sondern ebenfalls in der eigenen Lebenswelt fokussiert, und zum anderen der Rückgriff auf adäquate Forschungsmethoden, insbesondere qualitative sozialwissenschaftliche Methoden.

„Insgesamt kann davon ausgegangen werden, dass ein unverhältnismäßig hoher Anteil von MigrantInnen – gemeinsam mit vergleichbaren `einheimischen´ Bevölkerungsgruppen (z.b. Allein-
erziehenden, Kinderreichen etc.) – zu sozialen Milieus gerechnet werden, die sozial und gesund-
heitlich als besonders benachteiligt einzustufen sind [...]." (Salman 2001, S. 88)

Das bedeutet, dass der hohe Grad gesundheitlicher Probleme bei Menschen mit
Migrationshintergrund nicht nur auf die Migration an sich zurückgeführt werden
kann, sondern dass auch deren „soziale und materielle Deprivation" für diese Situation verantwortlich ist (Hurrelmann/Richter 2009, S. 330). Der niedrige Sozi-
alstatus vieler Personen mit Migrationshintergrund führt demnach zu gesundheitli-
chen Risiken, denen auch Personen ohne Migrationshintergrund mit vergleichbarem
Status ausgesetzt sind (Razum u.a. 2004, S. 2).

3. Soziokulturell geprägte Pragma-Semantiken von „Gesundheit und Krankheit"

Die semantisch voneinander abhängigen Begriffe Gesundheit und Krankheit gehören stets zu einer soziokulturellen Lebensform und den damit verwobenen Sprach-
spielen. Das körperliche und seelische Erleben von Krankheit verschiedener Art
scheint bei allen Menschen gleich, da Krankheit eine Verfassung der leiblichen
Existenz des Menschen ist und somit eine anthropologische Universalie darstellt
(Straub/Zielke 2007). Die Artikulation und Repräsentation dieses existenziellen
Erlebens als nachvollziehbare Erfahrung in einer kulturell verfügbaren Symbo-
lik ist jedoch ebenso wenig eine allgemeine oder uniforme Angelegenheit wie die
darauf bezogenen Diskurse und kollektiven sowie institutionellen Praktiken einer
bestimmten Gruppe, Gemeinschaft oder Gesellschaft. Dabei ist nicht entscheidend,
welche Nationalität die Akteure haben oder welche Sprache sie sprechen, sondern
ob und in welcher Hinsicht Kulturteilhabe bzw. -Differenz im Verhalten des Ge-
sprächspartners als relevant empfunden werden. Betrachtet man Kultur als ein kollektiv geteiltes Sinn- und Bedeutungssystem, muss man auch in diesem Kontext
alle hierarchisch miteinander verwobenen Medizinformen als ein gesellschaftliches
Handlungs- und Funktionssystem verstehen, das in seiner Entwicklung von den
bestehenden soziokulturellen Bedingungen beeinflusst wird und, in dialektischer
Weise, diese selbst wieder beeinflusst. Medizin ist also ein soziokulturelles Defi-
nitionssystem, dem bestimmte Erklärungen oder Deutungen für körperliche, psy-
chologische und soziale Phänomene zur Verfügung stehen (Straub/Zielke 2007).

Was dem Einzelnen als `gesund´ und als `krank´ gilt, ist soziokulturell ebenso
variabel wie die Vorstellung, durch welche Einrichtungen, Lebensstile und Hand-
lungen Gesundheit bewahrt oder durch welche Maßnahmen Erkrankungen geheilt,

gelindert oder verhindert werden können. Somit stehen Konzepte von Krankheit (und Gesundheit) als Erscheinungen des menschlichen Lebens sowohl im Zusammenhang mit der vorherrschenden medizinischen Praxis als auch mit der soziokulturellen Lebenswelt. Diese Wechselwirkung betrifft auch die ärztliche Behandlung und die Konsultation, in der Krankheitsbedeutungen ausgehandelt und festgeschrieben werden. In jedem ärztlichen Gespräch treffen Konzepte der Patienten als Laien und Konzepte der Ärzte als Experten aufeinander und bedingen den Verlauf des diagnostischen und therapeutischen Prozesses.

Die Konzepte der Kranken zu Gesundheit, Krankheit und Krankheitsentstehungen sind eingebettet in ein Verständnis des soziokulturell geformten Lebensalltags, die wissenschaftlichen Konzepte der Mediziner, welche vom jeweils soziokulturellen Kontext determiniert sind, stehen als studiertes Fachwissen zur Verfügung. Die soziokulturell geprägten Beschwerdedarstellungen der Kranken werden in den jeweiligen medizinischen Kontext transferiert. Oft unbeachtet bleibt in dieser Interaktion, dass in den ärztlichen Gesprächen und den diagnostischen Aushandlungsprozessen auch die persönlichen Konzepte der Mediziner, als Teilnehmer des soziokulturellen Kontextes, eine wichtige Rolle spielen; beispielsweise in Form von unreflektierten Zuschreibungen, Vorannahmen oder Erwartungen (Lalouschek 2007).

Der globale kulturelle Austausch und die daraus resultierenden gesellschaftlichen Veränderungen haben diese Einsichten bereits seit langem zu einem Allgemeinplatz werden lassen, wie auch die in Deutschland immer wieder geführte Debatte über alternative Medizinformen zeigt. Der Austausch über die Schul- und Komplementärmedizin (CAM) bzw. der Dialog für Medizinpluralismus führt sowohl in der Fachöffentlichkeit als auch in der deutschen Gesundheitsversorgung zu lokalen Modifikationen und Transformationen im Sinne von Konzepten der Glokalisierung, Kreolisierung oder Hybridisierung der Medizin (Straub/Zielke 2007).

4. Migration und Gesundheit – empirische Befunde und aktuelle Forschungsansätze

Das Themenfeld Migration und Gesundheit wurde in der Vergangenheit stark „pathogenetisch" (Pourgholam-Ernst 2002, S. 52; Frigessi Castelnuovo/Risso 1986) und defizitorientiert behandelt. Migranten wurden zum einen als eine für das professionelle Versorgungssystem problematische Bevölkerungsgruppe, welche besonderer Dienste bedarf, und zum anderen als in ihrer Gesundheit besonders gefährdet, dargestellt. Der Bevölkerung mit Migrationshintergrund werden hohe Gesundheitsrisiken zugeschrieben. Zum einen werden in der psychologischen Migrationsforschung die besonderen Gesundheitsrisiken mit den negativen Folgen von Akkulturationsstress erklärt (Schmitz 2001, S. 124). Zum anderen wird Migration mit weiteren psychosozialen Belastungen wie Familientrennung, Verfolgung und Folter in der Herkunftsregion sowie unklaren rechtlichen Rahmenbedingungen in Verbindung gebracht (Razum u.a. 2004). Neben der Pathologisierung des Zusammenhangs von Migration und Gesundheit merkt Faltermaier (2001, S. 93f.) an, dass wissenschaftliche Betrachtungen im Bereich Migration und Gesundheit oft auf einer irreführend homogenisierenden Sichtweise der höchst heterogenen Bevölkerungsgruppe der Migranten beruhen. Es gibt allenfalls unter bestimmten Aspekten typische Gruppen von Migranten, die gewisse Erfahrungen und Erwartungen, Vorstellungen und Orientierungen teilen. Dieser Tatsache muss man sich bewusst bleiben, wenn man – aus sprachökonomischen Gründen – das Nomen Migrant als ein Kollektivsingular gebraucht, ohne die offenkundige Vielfalt des Lebens von Migranten nivellieren zu wollen (Assion 2005). Ebenso kritisiert Hornung (2004) jene negierende Sichtweise, welche die gesundheitsbezogene Migrationsforschung und darüber hinaus auch den „Umgang der Professionellen mit Migrantinnen und Migranten", prägt und fordert eine Ergänzung durch eine „salutogenetische Sichtweise, die den Blick auf die Ressourcen von emigrierenden Menschen lenkt" (ebd. 2004, S. 331). Zudem merken Razum u.a. (2004) an, dass eine Betrachtung von Migranten als „sozial schwache und krankheitsanfällige" und somit „besonders hilfsbedürftige" Gruppe einseitig sei. Diese Sichtweise würde die Möglichkeit außer Acht lassen, dass für viele Menschen eine Migration vielfach Anlass ist, ihr Leben, im Sinne einer Wende, aktiv zu gestalten, besondere Bewältigungsstrategien zu entwickeln und ihre Familie bzw. ethnische Gemeinschaft als Ressource zu nutzen (vgl. ebd. 2004, S. 3). Folglich ist die allgemeine Forderung nach weitergehender empirischer Forschung in diesem Zusammenhang nicht nur legitim, sondern notwendig. Insbesondere Faltermaier (2004, S. 111) formuliert den Bedarf an Forschung zum Umgang von Migranten mit ihrer Gesundheit bzw. über deren Gesundheitshaltung und Krankheitsversorgung, zur familiären Gesundheitsselbsthilfe und der (interkulturellen) Interaktion von Arzt und Patient.

In dieselbe Richtung weisen Begriffe wie das sogenannte „Mittelmeersyndrom" oder die „Südländerkrankheit", welche bereits Studierenden im Medizinstudium als vermeintlich objektive Tatsachen präsentiert werden und welche unterstellen, dass Menschen aus Südeuropa oft schmerzempfindlicher und wehleidiger seien als solche deutscher Herkunft (Petersen 1995).

Folglich wird eine scheinbar mittel- und nordeuropäische Rationalität einer mediterranen bzw. außereuropäischen Irrationalität, bis hin zu Naivität, gegenübergestellt (Lux 2001, S. 23). Das westliche schulmedizinische Verständnis erhält in diesem Kontext den Stellenwert eines vermeintlich objektiven Bedeutungsrahmens, demgegenüber andere Sinnsysteme ausschließlich subjektiv erscheinen. In einigen ethnomedizinischen Argumentationen wird implizit von kulturfreien Syndromen ausgegangen, diese Sichtweise wiederum widerspricht der allgemeinen Kulturgebundenheit von Krankheit, denn gerade weil diese zu jeder Zeit eine wichtige Rolle spielt, lässt sich eine feststehende Definition nicht aufstellen; Krankheit/Kranksein ist weitgehend abhängig von Ort, Zeit und soziokulturellem Einfluss. Sie ist historische Leistung der jeweiligen Kultur, die einem ständigen Wandel unterliegt (vgl. Kap. 4 dieses Beitrags).

Folgerichtig werden die Definition des sogenannten CBS *(culture-bound-syndrome)*, die Fehldiagnose bzw. die gescheiterte Therapie zunehmend kritisiert und beispielsweise auf einen „misslungen Prozess der interkulturellen Auseinandersetzung" (Habermann 2002, S. 103) zurückgeführt.

Vermehrt fordert die Wissenschaft eine kritische Ablösung des CBS-Begriffs sowie eine neue Akzentuierung:

"The abandonment of the erroneous category culture-bound- syndrome might serve to redirect our attention to formulation of the theory of human sickness in which culture, psychology and physiology were regarded as mutually relevant across cultural and nosological boundaries." (Han 1995, S. 56, zit. nach Lux 2003, S. 158)

Neben anderen wissenschaftlichen Studien weisen u.a. Knipper/Bilgin (2010) darauf hin, dass in der Fachliteratur bezüglich der Frage, wie Migranten mit Krankheit und Gesundheit umgehen, eine kulturalistische Betrachtungsweise vorherrscht. Sie beleuchten die Bedeutung des Wissens über kulturelle Ausprägungen, warnen aber vor einer Überbewertung der kulturellen Unterschiede und plädieren dafür, Kultur als einen Prozess zu betrachten, und damit das Verständnis für Wechselwirkungen und Wandlungsvorgänge sowie die Bereitschaft, sich mit der eigenen Kultur auseinander zu setzten, zu fördern. Domenig (2007) empfiehlt die Verlagerung des Interesses von der Kultur der Zugewanderten zu strukturellen Komponenten der Gesundheitsversorgung. Die Konsequenz dieser Forderung ist vor allem ein Wandel von einer eher statischen hin zu einer dynamischen und kontextbezogenen Betrachtungsweise, der zufolge Gesundheit und Krankheit nicht auf eine medizinisch-kulturelle Interpretation reduziert werden können, sondern in ihrer Vielschichtigkeit betrachtet werden müssen.

5. Interkulturelle als institutionelle Kommunikation – Paradigmenwechsel im medizinischen Bildungsprozess

Mit Blick auf diese Forschungsansätze erscheint eine effektive konzeptionelle, strukturelle als auch inhaltliche Etablierung interkultureller Aspekte für die vorherrschende medizinische Lehre und Praxis unabdingbar. Diese hat sich partiell zwar in den letzten Jahren durch die *charta of medical professionalism* (Brennan 2002) als paradigmatischer Wechsel von einer arztzentrierten hin zu einer patientenzentrierten Medizin schon angekündigt.

Im Hinblick auf Organisations- und Ausbildungsentwicklungen bezüglich des Themenkomplexes „Migration, Interkulturalität und Gesundheit" haben in jüngster Zeit einige geförderte Projekte wichtige Impulse gesetzt. Dazu zählen u.a. das internationale EU-Pilotprojekt ‚*MFH – Migrant-Friendly-Hospitals'* (Ludwig Boltzmann Institut 2005) sowie das nationale bzw. bundesweit agierende Projekt „MiMi – Mit Migranten für Migranten" des Ethno-Medizinischen Zentrums e.V. gemeinsam mit dem BKK- Bundesverband (Ethno-Medizinisches Zentrum 2010).

Der Weg hin zu einer selbstverständlichen Thematisierung von interkultureller Kompetenz in der medizinischen Aus- und Weiterbildung wurde somit zwar eingeschlagen. Für die akademischen Institutionen ergeben sich jedoch immer wieder Herausforderungen bezüglich einer nachhaltigen Implementierung spezifischer Inhalte, welche zugleich als Querschnittinhalte zu betrachten sind. Zentrale Fragen, welche in den weiteren Ausführungen zu diskutieren sind, beziehen sich auf kritische Aspekte der institutionellen und interkulturellen Kommunikation, des interkulturellen Kompetenzbegriffes, auf die hochschuldidaktische Umsetzung, die Einbettung von Bildungsangeboten bezüglich einer „transkulturellen Öffnung" (Sprung 2007, S. 312) sowie auf die Frage des wahrgenommenen ʼNutzensʻ und damit der Motivation der Studierenden, sich auf interkulturelle Lernprozesse einzulassen und diese als für den Beruf des Arztes konstitutiv zu begreifen.

Da die medizinische Aus- und Weiterbildung in Institutionen eingebunden ist, können diese selbst als interkulturelle Handlungsfelder aufgefasst werden. Die Ziele und Regeln einer Institutions- und Organisationskultur eröffnen und begrenzen die jeweils gegebenen Handlungsmöglichkeiten. Institutionen verlangen von jedem potentiell Tätigen - ungeachtet der besonderen kulturellen Zugehörigkeit, wie sie durch die Nationalität, Ethnie oder Muttersprache eines Individuums angezeigt werden mag - spezifische Akkulturations- bzw. Lernprozesse (Lalouschek 2008).

Die verschiedenen klinischen Bereiche des Gesundheitssystems sind ebenso „Kulturräume" (Straub 2007, S. 21ff.), welche zu lernende bzw. ʼgelernte Bilderʻ implizieren und das lokalisierte Handeln aller Beschäftigen besonderen Zielen, Regeln und historisch konstituierten Ordnungen unterstellen (Zaumseil 2007); wie beispielsweise die Praxen der psychologischen und psychosomatischen Medizin, in welchen bereits oftmals die nach Freud etablierte Option der „freien Assoziation" ein kulturelles Gebot ist, dessen normierender Charakter das analytische Gespräch erst möglich macht.

Personen, die nicht in den `Kategorien´ medizinischer Einrichtungen zu „denken, zu kommunizieren und zu handeln gelernt" haben, können sich in diesen Kulturräumen meist „nicht erfolgreich aufhalten und im Sinne eigener Bedürfnisse und Ziele" (Straub/Zielke 2007, S. 719) bezüglich der Gesundheit und Krankheit handeln.

Zu den Spezifika institutioneller Kommunikation gehört auch im Gesundheitswesen eine Machtasymmetrie zwischen Fachkraft und Patient (Peters 2008); in diesem Zusammenhang sprach Rehbein (1986) von „Institutionalisierung der Krankheit". Arzt (bzw. Pfleger oder Krankenschwester) und Patient interagieren nicht als Individuen, sondern als Elemente in einem institutionellen Mechanismus, der den Personen seine eigene Logik oktroyiert.

Besonderheiten wie knappe Zeitressourcen bzw. die Manifestation der institutionellen Dominanz über den zeitlichen Rahmen einer ärztlichen Konsultation sowie die „Erfüllung von ganz bestimmten fachlichen und bürokratischen Erfordernissen" (Lalouschek 2002, S. 159) gehören zu den Hindernissen gelingender Verständigung in interkulturellen Interaktionen.

Da sich in der hiesigen medizinischen Ausbildung das ärztliche Kommunizieren und Handeln ausschließlich am vermeintlich objektiven kartesianischen Paradigma orientiert (Zimmermann 2000), werden Patienten mit einem anderen (kulturellen) Sozialisationsprozess, denen der hiesige etablierte Vorgang der biomedizinischen Diagnose um die Erfassung typischer pathologischer Merkmale nicht geläufig ist, oft bereits durch Studierende rasch als lästig, schwierig oder wenig kooperationsbereit kategorisiert. In der Konsequenz wird das Gegenüber nicht mehr individuell wahrgenommen, und diese Patienten erhalten noch weniger Erklärungen und Informationen, welche aber andererseits benötigt werden, um sich angemessen verhalten zu können. Resultat ist sowohl eine nicht bedarfsgerechte Versorgung als auch eine lückenhafte Nutzung der Angebote des Gesundheitswesens.

Ein Wandel zu einer interkulturellen Organisationsentwicklung beispielsweise in der medizinischen Hochschuldidaktik muss immer auch von der Motivation und vom Handeln der Studierenden ausgehen, da die Praxis einer Institution nicht unabhängig von diesen geändert werden kann. Wie in jedem Fall des interkulturellen Lernens umfasst der Erwerb einer Handlungskompetenz auf Seiten der Lernenden Vorgänge der Assimilation und Akkomodation. Somit muss jeder diesbezügliche Wandel bereits bei den einzelnen Studierenden der Medizin ansetzen und diesen die Möglichkeit geben, in Interaktionsräumen neue interkulturelle Praktiken zu erproben.

Grundsätzlich besteht eine wichtige didaktische Aufgabe darin, eine eventuell bereits vorhandene Defizitorientierung bei der Betrachtung von Migration und Interkulturalität im Lernprozess gemeinsam kritisch zu reflektieren. Es gilt zu erkennen, dass es nicht nur um einen Methodenerwerb für den Umgang mit den `fremden´ Patienten geht, sondern auch darum, die Hintergründe einer als schwierig erlebten Situation zum Ausgangspunkt für eigene Lernschritte zu machen. Erst das Verständnis von soziokultureller Vielfalt und die Etablierung struktureller Voraussetzungen für eine interkulturelle Lehre können helfen, Gefühle der Überforderung von zukünftigen Medizinern zu vermeiden. Für Qualifizierungsmaßnahmen zum Aufbau interkultureller Kompetenz im Bildungsprozess bedeutet dies, dass der nachhaltige Erfolg von Aus-, Fort- und Weiterbildung innovative Eingriffe in institutionelle Strukturen verlangt.

6. Die Kontextualisierung interkultureller Kompetenz in das Medizinstudium

In der akademischen Medizinausbildung wird heute unter `Handlungskompetenzen´ das wechselseitige Zusammenspiel individueller, sozialer, fachlicher und strategischer Teilkompetenzen verstanden. Gerade durch die Integration fachlicher Teilkompetenzen in den Gesamtrahmen des Kompetenzbegriffs ist die Trennung in harte und weiche Wissensbestände und Fähigkeiten allerdings nur noch unter theoretisch-methodischen Gesichtspunkten berechtigt. Im Hinblick auf die in der Lehre der Medizin geforderten Lernzielformulierungen gilt es vielmehr, diese Trennung zu überwinden. Somit ist als Qualifikationsziel die Handlungskompetenz im medizinischen Bildungsprozess umfassend zu verstehen derart, dass harte und weiche Elemente integriert werden. Diese Einsicht gewinnt zunehmend an Bedeutung, weil mit zunehmender Innovationsgeschwindigkeit des Wissens eine isolierte fachliche (Teil-)Kompetenz immer weniger ausreichen wird, um beruflichen Erfolg zu garantieren.

Der Begriff der `interkulturellen Kompetenz´ spezifiziert den allgemeinen Kompetenzbegriff zunächst in Hinblick auf Handlungskontexte, an denen Personen unterschiedlicher soziokultureller Herkunft beteiligt sind.

In diesem Sinne definiert Thomas den Begriff wie folgt:

„Interkulturelle Kompetenz zeigt sich in der Fähigkeit, kulturelle Bedingungen und Einflussfaktoren im Wahrnehmen, Urteilen, Empfinden und Handeln bei sich selbst und bei anderen Personen zu erfassen, zu respektieren, zu würdigen und produktiv zu nutzen im Sinne einer wechselseitigen

Anpassung, von Toleranz gegenüber Inkompatibilitäten und einer Entwicklung hin zu synergie-
trächtigen Formen der Zusammenarbeit, des Zusammenlebens und handlungswirksamer Orientierungsmuster in Bezug auf Weltinterpretationen und Weltgestaltung." (Thomas 2003, S. 143)

Einen ähnlichen Ansatz formuliert Schönhuth und definiert interkulturelle Kompetenz als die Fähigkeit,

„in der interkulturellen Begegnung angemessen Kontakt aufzunehmen, die Rahmenbedingungen für eine für beide Seiten befriedigende Verständigung auszuhandeln und sich mit dem Be-
treffenden effektiv auszutauschen" (Schönhuth 2005, S. 102).

In beiden Zitaten kommt deutlich zum Ausdruck, dass sich, übertragen auf die
medizinische Praxis, interkulturelle Kompetenz auf alle der genannten Teilkompetenzen (individuell, sozial, fachlich, strategisch) bezieht. Demnach handelt es
sich nicht um eine eigene, fünfte Teilkompetenz, sondern um eine Bezugsdimen-
sion für die gesamte (ärztliche) Handlungskompetenz.

Es geht darum, erfolgreiches Handeln, das beispielsweise aus der Verbindung
von Einfühlungsvermögen, medizinischem Fachwissen und Entscheidungsfähig-
keit resultieren kann, nicht nur unter den Bedingungen der Normalität, Routine
und Pluralität des eigenkulturellen Kontextes zu realisieren.

Dies wiederum hat Auswirkungen auf die Gestaltung von Versorgungsab-
läufen (fachliche Kompetenz), auf die Effizienz bestimmter Problemlösestrate-
gien (strategische Kompetenz) oder auch auf die Motivation der einzelnen Beteiligten (individuelle Kompetenz). Folglich verfügt jemand über interkulturelle
Handlungskompetenz, wenn er in der Lage ist, auch unter veränderten oder ungewohnten (inter-) kulturellen Vorzeichen ein optimales Zusammenspiel der einzelnen Teilkompetenzen zu gewährleisten.

In diesem Zusammenhang kommen das Krankheitsverständnis sowie die (ex-
pliziten oder impliziten) Handlungsprioritäten von medizinischem Personal - einschließlich der Erwartungen vom so genannten `guten´ Patienten -zum Tragen.
Neben den explizit anerkannten Werten, sowohl patientenzentriert als auch den
ökonomischen Maßstäben entsprechend zu handeln (vgl. Kap. 3 dieses Beitrags),
sind dabei auch unbewusste Vorstellungen, Auffassungen und Empfindungen relevant und müssen z.B. in einer interkulturellen Supervision thematisiert, reflektiert und gegebenenfalls justiert werden.

In den deutschen Pflegewissenschaften und der dazugehörigen Ausbildung,
in welchen die Beschäftigung mit dem Themenfeld `interkulturelle Kompetenz´
eine vergleichsweise lange Tradition hat, wird die kulturspezifische Perspektive
inzwischen explizit im Sinne eines allgemeinen personenbezogenen Ansatzes definiert. Einer kulturalisierenden Herangehensweise wird somit ein kontext- und

situationsbezogenes sowie ein biographiezentriertes Vorgehen entgegengesetzt, wobei letzteres „die transnationale Biographie bzw. Migrationsgeschichte berücksichtigt" (Domenig/Stauffen/Georg 2007, S. 307).

Mittels dieser Reflexion wird der Erkenntnis Rechnung getragen, dass Kultur kein ethnisch spezifisches, sondern ein Phänomen von allgemeiner Relevanz darstellt und dass eine explizite Berücksichtigung von `Kultur´ im medizinischen Bildungsprozess sowie in der medizinischen Versorgung Möglichkeiten zu einer stärker am Individuum orientierten Gesundheitsversorgung eröffnet. Kenntnisse über ‚fremde' Kulturen sind diesbezüglich nur in dem Maße sinnvoll, wie sie zum Nachdenken und im konkreten Einzelfall zu respektvollem Nachfragen Anlass geben und mit der notwendigen Skepsis gegenüber Verallgemeinerungen und Stereotypen einhergehen. Wichtiger sind ein grundlegendes Verständnis der zentralen Begrifflichkeiten (vgl.: Kap. 1 und Kap. 2 dieses Beitrags) und ihre Bedeutung im Bereich der Medizin, auf Basis der theoretischen Einsichten, Debatten und Kritik aus den relevanten Sozial- und Kulturwissenschaften (Knecht 2008).

Alle genannten Dimensionen interkultureller Kompetenz in der medizinischen Praxis (vgl. Kap. 4 dieses Beitrags) können nur gepflegt und ausgebaut werden, wenn es gelingt, eine Lernkultur zu etablieren, in der Studierende mit wissenschaftlicher Begleitung voneinander und miteinander lernen. Diesbezüglich ist die Etablierung einer neu interpretierten institutionellen Kultur im medizinischen Curriculum anzustreben, die mit dem Wort der lernenden Organisation (Senge 1999) im Kontext einer Lehr-Lern-Konzeption beschrieben werden kann. Es gilt, so genannte Feedback-Schleifen einzuführen, die ein Lernen aus der Praxis ermöglichen und Erfahrungen, die mit PatientInnen gesammelt wurden, in der Gestaltung entsprechender didaktischer Methoden und Rahmenbedingungen umzusetzen. Dazu gehört im Besonderen die Förderung sozialer und kommunikativer Kompetenzen, welche den Einzelnen in die Lage versetzen, sich in beruflichen und institutionellen Kontexten effektiv bewegen zu können. Veränderungen werden nur über die Gestaltung günstiger Lehr- sowie Rahmenbedingungen zu erreichen sein.

Zum Abschluss seien in diesem Zusammenhang des interkulturellen Lernens kurz die Methoden des hermeneutischen Fallverständnisses und der Rollenspiele genannt. Die darin enthaltene prozessuale Sicht verhindert eine starre Einsortierung der Patientensituation und hilft, neue stereotypenfestigende Schubladen zu vermeiden. Als innovatives Beispiel sei die Methode der Fallrekonstruktion (Reproduktion authentischer oder Konstruktion imaginierter, aber realitätsnaher Fälle) durch Rollenspiele mit Simulationspatienten – von Schauspielern gespielt – genannt. Im Rahmen des praktischen Jahres erhalten die Medizinstudierenden die Gelegenheit, in Kleingruppen Fälle hautnah (wenngleich simuliert) zu erleben und sich in Diagnose und Kommunikation zu üben. Das Lern- und Lehrarrangement beinhaltet die jeweilige Fallinterpretation, die zusätzlich durch das gemeinsame Studium von sogenannten *paper cases* ergänzt wird.[3]

7. Curriculum ‚Interkulturelle Kompetenz' im Medizinstudium – Eine Institutionelle Herausforderung?

Die meisten Publikationen bezüglich der pädagogischen Aspekte interkulturellen Zusammenlebens und –arbeitens beschäftigen sich mit den geläufigen Grundbegriffen (Kultur, Orientierungssysteme usw.) sowie didaktischen Fragen (Allemann-Ghionda 2009). Noch wenig diskutiert sind allerdings die Motivation, die Erwartungen und die Haltungen von Studierenden sowie von paramedizinischen Fachkräften des Gesundheitssystems gegenüber der Vermittlung interkultureller Kompetenz.

In Anlehnung an diesen Gedanken muss vorab festgehalten werden, dass die angewandte Hochschuldidaktik der Medizin sich in ihrer Auseinandersetzung und Vermittlung mit dem Thema, von Ausnahmen abgesehen, meistens auf dem Stand kompensatorischer Konzepte befindet. Darin drückt sich jene in der Fachöffentlichkeit insgesamt vorherrschende Haltung aus, die dem Patienten als Experten in eigener Sache wenig Stellenwert beimisst und ihm geringen Gestaltungsspielraum lässt. Hat der Patient offensichtlich einen Migrationshintergrund, dann verstärkt sich dieser Effekt.

Bei vorliegenden quantitativen und qualitativen Evaluationen zur Nützlichkeit der `Interkulturellen Kompetenz´ im Medizinstudium beispielsweise an der Justus-Liebig-Universität Gießen (Knipper/Akinci 2005) zeigte sich, dass die Erwartungen der Studierenden auf konkrete Hilfestellungen für die Interaktion mit Patienten nicht-deutscher Herkunft bezogen sind.[4] Auf Seiten der Studierenden werden immer wieder Kenntnisse über bestimmte (kulturspezifische) Handlungsanweisungen erwartet. Es mag damit zwar der Wunsch nach Weiterbildung zur Verbesserung der Situation bestehen, aber die Studierenden sehen es möglicherweise nicht als ihre Aufgabe, entsprechende reflexive Lösungswege durch eigene Kompetenzentwicklungen zu beschreiten. Zum Beispiel formulierten die Teilnehmer, befragt nach ihrer Motivation, selten, dass sie durch den Kontakt mit Mig-

---

3   Vgl.: Lehrprojekt: **EISBÄR** (Entwicklung und Integration von Schlüsselkompetenzen des Berufsbildes von Ärztinnen und Ärzten) an der Universität zu Köln (http://www.pjstartblock. uni-koeln.de/11482.html)

4   Qualitative empirische sowie quantitative Untersuchung zur Nützlichkeit und dem Bedarf der „Interkulturellen Kompetenz" im Medizinstudium (10. Semester) der Universität zu Köln sind in Bearbeitung. Erste Ergebnisse bestätigen das Dargestellte (http://www.pjstartblock.uni-koeln. de/11482.html).

ranten neugierig auf die Thematik geworden seien, eine positive Herausforderung erkannt haben und dieser durch anregende Lernprozesse begegnen möchten. Vielmehr empfinden sie die veränderte Arbeitssituation als belastendes Problem, welches ihnen aufgebürdet wurde. Studierende, die bereits aufgrund verschiedener praktischen Erfahrungen einen professionellen Druck oder eine Hilflosigkeit empfinden und Lösungen suchen, nehmen didaktische Angebote zwar gerne an, erwarten aber in der Regel die gewohnte rezeptologische Wissensvermittlung. Ein Ansatz interkulturellen Lernens, der die Offenheit und Gegenseitigkeit im Interaktionsprozess betont, irritiert zunächst und kann für die Lernenden augenscheinlich nicht auf das Handeln in der Praxis bezogen werden. Dies hat zur Folge, dass universitäre Veranstaltungen die linearen und systematischen Wissensvermittlungen (Instruktionsparadigma) oft nicht überwinden und den vordergründigen Erwartungen durch Veranstaltungen wie zum Beispiel „Der türkische Patient" zu begegnen versuchen. Hier wird eine Problemlage formuliert, bei der die `Schuld´ für Störungen im Klinikalltag dem Migranten und seinem vermeintlich schwierigen Verhalten zugeordnet wird.

> „In dieser Einstellung spiegeln sich gesellschaftliche Diskurse über Integration (MigrantInnen als Gäste, die sich anzupassen haben usw.) samt deren rassistischen Elemente wider. Viele Mitarbeiter sehen folglich nicht ein, warum sie sich selber weiterbilden sollten." (Sprung 2007, S. 317)

Doch diese Haltung führt in eine Sackgasse, da Lebenssituationen in ihrer Komplexität wahrzunehmen sind. Erst wenn die wesentlichen Elemente des interkulturellen Lernens, wie der Perspektivenwechsel, die Selbstreflexion oder der dynamische Kulturbegriff vermittelt sind und eine Kopplung an eine Generierung praxis- und feldrelevanten Struktur- und Handlungswissens stattfindet (Lern-Lehrkonzept), kann entsprechende Kompetenz als im Interaktionsprozess hilfreich erkannt werden.[5] In diesem Kontext wird Wissensgenerierung mit der Möglichkeit des Erfahrungslernens verbunden: Einerseits über vom Dozenten antizipierbare, durch Übungen und Simulationen erzeugte, strukturierte Erfahrungen, andererseits durch das von den Studierenden eingebrachte Praxiswissen, das in der Gruppe reflektiert und unter Einbeziehung interkultureller Gesichtspunkte neu justiert werden muss. Abschließend sei hervorgehoben, dass im Rahmen eines medizinischen Curriculums bezüglich der Versorgung von ´fremdkulturellen Patienten´ und interkultureller Kompetenz weniger die Rede von `Problemkonfrontation´ und Arbeitsbelastung

---

5   In dieser Methode wird nicht nur das klassische Instruktionslernen, also lediglich Wissenstransfer organisiert, sondern Anregungen und Hilfen zur schrittweisen Umstrukturierung von Deutungssystemen geliefert. Mittels aktivierender und explorativer Methoden ist es hierbei die primäre Aufgabe des Dozenten, anregende Lernumgebungen sowie die Initialisierung und die Moderation des Lerngeschehens und der Lernberatung zu gestalten.

sein sollte. Vielmehr gilt es, den angehenden Ärzten nahezulegen, dass die Begegnung mit scheinbar `Fremden´ auch als Herausforderung und Chance betrachtet
werden kann, festgefahrene Routine in der Lehre und Praxis zu überdenken und
den Prozess der Selbstreflexion auf die eigene `Medizinkultur´ in Gang zu setzen.

Literatur

Allemann-Ghionda, C. (2009): Interkulturalität und interkulturelle Bildung. In: Andresen, S./Casale,
    R./Gabriel, T./Horlacher, R./Larcher Klee, S./Oelkers, J. (Hrsg.): Handwörterbuch Erziehungs-
    wissenschaft. Weinheim u.a.: Beltz, S. 424-437.
Assion, H.-J. (2005): Migration und seelische Gesundheit. Berlin/ Heidelberg/New York: Springer.
Brennan, T. (2002): Medical Professionalism Project. Medical professionalism in the new millennium:
    a physician charter. In: Annals of Internal Medicine 136 (3), S. 243-246.
Bundesministerium der Justiz (Hrsg.) (2010): Approbationsordnung für Ärzte. Erster Abschnitt – Die
    ärztliche Ausbildung § 1-§ 7. http://www.gesetzeiminternet.de/bundesrecht/_appro_2002/gesamt.pdf.
Dogra, N./Connin, S./Gill, P./Spence, J./Turner, M. (2005): Teaching of cultural diversity in medical
    schools in the United Kingdom and Republic of Ireland: cross sectional questionnaire survey.
    University of Leicester. In: BMJ Publishing Group (Hrsg.) 330, S. 403-404.
Domenig, D./Stauffen, Y./Georg, J. (2007): Transkulturelle Pflegeanamnese. In: Domenig, D. (Hrsg.):
    Transkulturelle Kompetenz. Lehrbuch für Pflege-, Gesundheits- und Sozialberufe. 2. überarbei-
    tete und erweiterte Auflage. Bern: Huber, S. 301-322.
Domenig, D. (²2007): Transkulturelle Organisationsentwicklung. In: Domenig, D. (Hrsg.): Transkultu-
    relle Kompetenz. Lehrbuch für Pflege-, Gesundheits- und Sozialberufe. Bern: Huber, S. 341-368.
Elkeles, T./Seifert, W. (1993): Migration und Gesundheit. Arbeitslosigkeits- und Gesundheitsrisiken
    ausländischer Arbeitsmigranten in der Bundesrepublik Deutschland. In: Sozialer Fortschritt 42.
    H. 10, S. 235-241.
Ethno-Medizinisches Zentrum e.V./BKK Bundesverband (2010): Mit Migranten für Migranten – In-
    terkulturelle Gesundheit in Deutschland. http://mimi-online.bkk-bv-gesundheit.de/.
Faltermaier, T. (2001): Migration und Gesundheit: Fragen und Konzepte aus einer salutogenetischen
    und gesundheitspsychologischen Perspektive. In: Marschalck, P./Wiedl, K.- H. (Hrsg.): Migra-
    tion und Krankheit. Osnabrück: IMIS- Beiträge, S. 93-112.
Faltermaier, T. (2004): Gesundheitsberatung. In: Nestmann, F./Engel, F./Sickendiek, U. (Hrsg.): Handbuch
    der Beratung. Band 2: Ansätze, Methoden und Felder. Tübingen: DCGT- Verlag, S. 1063-1081.
Frigessi Castelnuovo, D./Risso, M. (1986): Emigration und Nostalgia. Sozialgeschichte, Theorie und
    Mythos psychischer Krankheit von Auswanderern. Frankfurt am Main: Cooperative-Verlag.
Habermann, M. (2002): Interkulturelles Management in der Altenpflege. Eine Einführung. Bonn: Deut-
    sches Institut für Erwachsenenbildung.
Hornung, R. (2004): Prävention und Gesundheitsförderung bei Migranten. In: Hurrelmann, K./Klotz, T./
    Haisch, J. (Hrsg.): Lehrbuch Prävention und Gesundheitsförderung. Bern u.a.: Huber, S. 329-337.

Hurrelmann, K./Richter, M. (Hrsg.) (²2009): Gesundheitliche Ungleichheit. Grundlagen, Probleme, Perspektiven. Wiesbaden: VS Verlag für Sozialwissenschaften.

Knecht, M (2008): Jenseits von Kultur: Sozialanthropologische Perspektiven auf Diversität, Handlungsfähigkeit und Ethik im Umgang mit Patientenverfügungen. In: Ethik in der Medizin 20, H. 3, S. 169-180.

Knipper, M./Akinci, A. (2005): Wahlfach „Migrantenmedizin" – Interdisziplinäre Aspekte der medizinischen Versorgung von Patienten mit Migrationshintergrund. In: GMS Zeitschrift für Medizinische Ausbildung 22, H. 4, Doc 215.

Knipper, M./Bilgin Y. (2009): Migration und Gesundheit. Sankt Augustin u.a.: Konrad-Adenauer-Stiftung e.V./Türkisch-Deutsche Gesundheitsstiftung e.V.

Knipper, M./Bilgin, Y. (2010): Medizin und ethnisch- kulturelle Vielfalt. Migration und andere Hintergründe. In: Deutsches Ärzteblatt 107 (3), S. 76-79.

Lalouschek, J. (2002): Frage- Antwort- Sequenzen im ärztlichen Gespräch. In: Brünner, G./Fiehler, R./ Kindt, W. (Hrsg.): Angewandte Diskursforschung. Band 1: Grundlagen und Beispielanalysen. Radolfzell: Westdeutscher Verlag, S. 155-173.

Lalouschek, J. (2007): Ärztliche Gesprächspläne und Anliegen von PatientInnen. Arbeitspapier zum Forschungsprojekt „Schmerzdarstellung und Krankheitserzählung". http://www.univie.ac.at/ linguistics/personal/florian/Schmerzprojekte/berichte.htm.

Lalouschek, J. (2008): Medizinische und kulturelle Perspektiven von Schmerz. Arbeitspapier zum Forschungsprojekt „Schmerzdarstellung und Krankheitserzählung". http://www.univie.ac.at/ linguistics/personal/florian/Schmerzprojekt/downloads/Arbeitspapier2008_SchmerzMedizin-Kultur_Lalouschek.pdf.

Ludwig Boltzmann Institute for the Sociology of Health and Medicine, WHO Collaborating Centre for Hospitals and Health Promotion (2005): MFH- Migrant-Friendly-Hospitals Projects. Vienna. http://www.mfh-eu.net/public/files/mfh-summary.pdf.

Lux, T. (2001): Zur Entstehung des medizinanthropologischen Krankheitsbegriffs. In: Curare-Zeitschrift für Ethnomedizin und transkulturelle Psychiatrie/ Journal of Medical Anthropology and Transcultural Psychiatry, Jg. 24, H. 1/2, S. 19-31.

Lux, T. (2003): Kulturelle Dimensionen von Medizin. Ethnomedizin – Medizinethnologie – Medical Anthropology. Berlin: Reimer.

Peters, T. (2008): Macht im Kommunikationsgefälle: der Arzt und sein Patient. Forum für Fachsprachen-Forschung. Berlin: Frank und Timme.

Petersen, A. (1995): Somatisieren die Türken oder psychologisieren wir? Gedanken zur angeblichen Neigung von Türken zum Somatisieren. In: Curare-Zeitschrift für Ethnomedizin und transkulturelle Psychiatrie/ Journal of Medical Anthropology and Transcultural Psychiatry 18, H. 2, S. 531-540.

Pourgholam-Ernst, A. (²2002): Das Gesundheitserleben von Frauen aus verschiedenen Kulturen. Frauen und Gesundheit. Münster: Telos Verlag.

Razum, O./Geiger I./Zeeb, H./Ronellenfitsch, U. (2004): Gesundheitsversorgung von Migranten. In: Deutsches Ärzteblatt 101, H. 43, S. A2882-A2887.

Rehbein, J. (1986): Institutioneller Ablauf und interkulturelle Missverständnisse in der Allgemeinpraxis. Diskursanalytische Aspekte der Arzt-Patienten- Kommunikation. In: Curare 9/86, S. 297-328.

Salman, R. (2001): Sprach- und Kulturvermittlung. Konzepte und Methoden der Arbeit mit Dolmetschern in therapeutischen Prozessen. In: Hegemann, Th./Salman, R. (Hrsg.): Transkulturelle Psychiatrie. Konzepte für die Arbeit mit Menschen aus anderen Kulturen. Bonn: Psychiatrie-Verlag, S. 169-190.

Schmitz, P. G. (2001): Akkulturation und Gesundheit. In: Marschalck, P./Wiedl, K.-H. (Hrsg.): Migration und Krankheit. Osnabrück: IMIS- Beiträge, S. 123-144.

Schönhuth, M. (2005): Glossar Kultur und Entwicklung. Ein Vademecum durch den Kulturdschungel. Eschborn: Deutsche Gesellschaft für Technische Zusammenarbeit (GTZ) und Bern: Direktion für Entwicklung und Zusammenarbeit (DEZA) im Eidgenössischen Departement für auswärtige Angelegenheiten, Bern, in Zusammenarbeit mit der Universität Trier, Fach Ethnologie.

Senge, P. M. (1999): Die fünfte Disziplin. Kunst und Praxis der lernenden Organisation. Stuttgart: Klett.

Sprung, A. (²2007): Transkulturelle Kompetenzerweiterung als Herausforderung für die Aus- und Weiterbildung. In: Domenig, D. (Hrsg.): Transkulturelle Kompetenz. Lehrbuch für Pflege-, Gesundheits- und Sozialberufe. Bern: Huber, S. 311-320.

Straub, J. (2007): Kultur. In: Straub, J./Weidemann, A./Weidemann, D. (Hrsg.): Handbuch interkulturelle Kommunikation und Kompetenz. Grundbegriffe – Theorien – Anwendungsfelder. Stuttgart: Metzler, S. 7-23.

Straub, J./Zielke, B. (2007): Gesundheitsversorgung. In: Straub, J./Weidemann, A./Weidemann, D. (Hrsg.): Handbuch interkulturelle Kommunikation und Kompetenz. Grundbegriffe – Theorien – Anwendungsfelder. Stuttgart: Metzler, S. 716-728.

Thomas, A. (2003): Interkulturelle Kompetenz – Grundlagen, Probleme und Konzepte. In: Erwägen Wissen Ethik – Streitforum für Erwägungskultur 14, H. 1, S. 137-228.

Yano, H. (2001): Anwerbung und ärztliche Untersuchung von ‚Gastarbeitern' zwischen 1955 und 1966. In: Wiedl, K. H./Marschalck, P. (Hrsg.): Migration und Krankheit. Osnabrück: IMIS Schriften, S. 65-83.

Zaumseil, M. (2007): Qualitative Sozialforschung in klinischer Kulturpsychologie. In: Psychotherapie & Sozialwissenschaft – Zeitschrift für qualitative Forschung und klinische Praxis 9, H. 2, S. 99-116.

Zimmermann, E. (2000): Kulturelle Missverständnisse in der Medizin – Ausländische Patienten besser versorgen. Bern u.a.: Huber.

Interkulturelle Kompetenz und Englischunterricht

Kerstin Göbel

1. Interkulturelle Handlungsfelder

Die Fähigkeit, interkulturell sensibel wahrzunehmen und über kulturell angepasste Handlungsstrategien zu verfügen, wird in verschiedenen gesellschaftlichen Zusammenhängen als Voraussetzung für erfolgreiches Handeln angesehen. Die zunehmende Vernetzung von Menschen und Institutionen unterschiedlicher nationaler und kultureller Provenienz erfordert Kommunikationsformen, die einen verständnisvollen Umgang auch mit anderskulturellen Personen notwendig machen. Der soziale Zusammenhalt kulturell heterogener Gesellschaften, die durch weltweite Migrationsbewegungen entstanden sind, kann nur erreicht und erhalten werden, wenn interkulturell kompetente Personen sich darum bemühen, Konflikte gemeinsam und auf der Basis wechselseitigen Respekts zu bearbeiten. Interkulturelle Situationen finden sich im Berufsleben aber auch in der Schule oder in der unmittelbaren nachbarschaftlichen Umgebung. Es bedarf daher der Bereitschaft und der Fähigkeit der Akteure verschiedener Kulturen, zusammenzuarbeiten und zusammenzuleben. Was interkulturelle Kompetenz tatsächlich ist oder sein sollte, wird aus verschiedenen disziplinären Perspektiven definiert und entsprechend werden Konzepte und Modelle interkultureller Kompetenz entwickelt, die jeweils unterschiedliche Bildungsbedarfe reflektieren und spezifizieren, so zum Beispiel für die fachdidaktische und die erziehungswissenschaftliche Lehrerausbildung, für die allgemeine Erwachsenenbildung, für die Sozialarbeit sowie für berufliche Weiterbildung (Allemann-Ghionda 2006; Bender-Szymanski/Hesse/Göbel 2000; Byram/Zarate 1997; Göbel 2007; Göbel/Hesse 2008; Leenen/Grosch 1998). Über die Förderung interkultureller Kompetenz steht bislang jedoch noch wenig evidenzbasiertes Wissen zur Verfügung. Der vorliegende Beitrag stellt zunächst verschiedene theoretische Modelle und dann ein Beispiel eigener empirischer Forschung aus dem Anwendungskontext des Englischunterrichts vor.

2. Konzeptualisierungen interkultureller Kompetenz in Pädagogik und Psychologie

Treten Personen unterschiedlicher kultureller Herkunft in Kontakt zueinander, so bewerten und regulieren beide Partner ihr Verhalten und das ihres Gegenübers vor dem Hintergrund ihrer eigenen kulturell geprägten Annahmen. Kulturelle Vorstellungen, das sind für die Mitglieder einer Kulturgruppe Selbstverständlichkeiten, die keiner besonderen Erklärung oder Begründung bedürfen (Wirth 1946). Diese tradierten Konzeptionen, die sich in Einstellungen und Wissen über das Leben widerspiegeln, bilden die Grundlage für die Kommunikation ihrer Mitglieder (Geertz 1973). Alexander Thomas (1996) umschreibt Kultur als zentrale Merkmale eines kulturspezifischen Orientierungssystems, die alle Arten des Wahrnehmens, Denkens und Handelns umfassen, die von der Mehrzahl der Mitglieder einer bestimmten Kultur als normal, selbstverständlich, typisch und verbindlich angesehen werden. Aus dem vorher Gesagten ergibt sich für interkulturelle Situationen immer die Notwendigkeit des Umgangs mit Fehlinterpretationen und Kommunikationsproblemen (Thomas 2006). Thomas wirft die Frage auf, welche Fähigkeiten nötig sind und welche situativen Gegebenheiten unterstützend wirken, damit Personen dazu in der Lage sind, schwierige Interaktionen mit anderskulturellen Partnern konstruktiv zu bewältigen und diese nicht voreilig abzubrechen. Dabei ist Kultur nicht als abgeschlossenes und unveränderliches Ganzes zu verstehen, sondern als ein sich kontinuierlich wandelndes System, innerhalb dessen kulturelle Muster ein Handlungsfeld darstellen, das den Gruppenangehörigen Handlungsmöglichkeiten und Grenzen bietet, die sie aufgreifen, verändern und weiterentwickeln können (Boesch 1980).

In einem Übersichtsartikel kamen Dinges und Baldwin (1996) aus pädagogisch-psychologischer Sicht zu einer kritischen Einschätzung der wissenschaftlichen Qualität der bis dahin vorgelegten Modelle interkultureller Kompetenz. Was erfolgreiche, individuelle interkulturelle Kompetenz ausmacht, werde aus normativen Idealvorstellungen abgeleitet, die zumeist wenig empirische Begründung haben. Diese Bedenken sind bis heute nicht ganz auszuräumen (Thomas/Simon 2007). Die Sicht auf interkulturelle Kompetenz wurde innerhalb der Psychologie bis in die 1970er Jahre vom personalistischen Forschungsansatz vertreten. Bis heute zeigt dieser Ansatz, vor allem in praktischen Bezügen, seine Wirkung. Interkulturelle Kompetenz wurde im Sinne von Personeneigenschaften verstanden. Die Gegenrichtung eines eher situationsorientierten Forschungsansatzes geht davon aus, dass mehr oder weniger verfestigte persönliche Eigenschaften bei der Bewältigung von interkulturellen Aufgaben eine vernachlässigbare Rolle spielen. Der Erwerb interkulturell erfolgreichen Handelns bestünde entsprechend dem situationsorientierten Ansatz im Erlernen von situationsspezifischen Mustern zur Bewältigung der Anforderungen neuartiger Umgebungen. Die naheliegende Idee, beide Ansätze im Sinne eines interaktiven Modells von persönlichen Eigenschaften und situativer Anforderungen zu verbinden, ist bislang empirisch nur unzureichend überprüft worden. Interessant sind in diesem Zusammenhang die Ergebnisse von Parker und McEvoy (1993). Bei ihren Untersuchungen zeigten individuelle und situative Faktoren der Anpassung im interkulturellen Umfeld geringe und teilweise sogar negative Zusammenhänge zum Anpassungsergebnis. Lediglich die kulturelle Distanz stand mit der Anpassungsfähigkeit in einem gewissen Verhältnis (siehe auch Thomas/Simon 2007). Im Folgenden werden verschiedene pädagogisch und fachdidaktisch relevante Konzeptionslinien interkultureller Kompetenz dargestellt.

Vor dem Hintergrund der Notwendigkeit des Umgangs mit kultureller Heterogenität in deutschen Bildungseinrichtungen wird in der interkulturellen Pädagogik eine durch zwei Prinzipien gekennzeichnete interkulturell kompetente Haltung gefordert (Auernheimer 2001). Diese Haltung besteht aus dem Grundsatz der Gleichheit und der Anerkennung anderer Identitätsentwürfe und kultureller Andersartigkeit. Da die Bewusstheit über kulturelle Andersartigkeit jedoch nicht immer unmittelbar verfügbar ist, bedarf es eines Lernprozesses, der ein erweitertes Verständnis der interkulturellen Situation ermöglicht. Leenen und Grosch (1998) unterteilen den interkulturellen Lernprozess in verschiedene Phasen: Zunächst sollte die generelle Kulturgebundenheit menschlichen Verhaltens erkannt werden. Dann sollten spezifische fremdkulturelle Muster wahrgenommen werden, ohne diese zu bewerten. Die Kulturgebundenheit eigenen Verhaltens soll als nächstes erkannt und zuletzt Deutungswissen über die andere Kultur entwickelt werden. Eine verständnis- und respektvolle Haltung gegenüber anderen Kulturen ist die Voraussetzung für die Erweiterung des eigenen Handlungsspielraums und damit für die Entwicklung interkultureller Handlungskompetenz. Ein weiteres zentrales Postulat der interkulturellen Pädagogik liegt in der Anerkennung der Existenz möglicher Ungleichheiten und Machthierarchien in der interkulturellen Beziehung. Diese Unterschiede in der Machtausstattung können die Selbst- und Fremdwahrnehmung im interkulturellen Kontakt noch über die kulturelle Differenz hinaus erschweren (Auernheimer 2010).

Eine Definition interkultureller Kompetenz, die die Funktionalität im jeweiligen Handlungskontext berücksichtigt, findet sich bei Thomas, Kinast und Schroll-Machl (2000). Sie definieren interkulturelle Handlungskompetenz als Fähigkeit, kulturelle Bedingungen und Einflussfaktoren im Wahrnehmen, Denken, Urteilen, Empfinden und Handeln, einmal bei sich selbst und zum anderen bei kulturell fremden Personen, zu erfassen, zu würdigen, zu respektieren und produktiv zu nutzen. Thomas (2003) verbindet seine Konzeptionen, die der pädagogisch-psychologischen Forschung entstammen, mit denen der interkulturellen Pädagogik und entwirft ein komplexes handlungs- und lerntheoretisches Prozessmodell der Entwicklung interkultureller Kompetenz. Thomas (2003) geht davon aus, dass der Erwerb interkultureller Kompetenz nicht allein das Ergebnis zufälligen Lernens ist, sondern ein Resultat von interkulturellen Erfahrungen realer oder simulierter Art sowie von gezielten didaktisch formalisierten Lehrmaßnahmen darstellt. Erfahrungen in als ‚kritisch' erlebten interkulturellen Interaktionssituationen und die Reaktionen darauf, sind der Anstoß für den Lernprozess. Die produktive Nutzung des Gelernten zeigt sich in einem wechselseitigen interkulturellen Verstehen und einer daran anschließenden Anpassung an die jeweiligen kulturellen Gewohnheiten und Selbstverständlichkeiten des Partners. Dadurch wird die Zusammenarbeit für beide Seiten erträglich und die Produkte derselben sind für beide Seiten nützlich. Thomas (2003) geht davon aus, dass auf der Grundlage des Bewusstseins über die kulturelle Bedingtheit von Einstellungen und Verhalten, neue Kenntnisse über die fremdkulturellen Orientierungssysteme und deren Wirksamkeit leichter erworben werden können. Durch die Reflektion eigen- und fremdkultureller Kulturstandards in Werten, Normen und Regeln entwickele sich eine kulturelle Wertschätzung der eigenen und der fremden Kultur sowie der „Interkulturen". Es können interkulturell adäquate Strategien interkultureller Kommunikation und Kooperation entwickelt sowie kulturell äquivalente Lernmöglichkeiten und Lernmethoden im Sinne selbstregulierten Lernens genutzt werden.

Die sensible Wahrnehmung kultureller Unterschiede als Voraussetzung für erfolgreiches interkulturelles Handeln gilt innerhalb der wissenschaftlichen Diskussion um interkulturelle Kompetenz als weitgehend akzeptiert. Die funktionale Konzeption interkultureller Kompetenz von Thomas (2003) geht weiterhin davon aus, dass das Prüfkriterium beobachtbares erfolgreiches Handeln in interkulturellen Situationen ist. Für das Lehren und Lernen interkultureller Kompetenz sind Modelle des Kompetenzerwerbs sinnvoll, welche die Prozesse von einem Anfangszustand über Zwischenstufen hin zu einem Endzustand, oder vielleicht sogar mehreren möglichen Endzuständen, zum Inhalt haben. Prozessorientierten Konzepten ist ein Kompetenzbegriff gemeinsam, wie ihn Weinert (1999) beschreibt. Weinert argumentiert in seinem Gutachten für die OECD, dass die tragfähigste Definition von Kompetenz diejenige sei, die im Bereich der Expertiseforschung entwickelt worden ist (Mandl/Gruber/Renkl 1993). Ein „Experte" ist nach diesem Verständnis eine Person, die in der Lage ist, bestimmte Arten von Problemen erfolgreich zu lösen. Kompetenz ist demnach eine erworbene Disposition, die Personen befähigt, konkrete Anforderungssituationen eines bestimmten Typs zu bewältigen.

Ohne die Regelhaftigkeit im Einzelnen bisher nachgewiesen zu haben, kommen die Ansätze interkultureller Kompetenz von Bennett (1993) und Thomas (2003) dieser Konzeption nahe.

Aufbauend auf phänomenologischen Ansätzen sowie den Ideen der konstruktivistischen Erkenntnistheorie stellt Bennett (1993) in seinem Modell der Entwicklung interkultureller Sensibilität die subjektive Deutung und die subjektive Konstruktion kultureller Unterschiede in den Mittelpunkt. Er definiert interkulturelle Sensibilität als Lernprozess, innerhalb dessen aufeinander aufbauende Stadien unterschieden werden können. Jedes Stadium des von ihm angenommenen Kontinuums repräsentiert die steigende Kompetenz, kulturelle Unterschiede wahrzunehmen. Interkulturelle Situationen werden zunehmend komplexer und differenzierter subjektiv konstruiert. Die Phase der Minimisierung stellt den Mittelpunkt des Kontinuums dar und bildet somit den Übergang von ethnozentrischen zu ethnorelativen Phasen. Dabei werden kulturelle Unterschiede mit zunehmender Sensibilität dynamischer erlebt. Das Individuum nimmt sich selbst mehr und mehr als Produkt und Konstrukteur seiner Kultur wahr. In der folgenden Abbildung ist die Phasenabfolge der subjektiven Konstruktionen kultureller Verschiedenheit in interkulturellen Kommunikationssituationen dargestellt, wie sie von Bennett (1993) konzipiert wurde.

Abbildung 1:   Die Phasen des DMIS (Developmental Model of Intercultural Sensitivity) von Bennett (1993, S.182 ff.)

Ethnozentrische Phasen Eigene Weltsicht ist zentral für die Realität. In der 3. Phase werden kulturelle Unterschiede mittels kultureller Ähnlichkeiten negiert.			Ethnorelative Phasen Kulturen werden im Verhältnis zueinander verstanden. Verhalten wird vor dem Hintergrund des kulturellen Kontextes interpretiert. Es gibt keine absoluten Standards für richtig oder falsch.		
Denial/ Ignoranz	Defense/ Abwehr	Minimization	Acceptance	Adaptation	Integration
Kulturelle Unterschiede werden in der Konzeption der interkulturellen Situation nicht berück-sichtigt.	Starke Betonung kultureller Unterschiede bei gleichzeitiger Abwertung der anderen Kultur (Negative Stereotypisierung).	„alle Menschen sind gleich" Unterschiede werden miniert. Kulturelle Werte werden als Universelle missverstan-den.	Kulturelle Unterschiede werden akzeptiert und respektiert. Bewusstheit über die Kultur-gebundenheit des Handelns.	Andere kulturelle Referenzrahmen werden berücksichtigt. Kulturelle Verschiedenheit wird kognitiv antizipiert und berücksichtigt. Produktiver Umgang mit fremdkulturellen Personen und Empathie.	Anpassung an unter-schiedliche Kulturen möglich. Werte werden aufgrund unterschiedlicher Referenz-rahmen evaluiert. Fähigkeit zur interkulturellen Mediation.

Während der ethnozentrischen Phasen bleibt die auf die eigene Kultur beschränkte Weltsicht zentral für die Konstruktion der Realität. Auf kulturelle Ignoranz *(„denial")* folgt die Ablehnung der anderen Kultur *(„defense")*. Gegen Ende der ethnozentrischen Stufen *(„minimization")* werden kulturelle Unterschiede mit einer universalistischen oder transzendentalen Begründung negiert. In den ethnorelativen Phasen findet die Wirklichkeitskonstruktion auf der Grundlage kultureller Wechselbeziehungen statt. Verhalten wird vor dem Hintergrund des kulturellen Kontexts interpretiert *(„acceptance")*. Mit wachsender Sensibilität werden kulturelle Unterschiede dynamischer erlebt. Die Person empfindet sich selbst zunehmend als Produkt und Konstrukteur ihrer Kultur *(„adaptation")*. Die Entwicklung interkultureller Sensibilität ist letztlich die Entfaltung eines neuen Bewusstseins und dadurch eines neuen Zugangs zur Deutung kultureller Unterschiede *(„integration")*. Bennett geht davon aus, dass sich die Entwicklung interkultureller Kompetenz auf die kognitive, affektive und die Handlungs-Ebene bezieht.

3. Die Bedeutung der Vermittlung interkultureller Kompetenzen im Fremdsprachenunterricht

In Bezug auf das Fremdsprachenlernen nimmt das Fach Englisch im deutschen Bildungssystem eine zentrale Stellung ein. Seit der sogenannten „kommunikativen Wende" der 1970er Jahre und der interkulturellen Zielrichtung der 1980er und 1990er Jahre enthalten die Richtlinien und Lehrpläne der Länder verbindliche Aussagen zur Umsetzung von sowohl kommunikativen als auch interkulturellen Lernzielen. Die Lehrpläne der Bundesländer für das Fach Englisch betonen einerseits den Erwerb spezifischen interkulturellen Wissens über Großbritannien und die USA sowie andererseits die generelle Fähigkeit, mit Menschen anderer Kulturen interagieren zu können (Göbel/Hesse 2004). Die Bildungsstandards 'Fremdsprachen für die Jahrgangsstufe 9' (KMK 2003) gehen ausführlich auf das Lernziel interkulturelle Kompetenz ein und umschreiben es als Umgang mit Differenz und Andersartigkeit, soziokulturelles Orientierungswissen sowie Bewältigung interkultureller Situationen (Steinert/Klieme 2004). Der für die internationale Verankerung des Fremdsprachenlernens zunehmend bedeutsame Gemeinsame Europäische Referenzrahmen (GER) für Sprachen (Trim u.a. 2001) beschränkt seine Definition interkultureller Kompetenz bislang nur auf den sprachlichen Umgang mit Redewendungen, Aussprüchen, Registerunterschieden und sozialen Varietäten.

Kulturdefinitionen in der Fremdsprachendidaktik rekurrieren auf unterschiedliche Disziplinen und Diskurse. Im Gegensatz zu Kulturdefinitionen anderer Disziplinen nimmt das Verhältnis von Sprache und Kultur in den Definitionsbestimmungen der Fremdsprachendidaktik eine zentrale Rolle ein (Bredella 2002; Damen 1987; Kramsch 1993). Sprache und Kultur sind untrennbar miteinander verbunden, denn Kultur wird durch Sprache repräsentiert und drückt sich in ihr aus. Michael Byram (1997) ist einer der wichtigsten Vertreter der aktuellen fremdsprachendidaktischen Diskussion zum Konstrukt interkulturelle Kompetenz. Er stellt die Zielsetzungen interkultureller kommunikativer Kompetenz in den Mittelpunkt seiner Betrachtung und umschreibt diese mit fünf Dimensionen. Bei den von ihm genannten „cinq savoirs" handelt es sich im Einzelnen um: 1. *savoir:* Wissen über die andere Kultur, 2. *savoir apprendre/savoir comprendre:* sich in die andere Kultur hineinversetzen und zusätzliche Kenntnisse erwerben, 3. *savoir faire:* Handlungskompetenz in der anderen Kultur, 4. *savoir s'engager:* kritisches Engagement für die andere Kultur, 5. *savoir être:* ethnozentrische Einstellungen ablegen und eine gute Beziehung zur anderen Kultur herstellen. Für Byram (1997) ist interkulturelle Kompetenz nicht allein durch ein möglichst angepasstes Handeln in einer anderen Kultur gekennzeichnet, sondern darüber hinaus durch die Entwicklung einer Haltung, die Ausgangskultur und Zielkultur zu einer neuen Einheit verbindet.

Hierzu gehört für ihn auch die Fähigkeit, sich selbstständig Wissen über andere Kulturen anzueignen. Aber über das Faktenwissen hinaus geht es um das Verstehen und Wertschätzen der anderen Kultur und des mit ihr verknüpften Lebensstils mit seinen Gepflogenheiten, Werten und Einstellungen. Es gelte zu begreifen, wie kulturell angemessene Kommunikation auf einem solchen Verständnis aufbaut. Schüler sollten die denotative und konnotative Bedeutung von Wörtern kennen. Sie sollten in der Lage sein, ihre Gedanken und Gefühle in sozial und kulturell angemessener Weise auszudrücken. Zusammenfassend können die Ziele interkulturellen Lernens im Fremdsprachenunterricht folgendermaßen umschrieben werden:

- Bewusstheit über kulturelle Unterschiede
- Kulturelle Selbstwahrnehmung
- Interesse an anderen Kulturen und an interkulturellen Themen
- Akzeptanz kultureller Unterschiede
- Fähigkeit sich in anderskulturelle Personen hineinzuversetzen
- Fähigkeit zu interkulturell erfolgreichem Handeln
  (Bredella 2002; Byram 1997; Göbel/Hesse 2004; Steinert/Klieme 2004).

Im Gegensatz zu Modellen interkultureller Kompetenz, wie sie in der Pädagogik und Psychologie entwickelt wurden, ist im Rahmen von Fremdsprachenunterricht zu bedenken, dass diese Kompetenzen im Rahmen von Unterricht vermittelt werden sollten. Im Hinblick auf die didaktische Praxis des Fremdsprachenunterrichts sind Modelle ergiebig, die mögliche Entwicklungsverläufe und damit auch mögliche pädagogische Interventionen beim Erwerb interkultureller Kompetenz aufzeigen. Das Modell von Bennett (Bennett 1993; Hammer/Bennett/Wiseman 2003) stellt ein Bindeglied zwischen psychologischen und fremdsprachendidaktischen Modellen dar, weil es aus den Entwicklungsphasen interkultureller Sensibilität pädagogisch-didaktische Interventionsmöglichkeiten ableitet, die auch auf den Fremdsprachenunterricht bezogen werden (Bennett/Bennett/Allen 2003). Im Wesentlichen beschreibt Bennett (1993) die Entwicklung interkultureller Kompetenz als ein „Ablegen" ethnozentrischer Einstellungen und ist damit auch dem didaktischen Modell von Byram (1997) verwandt, wo eine Teilkompetenz als *„savoir être "* bezeichnet wird. Auch in den anderen dargestellten Modellen interkultureller Kompetenz spielt das Ablegen ethnozentrischer Einstellungen eine zentrale Rolle und wird als Voraussetzung für interkulturell kompetentes Handeln angesehen (Auernheimer 2001; Leenen/Grosch 1998; Thomas 2003). Das Modell von Bennett (2003; 1993) geht jedoch in zweifacher Hinsicht darüber hinaus: Einerseits beschreibt es nicht nur das Ziel des Ablegens ethnozentrischer Einstellungen, sondern auch den Weg dorthin und es präzisiert diesen Weg über verschiedene Phasen ethnozentrischer Einstellungen. Andererseits konnte dieses Modell, im Gegensatz zu den anderen dargestellten, bereits erfolgreich empirisch umgesetzt werden (Hammer/Bennett/Wiseman 2003).

4. Entwicklung von interkulturellen Test-Aufgaben für den Englischunterricht

Die DESI-Studie (Deutsch Englisch Schülerleistungen International) untersuchte die sprachlichen Leistungen von ca.11.000 Neuntklässlern und die Unterrichtswirklichkeit in den Fächern Deutsch und Englisch mittels Befragungen von Schülern, Lehrkräften, Eltern und Schulleitungen sowie Videoaufnahmen von Englischunterricht. Ziel des Moduls Interkulturelle Kompetenz in DESI (DESI-IKK) war es, ein bislang in verschiedenen Disziplinen unscharf diskutiertes Konstrukt empirisch fassbar zu machen und dadurch die Diagnose und Evaluation interkultureller Lernziele im Englischunterricht zu ermöglichen. Die empirische Erfassung von interkulturellen Lernergebnissen macht die Evaluation über verschiedene Projekte und Unterrichtskonzeptionen hinweg möglich und kann die Grundlage für eine empirisch begründete Weiterentwicklung von interkulturellem Lehr-Lern-Prozessen im Englischunterricht bilden.

4.1 Der Prozess der Aufgabenentwicklung

Die Entwicklung der interkulturellen Aufgaben im DESI-Projekt erfolgte durch die verantwortlichen Psychologen in zum Teil enger Kooperation mit den Experten der Fachdidaktik Englisch im DESI Konsortium und soll im Folgenden in Hinblick auf ihre theoretische und methodische Fundierung dargestellt werden. Dabei lehnt sich die Aufgabenentwicklung im Modul interkulturelle Kompetenz (DESI-IKK) an das Modell von Bennett und an die Definition von Thomas an und definiert interkulturelle Kompetenz als die Fähigkeit, kulturelle Bedingungen und Einflussfaktoren im Wahrnehmen, Denken, Urteilen, Empfinden und Handeln, einmal bei sich selbst und zum anderen bei kulturell fremden Personen zu erfassen, zu würdigen, zu respektieren und produktiv zu nutzen (Bennett 1993; Thomas/Kinast/Schroll-Machl 2000).

Das DESI-Projekt ist curricular ausgerichtet und daher wurden die interkulturellen Aufgaben vor dem Hintergrund der Analyse der Englischcurricula und Lehrwerke für die neunte Klasse konzipiert (Göbel/Hesse 2004). Theoretisch diente das Modell von Bennett (1993) als Vorlage für die Konzeptualisierung verschiedener Stadien interkultureller Sensibilität. Die Entwicklung der Aufgaben wurde von

Experten begleitet und die Auswahl der Aufgaben durch eine externe Expertenbefragung unterstützt. Eine weitere Validierung der Aufgaben wurde durch die Einbeziehung eines Fragebogens zur allgemeinen interkulturellen Kompetenz (AIK)
gewährleistet. Die folgende Abbildung 2 stellt die Sequenzen der Aufgabenentwicklung dar, die in den nächsten Kapiteln ausführlicher beschrieben werden sollen.

Abbildung 2: Prozess der Aufgabenentwicklung im Modul Interkulturelle
Kompetenz in DESI (vgl. Hesse & Göbel, 2007, S. 260)

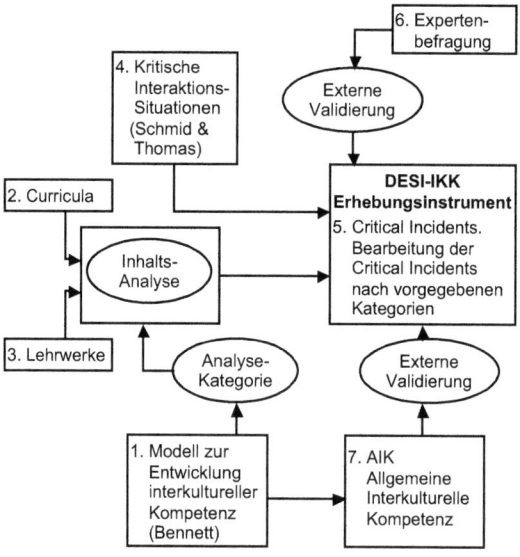

Die Kategorien der Curriculum-Analyse der neunten Klasse wurden aus dem Modell von Bennett abgeleitet. Die Curriculum-Analyse macht deutlich, dass innerhalb
der Lehrpläne ein gewisser Überhang zu Gunsten kognitiver Kategorien vorliegt

und zum einen deklaratives Kulturwissen und zum anderen interkulturelle Handlungsfähigkeit betont werden. Demgegenüber spielen affektive Dimensionen wie Empathie und Einsicht in die Affektivität interkultureller Kommunikation keine oder eine untergeordnete Rolle (Göbel/Hesse 2004). Schulisches Fremdsprachenlernen befasst sich eher mit kulturspezifischen Inhalten (in den neunten Klassen wird auf die englische Kultur eingegangen), welche nach Byram (1997) die Voraussetzung für das weiterführende kulturallgemeine Lernen darstellen. Diese kulturspezifischen Inhalte müssen in die Instrumententwicklung für das DESI-IKK Modul mit einbezogen werden, um eine unterrichtsnahe Orientierung zu gewährleisten. Bei der Durchsicht der Lehrpläne wird ferner deutlich, dass die allgemeinen Lehrziele und die spezifischen Lehrinhalte weitgehend unverbunden nebeneinander stehen. Kulturspezifische Lehrziele sind etwa die Fähigkeit, sich in einer spezifischen Kultur angemessen zu verhalten oder Wissen über die Weltsicht und die Verhaltensorientierungen dieser Kultur zu erwerben. Kulturallgemeine Lehrziele sind beispielsweise die Überwindung des Ethnozentrismus, die Entwicklung kultureller Selbstbewusstheit, der Wertschätzung, des Interesses und des Respekts für kulturelle Verschiedenheit. Mit welchen konkreten Lehrinhalten die Lehrpersonen die allgemeinen Lehrziele vermitteln, bleibt ihnen in vielen Lehrplänen selbst überlassen (Göbel/Hesse 2004). Die Lehrplananalyse macht deutlich, dass es im Englischunterricht der neunten Jahrgangsstufe nicht nur um kulturallgemeine, sondern auch um kulturspezifische Inhalte geht, insbesondere um die englische Kultur.

In Bezug auf die Definition der kulturspezifischen Inhalte in der Aufgabenentwicklung der interkulturellen Aufgaben in DESI (DESI-IKK) ist der Kulturbegriff, wie er von Thomas (1996) verwendet wird, eingegangen. Thomas hat für die Definition von kulturellen Bedingungen den Begriff der Kulturstandards entwickelt, der vor allem die intersubjektiven Interaktionen in einer Kultur beschreibt. Alle Arten des Wahrnehmens, Denkens und Handelns, die von der Mehrzahl der Mitglieder einer bestimmten Kultur als normal, selbstverständlich, typisch und verbindlich angesehen werden, sind für ihn die zentralen Merkmale eines kulturspezifischen Orientierungssystems. Eigenes und fremdes Verhalten wird auf der Grundlage dieser Kulturstandards beurteilt und reguliert. Kulturstandards sind hierarchisch strukturiert und miteinander verbunden. Sie können auf verschiedenen Abstraktionsebenen definiert werden und von allgemeinen Werten bis hin zu sehr spezifischen verbindlichen Verhaltensvorschriften reichen. Die individuelle und gruppenspezifische Ausprägung dieser Kulturstandards kann innerhalb eines Toleranzbereichs variieren, doch werden Verhaltensweisen und Einstellungen, die außerhalb der Toleranzgrenzen liegen, abgelehnt und sanktioniert. Zentrale Standards einer Kultur können in einer anderen völlig fehlen oder nur von peripherer

Bedeutung sein. Verschiedene Kulturen können ähnliche Kulturstandards aufweisen, die aber jeweils unterschiedliche Funktionen erfüllen können, in unterschiedlichen Handlungsfeldern wirksam werden und unterschiedlich weite Toleranzbe-
reiche aufweisen (siehe Thomas 1996).

Die einfache Abfrage deklarativen Wissens über die englische Kultur erschien
im Sinne der Kompetenzerfassung nicht ausreichend. In eigenen Voruntersuchungen
(Göbel 2001; Hesse 2001) und anderen Untersuchungen zur Erfassung und Förderung interkultureller Kompetenz (Thomas/Wagner 2002) stellt sich vielmehr heraus, dass sich interkulturelle Bewusstheit am sichersten mit Hilfe von tatsächlichen
oder vorgestellten interkulturellen Konflikten aktualisieren lässt. Zur Konzeption
der interkulturellen Aufgaben in DESI wurden daher *Critical incidents* (kritische
Interaktionssituationen) zur Anregung der Reflexion über interkulturelle Situationen als angemessene Vorgehensweise ausgewählt, um auf diese Weise die Sensibilität von Schülerinnen und Schülern in interkulturellen Situationen abzubilden
(Göbel/Hesse/Jude 2003). *Critical incidents* zwischen Personen unterschiedlicher
kultureller Herkunft sind solche, die im Kulturkontakt immer wiederkehren, durch
kulturelle Unterschiede erklärbar sind und bei den Interaktionspartnern zu Irritationen oder zu Konflikten führen können. Schmid und Thomas (2003) haben kritische Interaktionssituationen zwischen Deutschen und Briten gesammelt, die ihnen von deutschen Austausch-Studierenden sowie von Schülerinnen und Schülern
berichtet worden waren Vier dieser *critical incidents* wurden für die Aufgabenentwicklung in DESI genutzt. Sie beziehen sich auf die englischen Kulturstandards
Indirektheit persönlicher Kommunikation sowie *interpersonale Dissonanzredu-
zierung* (Schmid/Thomas 2003).

In einer Expertenbefragung wurden die *critical incidents* auf ihre Authentizi-
tät, Verständlichkeit und Relevanz für die neunte Jahrgangsstufe geprüft und revi-
diert (Göbel/Hesse/Jude 2003). Für die ausgewählten kritischen Interaktionssituationen wurden dann auf der Grundlage der Lehrplananalyse und dem Modell von
Bennett (1993) Fragen entwickelt, die von den Schülerinnen und Schülern bearbeitet werden sollen. Die so herausgearbeiteten *items* waren Grundlage für die Aufgabenentwicklung mit einem *multiple-choice* Format. Die *items* wurden so konstruiert, dass sie die Phasen interkultureller Kompetenzentwicklung im Sinne von
Bennett widerspiegeln (Bennett 1993; Bennett/Hammer 2002).

4.2 Aufgabenstruktur

Das entwickelte interkulturelle Instrument (DESI-IKK) besteht aus kurzen Situa-
tionsbeschreibungen, die einen interkulturellen Konflikt enthalten. Anschließend
werden Fragen zur Situationsanalyse, zur Empathie und zu intendierten Handlungs-

strategien gestellt. Weiterhin wird zum Schluss eine sogenannte Transferfrage gestellt, bei der die Schüler angeben sollten, was man aus dieser Geschichte lernen kann. Zu jeder Frage werden sechs bis acht Antworten vorgeschlagen, deren Angemessenheit bzw. Wahrscheinlichkeit des Zutreffens von den Schülerinnen und Schülern auf einer vierstufigen Skala einzustufen sind. Das im DESI-Projekt eingesetzte Verfahren zur Erfassung spezifischer interkultureller Kompetenz (DESI-IKK) besteht aus zwei *critical incidents* mit insgesamt 42 *items* und wurde zum Zeitpunkt 2 der Hauptuntersuchung eingesetzt. Dieses Verfahren wurde von allen Schülern der DESI-Stichprobe bearbeitet. Anhand der vorgegebenen Fragen sollen die für interkulturelle Kompetenz relevanten Dimensionen der Kognition, des Affektes sowie der Verhaltensebene und des Transfers erfasst werden. Zusammen bilden sie die Ausprägung der interkulturellen Kompetenz in unterschiedlichen Abstufungen.

Um Informationen darüber zu erhalten, inwieweit das kulturspezifische Verfahren DESI-IKK mit kulturallgemeinen Verfahren korrespondiert, wurden 20 *items* zur Erfassung allgemeiner interkultureller Kompetenz analog zum *Intercultural Developmental Inventory* (IDI) von Hammer und Bennett (1998) formuliert, wobei die Itemformulierungen der Altersgruppe angepasst wurden. Von 7.206 Schülern liegen Daten sowohl in Bezug auf die AIK (Allgemeine Interkulturelle Kompetenz) als auch auf das DESI-IKK Instrument vor.

Abbildung 3: Aufgabenstruktur (vgl. Hesse & Göbel, 2007, S. 265)

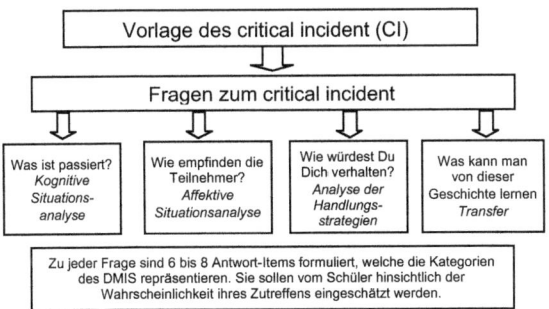

4.3 Forschungsergebnisse

Im Sinne einer externen Validierung wurde das kulturallgemeine Instrument (AIK) in die Befragung einbezogen (Schritt 7 in Abbildung 1). Es wurde angenommen, dass die Beantwortung der Fragen zur allgemeinen interkulturellen Sensibilität mit denen zur spezifischen interkulturellen Kompetenz korrespondieren, jedoch nicht zwingend sehr hoch miteinander korreliert sein würden. Eine zu hohe Korrelation zwischen beiden Instrumenten würde die Neuentwicklung des kulturspezifischen Instruments fragwürdig machen. Dennoch wurde davon ausgegangen, dass es möglich sein müsste, die Antwortmuster zu den *critical incidents* (DESI-IKK-Instrument) auf die Antworten zu den AIK-Fragen (Fragebogen zur allgemeinen interkulturellen Kompetenz) zu beziehen. Da die Reihenfolge der Phasen des DMIS nicht abschließend geklärt ist (Hammer/Bennett/Wiseman 2003), ist für das DESI-IKK-Instrument eine vorsichtigere Vorgehensweise gewählt worden. Es wurde davon ausgegangen, dass die interkulturellen Orientierungen als Klassifikationen interkultureller Kompetenz verstanden werden, ohne Annahmen über eine Entwicklungsfolge der Kompetenzgruppen zu machen.

Die Analysen der DESI-Fragebögen zeigen, dass die Antworten der Schüler in Bezug auf den *critical incident* mit den Zuordnungen aufgrund der AIK-Fragen korrespondieren. Dieser Sachverhalt wird als Bestätigung der Konstruktvalidität des eingesetzten Instrumentariums zur Erfassung interkultureller Kompetenz im DESI-Projekt gewertet. Die Aufgaben zu den *critical incidents* sind demnach für die Bearbeitung durch Schüler der neunten Klasse geeignet und können das theoretische Konstrukt der interkulturellen Sensibilität im Sinne des DMIS (Bennett 1993) abbilden. Die Verteilungsmuster der Schülerantworten weisen jedoch darauf hin, dass sich eindimensional konstruierte Skalen-Modelle nicht für die Zuordnung zu einzelnen interkulturellen Kompetenzgruppen eignen, da diese Vorgehensweise mit einem zu hohen Risiko der Fehlklassifikation behaftet wäre. Die Mehrdimensionalität interkultureller Kompetenz muss bereits im Verfahren der Zuordnung selbst berücksichtigt werden. Dies bedeutet, dass die Gesamtkonfigurationen der Itemantworten für die Zuordnung der Schülerinnen und Schüler zu einer interkulturellen Kompetenzgruppe berücksichtigt werden müssen (für eine ausführlichere Darstellung der Ergebnisse siehe Göbel/Hesse/Jude 2008).

Die Befragungsergebnisse zeigen insgesamt, dass die individuelle interkulturelle Kompetenz in hohem Maße mit individuellen Voraussetzungen und persönlichen Merkmalen zusammenhängt (Göbel/Hesse/Jude 2008). Hierzu gehören die allgemeinen kognitiven Fähigkeiten, die Erstsprache und das Geschlecht. Mädchen werden eher den ethnorelativen Klassen zugeordnet als Jungen, ebenso hängen die kognitiven Eingangsvoraussetzungen positiv mit ethnorelativen Haltungen *(accep-*

tance/adaptation) zusammen. Ein deutlicher Zusammenhang besteht weiterhin, auch nach der Kontrolle der individuellen Merkmale auf Klassenebene, zwischen der interkulturellen Kompetenz und der Gesamttestleistung im Englischen sowie dem Soziopragmatik-Test. Hieraus lässt sich der Schluss ziehen, dass die Schülerinnen und Schüler, die gute Leistungen in den Englischtests erzielen, spezifische interkulturelle Begegnungssituationen sensibler reflektieren als Lernende mit weniger guten Englischkompetenzen. Damit einhergehend erfüllen sie mit einer höheren Wahrscheinlichkeit die Erwartungen der Lehrpläne in Bezug auf interkulturelle Kompetenz, nämlich die erkannten kulturellen Unterschiede zu akzeptieren und sich in einem gewissen Umfang an die anderskulturelle Umwelt anpassen zu können. Das Wissen über sozial adäquate Verhaltensweisen in einer anderen Kultur – im DESI-Test „Soziopragmatik" erfasst – scheint mit dem DESI-Instrument interkulturelle Kompetenz in besonderer Weise zusammen zu hängen. Außerschulische Lerngelegenheiten so wie sie von den Schülerinnen und Schülern berichtet werden, scheinen demgegenüber bis auf Urlaubsreisen in ein englischsprachiges Land kaum eine Wirkung auf die in DESI gemessene interkulturelle Kompetenz zu haben. Die Analysen legen die Annahme nahe, dass eine unsystematische Förderung interkulturellen Lernens bei Schülerinnen und Schülern dieser Altersgruppe nur bedingt Effekte auf die Lernergebnisse hat. Vor dem Hintergrund des starken Einflusses von Individualmerkmalen einerseits und der geringen Bedeutung der erhobenen außerschulischen Förderung andererseits, stellt sich die Frage, inwieweit der Unterricht die individuellen Voraussetzungen kompensieren kann.

Neben den individuellen Merkmalen der Lernenden spielen auch Qualitätsmerkmale des Unterrichts eine bedeutsame Rolle für die Vermittlung interkultureller Kompetenz. Mehrebenenanalysen zeigen, dass vor allem die interkulturelle Erfahrung der Lehrkräfte als auch deren allgemeine didaktische Kompetenz positiv mit dem Lernergebnis zusammen hängen (Göbel/Hesse 2008). Eine positive Fehlerkultur und eine gute Klassenführung sind neben der interkulturellen Erfahrung der Lehrkraft wichtige Qualitätsmerkmale interkulturellen Englischunterrichts. An dieser Stelle bestätigen sich die ersten Ergebnisse aus der DESI-Videostudie (vgl. Göbel 2007), in der die Erfahrungsbasiertheit interkulturellen Englischunterrichts als wichtiges Qualitätsmerkmal herausgearbeitet werden konnte. Je mehr Auslandskontakte Englischlehrkräfte haben, desto mehr können sie den Schülern im Unterricht erlauben, eigene Erfahrungen einzubringen und zu reflektieren. Die geringe Bedeutsamkeit anderer unterrichtlicher Variablen für die interkulturelle Kompetenz legt die Vermutung nahe, dass neben dem Unterricht und den individuellen kognitiven Merkmalen weitere außerschulische Einflussfaktoren einen Einfluss auf die Ergebnisse ausüben. Bislang ist weiterhin nicht bekannt, ob sich die Wirkungen des Unterrichts tatsächlich auch über einen längeren Zeitraum hinweg nachweisen lassen, hierzu wären längsschnittliche Forschungsdesigns nötig.

5. Ausblick

Mit der Entwicklung des interkulturellen Instruments in DESI ist im schulischen Kontext ein erster Anfang gemacht, um interkulturelle Lernergebnisse in der Schule abzubilden. Die Validierung dieser Aufgabenentwicklung über die Analysen der DESI-Unterrichtsvideos zur Vermittlung interkultureller Inhalte im Englischunterricht steht noch am Anfang (Göbel/Helmke 2010). Es wird in weiteren Auswertungen darum gehen müssen, die interkulturelle Qualität des Unterrichts und damit auch mögliche Lernziele differenzierter zu bestimmen und die Nachhaltigkeit unterrichtlicher Wirkungen auszuloten.

Literatur

Allemann-Ghionda, C. (2006): Soziokulturelle und sprachliche Pluralität als anthropologische Voraussetzung und notwendige pädagogische Perspektive der Entwicklung von Standards und Kompetenzen in der Lehrerinnen- und Lehrerbildung. In: Plöger, W. (Hrsg.): Was müssen Lehrerinnen und Lehrer können? Beiträge zur Kompetenzorientierung in der Lehrerbildung. Paderborn: Schöningh, S. 235-256.

Auernheimer, G. (2001): Anforderungen an das Bildungssystem und die Schulen in der Einwanderungsgesellschaft. In: Auernheimer, G. (Hrsg.): Migration als Herausforderung für pädagogische Institutionen. Opladen: Leske + Budrich, S. 45-58.

Auernheimer, G. (2010): Theorien interkultureller Bildung. In: Roth, H. J./Anastasopoulos, C. (Hrsg.): Fachgebiet Interkulturelle Bildung. Enzyklopädie Erziehungswissenschaft Online. Weinheim: Juventa. www.erzwissonline.de

Bender-Szymanski, D./Hesse, H.G./Göbel, K. (2000): Akkulturation in der Schule: Kulturbezogene Konflikte und ihre Auswirkung auf Denken und Handeln junger Lehrer in multikulturellen Schulklassen. In: Gogolin, I./Nauck, B. (Hrsg.): Migration, gesellschaftliche Differenzierung und Bildung. Opladen: Leske + Budrich, S. 213-244.

Bennett, J. M./Bennett, M. J./Allen, W. (2003): Developing intercultural competence in the language classroom. In: Lange, D. L./Paige, M. (Eds.): Culture as the Core. Greenwich: IAP, pp. 237-270.

Bennett, M. J. (1993): Towards ethnorelativism: A developmental model of intercultural sensitivity. In: Paige, M. (Ed.): Education for the Intercultural Experience. Yarmouth: Intercultural Press, pp. 21-72.

Boesch, E. E. (1980): Kultur und Handlung. Einführung in die Kulturpsychologie. Bern: Huber.

Bredella, L. (2002): Literarisches und interkulturelles Verstehen. Tübingen: Narr.

Byram, M. (1997): Teaching and assessing intercultural communicative competence. Clevedon: Multilingual Matters LTD.

Byram, M./Zarate, G. (1997): Defining and assessing intercultural competence: Some principles and proposals for the European context. In: Language Teaching, 29, pp. 14-18.

Damen, L. (1987): Culture Learning. The fifth dimension in the language classroom. Reading: Addison-Wesley.

Dinges, N./Baldwin, K. D. (1996): Intercultural competence: A research perspective. In: Landis, D. (Ed.): Handbook of Intercultural Training. 2nd ed. Thousand Oaks: Sage, pp. 106-123.

Geertz, C. (1973): The Interpretation of Cultures. New York: Basic Books.

Göbel, K. (2007): Qualität im interkulturellen Englischunterricht – eine Videostudie. Münster: Waxmann.

Göbel, K./Helmke, A. (2010): Intercultural Learning in English as Foreign Language Instruction: The Importance of Teachers' Intercultural Experience and the Usefulness of Precise Instructional Directives. Teaching and Teacher Education, Vol. 26 (8). S. 1571-1582.

Göbel, K./Hesse, H. G. (2004): Vermittlung interkultureller Kompetenz im Englischunterricht – eine curriculare Perspektive. In: Zeitschrift für Pädagogik 50, S. 818-834.

Göbel, K./Hesse, H. G. (2008): Vermittlung interkultureller Kompetenzen im Englischunterricht. In: DESI-Konsortium unter Leitung von Eckhard Klieme (Hrsg.): DESI-Sammelband II: Die Qualität des Deutsch- und Englischunterrichts in der Sekundarstufe. Weinheim, Basel: Beltz, S. 398-410.

Göbel, K./Hesse, H. G./Jude, N. (2003): The Intercultural Sensitivity Inventory: A New Instrument for the Assessment of Intercultural Competence in School. Paper presented at the Unesco Conference on Intercultural Education, Jyväskylä, Finnland.

Hammer, M. R./Bennett, M. J. (1998): The Intercultural Development Inventory Manual. Portland: Intercultural Communication Institute.

Hammer, M. R./Bennett, M. J./Wiseman, R. L. (2003): Measuring intercultural sensitivity: The intercultural development inventory. In: International Journal of Intercultural Relations, Vol. 27 (4), pp. 421-443.

Hesse, H. G. (2001): Zur Aktualgenese interkultureller Konflikte: Eine Unterrichtsbeobachtung zur Dimension des „Individualismus-Kollektivismus". In: Auernheimer, G./Van Dick, T./Petzel, T./Wagner, U. (Hrsg.): Interkulturalität im Arbeitsfeld Schule. Opladen: Leske + Budrich, S. 141-160.

Hesse, H. G./Göbel, K. (2007): Interkulturelle Kompetenz. In: Beck, B./Klieme, E. (Hrsg.): Sprachliche Kompetenzen – Konzepte und Messung – DESI-Studie. Weinheim, u.a.: Beltz, S. 253-269.

KMK (2003): KMK Beschluss Bildungsstandards für die erste Fremdsprache (Englisch/Französisch) für den mittleren Schulabschluss.

Kramsch, C. J. (1993): Context and Culture in Language Teaching. Oxford: Oxford University Press.

Leenen, W. R./Grosch, H. (1998): Bausteine zur Grundlegung interkulturellen Lernens. In: Bundeszentrale für Politische Bildung (Hrsg.): Interkulturelles Lernen. Bonn, S. 29-47.

Mandl, H./Gruber, H./Renkl, A. (1993): Konzeptualisierung von Expertise. In: Mandl, H./ Dreher, M./ Kornadt, H. J. (Hrsg.): Entwicklung und Denken im kulturellen Kontext. Göttingen: Hogrefe, S. 203-227.

Parker, B./McEvoy, G. M. (1993): Initial examination of a model of intercultural adjustment. In: International Journal of Intercultural Relations, 17, pp. 355-379.

Schmid, S./Thomas, A. (2003): Beruflich in Großbritannien – Trainingsprogramm für Manager, Fach- und Führungskräfte. Göttingen: Vandenhoeck & Ruprecht.

Steinert, B./Klieme, E. (2004): Was kommt mit der Einführung der Bildungsstandards auf die Schulen zu? In: SchulVerwaltung NI SH(2), S. 36-39.

Thomas, A. (1996): Analyse der Handlungswirksamkeit von Kulturstandards. In: Thomas, A. (Ed.): Psychologie interkulturellen Handelns. Göttingen: Hogrefe, S. 107-135.

Thomas, A. (2003): Interkulturelle Kompetenz: Grundlagen, Probleme und Konzepte. In: Erwägen Wissen Ethik 14, S. 137-149.

Thomas, A. (2006): Die Bedeutung von Vorurteil und Stereotyp im interkulturellen Handeln. In: Interculture Journal, 2, S. 3-20.

Thomas, A./Kinast, E.-U./Schroll-Machl, S. (2000): Entwicklung interkultureller Handlungskompetenz von international tätigen Fach- und Führungskräften durch interkulturelle Trainings. In: Götz, K. (Hrsg.): Interkulturelles Lernen/Interkulturelles Training. München: Rainer Hampp, S. 97-122.

Thomas, A./Simon, P. (2007): Interkulturelle Kompetenz. In: Birbaumer, N./Frey, D./Kuhl, J./ Schneider, W./Schwarzer, R. (Hrsg.): Enzyklopädie der Psychologie. Band 7. Göttingen: Hogrefe, S. 137-186.

Thomas, A./Wagner, K. H. (2002): Didaktische Grundlagen und methodische Anregungen zum interkulturellen Lernen im Englischunterricht. In: Praxis des neusprachlichen Unterrichts 47, S. 355-363.

Trim, J./North, B./Coste, D./Sheils, J. (Hrsg.) (2001): Gemeinsamer Europäischer Referenzrahmen für Sprachen: lernen, lehren, beurteilen. Berlin: Langenscheidt.

Weinert, F. E. (1999): Concepts of Competence. München: OECD.

Wirth, L. (1946): Preface to K. Mannheim, Ideology and Utopia: An introduction to sociology of knowledge. New York: Harcourt.

Im Fokus: *Managing Diversity*

Jutta Berninghausen / Béatrice Hecht-El Minshawi

Nichts. Kein einziges Protokoll bekam der Münchener Projektleiter von seinen Mitarbeitern in Asien und Südamerika. Dabei hatte er so gründlich mit allen durchgesprochen, wie er sich die Zusammenarbeit vorstellte, denn seine Aufgabe war schwierig: In 16 Ländern stellte das Münchner Unternehmen, für das er arbeitete, die Einzelteile seiner Elektrowaren her. Und er sollte die 16 Manager/innen dieser Dependancen koordinieren. Die Manager eines jeden Kontinents, das hatte er angeordnet, sollten je ein Team bilden und sich regelmäßig auf Videokonferenzen beraten und ihm dann die Gesprächsergebnisse zumailen. Eine klare Abmachung. Protokolle aus Europa und Nordamerika trafen regelmäßig ein. Nichts dergleichen aus Asien und Südamerika. Der Projektleiter hakte nach, versuchte schließlich, andere Mitglieder der „störrischen" Teams zu kontaktieren. Doch Asien und Südamerika hielten dicht.

Beeindruckend war das „Kulturchaos", das der Münchner Projektleiter und sein Team bei dem interkulturellen Workshop nach einem halben Jahr fehlender Protokolle entdeckten: Nordeuropäer und US-Amerikaner, stellte sich heraus, erwarteten von Videokonferenzen des Gesamtteams hauptsächlich Fakten und Ergebnisse; Asiaten, Afrikaner und Südamerikaner vorrangig Kontaktpflege. Zwei afrikanische Mitarbeiter beichteten, sie hätten sich inzwischen persönlich getroffen. Der Projektleiter nannte den asiatischen und südamerikanischen Teamleiter unzuverlässig, beide dagegen waren stolz, hatten sie sich doch loyal gegenüber ihren Teams verhalten. Der asiatische Chef, ein vom Kommunismus geprägter Vietnamese, fand es zudem gewagt, Informationen an einen Projektleiter preiszugeben – der sie in 16 Länder mailen würde! Nach einem halben Jahr berief der Projektleiter ein Treffen in Deutschland ein. Nun endlich fand der Ignorierte Gehör – und die Ursachen für das Schweigen heraus.

Kulturunterschiede, ein typisches Problem eines so genannten virtuellen interkulturellen Teams. Kollegen und Kolleginnen, die sich über nationale Grenzen hinweg fast ausschließlich mithilfe neuer Medien verständigen, sparen zwar Zeit und Geld, doch Missverständnisse untereinander bemerken sie oft spät oder gar nicht. Dann entsteht ein Kleinkrieg per Multimedia oder aber: Schweigen im Netz.

Die Südamerikaner/innen etwa schickten aus gutem Grund meistens keine Protokolle – in stark persönlichkeitsorientierten Kulturen funktioniert Kommunikation anders als in München. Bei einem Meeting von Latinos sprechen eher alle durcheinander, tauschen auf diese Weise Ideen aus und erarbeiten eine Lösung. Da für sie jedes Gespräch einen Prozess darstellt und jedes Gesprächsergebnis nur vorläufig als abgeschlossen gilt, war der Teamleiter es nicht gewohnt, Fakten in einem Protokoll „festzuschreiben".

Hinter den Kommunikationsschwierigkeiten von Teams stecken meist unterschiedliche kulturell geprägte Vorstellungen über Zusammenarbeit. Was ist ein Protokoll? Ist die Nachricht „Alles bestens" eine Information? Und wer entscheidet bei Meinungsverschiedenheit – die Mehrheit, der Leiter oder vertagt man alles, bis sich ein Konsens abzeichnet? Dinge, über die sich ein monokulturelles Team implizit einig ist, sind in einem interkulturellen erst einmal ungeklärt.

Wie groß die kulturellen Unterschiede zwischen den Menschen sind, (die etwa aus der Lebenssituation von Frauen und Männern, von alten oder jungen Menschen, der Volksgruppe oder Nationalität stammen) und wie sehr Kultur unsere Wahrnehmung, unser Denken und Verhalten beeinflusst, wird uns erst bewusst, wenn wir mit einer Person aus einer anderen Kultur konfrontiert werden. In einem fremden Land ist es leichter möglich, die Perspektive zu wechseln und in die Schuhe der Anderen, der uns Fremden zu schlüpfen. Wir sind plötzlich selbst die Fremden. Dies wirkt wie ein Spiegel, in dem wir uns manchmal doch sehr deutsch (oder bayrisch, weiblich oder alt und erfahren oder auch unerwartet unerfahren) erkennen.

Vereinfacht kann man sagen, dass unsere Sozialisation, wo und wie wir aufgewachsen sind, eine Brille formt, durch die wir die Welt wahrnehmen und deuten. Es ist als ob wir durch eine eingebaute kulturelle Linse die Welt betrachten. Oft fühlen wir uns fremd in einer anderen und neuen Umgebung.

Eine Person, die in Alaska aufgewachsen ist, hat vielleicht große Schwierigkeiten, die Sichtweise und das Verhalten von jemandem aus Indonesien zu verstehen, da ihre Sozialisation und ihre geografische Umgebung gänzlich unterschiedlich gewesen sind. In den jeweiligen Landessprachen gibt es viele Wörter, die nicht übersetzbar sind, da zum Beispiel Schnee in Indonesien oder Dschungel in Alaska nicht vorkommen. Wenn wir bedenken, dass das, was in einer Kultur überliefert wird, manchmal sogar lebenswichtig ist, kann Kultur als das Know-how für den Alltag betrachtet werden. Australische Aborigines, die in der Wüste leben, haben Pflanzen zu erkennen gelernt, deren Wurzeln Nahrung oder Wasser bergen. Sie kennen auch die Stellen, wo Wasser zu vermuten ist und Raupen, die ihnen Nahrung geben. Wer in den kanadischen Schneegebieten überleben will, muss Schnee- und

Eisverhältnisse richtig deuten können und sich danach gezielt verhalten (Hecht-El Minshawi/Szodruch 2008). Eine wenigstens grobe Orientierung in diesem Kulturchaos bietet das Schema des Briten Richard D. Lewis. Es soll Menschen helfen, die eigene kulturelle Prägung einzuordnen. Lewis, einer der führenden Wissenschaftler für interkulturelle Kommunikation, unterscheidet drei Arten von Kulturen: linear-aktive, multi-aktive und re-aktive (Lewis 2000). Linear-aktive Menschen orientieren sich gerne an Fakten, neigen dazu, ihre Informationen aus Datenbanken oder schriftlichen Protokollen zu ziehen. Die meisten erledigen eine Sache nach der anderen, nur eine Sache auf einmal und jede zu der Zeit, die sie in ihren Terminkalender eingetragen haben.

Das Einhalten von Terminen ist jedoch gefährdet, wenn in der Kollegenschaft multiaktive Menschen sind, die gern mehrere Aufgaben auf einmal erledigen, dafür aber in ungeplanter Reigenfolge: Schließlich sind in ihrem Verständnis Termine ohnehin nur künstlich vereinbart – ist es da nicht realistischer, auf unvorhergesehene Ereignisse zu reagieren, Termine so wahrzunehmen, wie sie kommen? Ein multi-aktiver Mitarbeiter klinkt sich deshalb vielleicht eine Stunde später (im Sinne der linear-aktiven: zu spät) in eine Videokonferenz ein – hat in dieser Zeit jedoch ein paar unerwartete Geschäfte höchst befriedigend abgeschlossen. Auffallen wird er in der Konferenz dafür umso wahrscheinlicher, da er an fixierte Tagesordnungen ebenso wenig glaubt wie an Termine – denn Gespräche sind für ihn Dialoge, die sich unvorhersehbar entwickeln. Vor allem in Kombination mit Menschen aus re-aktiven Kulturen ist dieses Verhalten problematisch: Im Gegensatz zu den Multi-aktiven bevorzugen sie es, genau zuzuhören, sich ein Bild zu machen und dann erst zu reagieren. Nur ungern ergreifen sie die Initiative. Wie sollte der asiatische Teamleiter im oben genannten Fallbeispiel da von sich aus ein Protokoll nach Deutschland mailen? Aus Höflichkeit bedienen sich re-aktive Menschen außerdem subtiler Gesten, unpersönlicher Konstruktionen, vager Halbsätze – es kommt eher darauf an, wie etwas und zu wem gesagt wird, als was oder wann. Auch die Videokonferenz der Asiaten im Fallbeispiel wurde von diesen Gesprächssitten mitgeprägt.

Bei internationalen und entsprechend heterogen besetzten Projektteams scheinen die Risiken zunächst einmal mögliche Vorteile bzw. Chancen zu übersteigen. Zu viele kulturelle Verschiedenheiten stellen potenzielle Störfaktoren dar. Dies kann einerseits demographische Ausprägungen wie Nationalität, Kulturkreis oder Alter betreffen. Die Mitglieder eines multinationalen Teams werden mit vielfältigen Werten, Überzeugungen, Sicht- und Verhaltensweisen, mit differenzierten Vorstellungen bezüglich Macht, Status und Rollen konfrontiert. Auch fachspezifische Organisationsgestaltungen, Arbeitsweisen und Methodiken können von Kultur zu Kultur verschieden sein. Doch Mannigfaltigkeit birgt auch Chancen und Synergien (Stumpf 2005, S. 119f.).

Aus verschiedenen Studien bezüglich der Effektivität von mono- und multikulturellen Teams wurde festgestellt, „dass die Leistung bei multikulturellen
Teams nicht wie bei monokulturellen einer Normalverteilung entspricht, sondern
einer genau umgekehrten Kurve" (Winkler 2006, S. 61). Dies ist der folgenden
Abbildung zu entnehmen.

Abbildung 1: Chancen und Risiken gemessen an der Gruppeneffektivität (in
Anlehnung an Hoffmann 2004, S. 34)

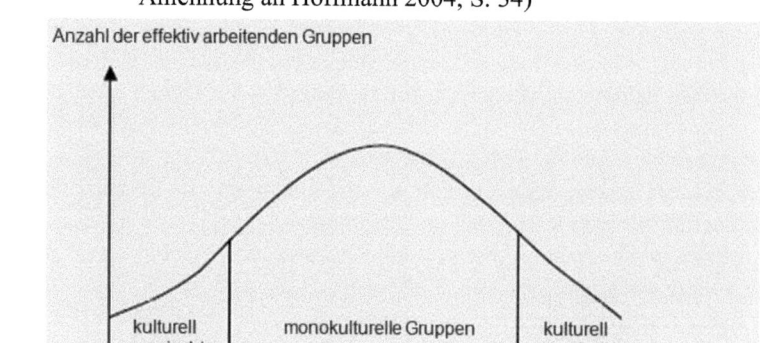

Die Interpretation dieses Ergebnisses lässt die Folgerung zu, dass kulturell gemischte
Teams bezüglich ihrer Effektivität tendenziell dazu neigen, entweder stark ineffektiv
oder in erhöhtem Maße effektiv zu sein, im Vergleich zu monokulturellen Gruppen.
Eine ausgeprägte Ineffektivität solcher gemischter Teams kann durch die bekannten
Störfaktoren wie Kommunikationsdifferenzen, Bildung von Stereotypen, Konflikte
durch unterschiedliche Werte-, Rollen- und Machtverständnisse, etc. erklärt werden.
Kulturell gemischte Teams können Risiken für die erfolgreiche Zusammenarbeit bergen (vgl. Hoffmann 2004, S. 33). Dem gegenüber stehen international
gemischte Teams, die im Verhältnis ein Höchstmaß an Effektivität an den Tag legen. Unterschiede in den Ansichten, Verhaltens- und Arbeitsweisen etc. stellen
die Basis für besondere Kreativität und Flexibilität dar, werden sie geschätzt und
konstruktiv einbezogen. Die international bestückten Teams können aufgrund ihrer kulturellen Diversität andersartige (möglicherweise bessere) Problemlösungs-
ansätze entwickeln (Winkler 2006, S. 61).

Im Zuge der Globalisierung, der internationalen Vernetzung und der demographischen Entwicklung werden auch Belegschaften in Unternehmen vielfältiger und in dieser Vielfalt ganz bewusst in das Unternehmen integriert. Menschen verschiedener Herkunft, Kultur, Religion und Fachkompetenz, unterschiedlichen Alters, Geschlechts oder unterschiedlicher sexueller Orientierung arbeiten am selben Fließband, in derselben Abteilung oder im gleichen Projektteam.

Doch eine vielfältig zusammengesetzte Belegschaft allein ist noch lange kein Garant für ein erfolgreiches Management dieser Vielfalt. Entscheidend ist, welche Unternehmenskultur in einer Firma gepflegt wird. Solange hier eine dominante Gruppe immer noch die Führungsetagen blockieren und alle Werte, Normen und Regeln für die Beschäftigten bestimmen, spricht man von einer monokulturellen oder im besten Fall von einer pluralistischen Organisationskultur.

Die drei von Cox/Beale hinsichtlich ihrer kulturellen Diversität unterschiedenen Organisationsformen, die monolithische, die pluralistische und die multikulturelle Organisation werden in der Literatur unter unterschiedlichen Bezeichnungen immer wieder aufgegriffen (Cox/Beale 1997). Während Krell eine monokulturelle gegenüber einer multikulturellen Organisationsform benennt, beschreiben Leenen und Groß die von Cox/Beale identifizierten Organisationsformen unter den Bezeichnungen monokulturelle, multikulturelle und interkulturelle Organisationen (nach Leenen und Groß 2007). Wir folgen Leenens Darstellung, bleiben aber bei der in der Literatur häufigsten Bezeichnung der multikulturellen Organisationsform als dem weitest reichenden Ansatz.

Abbildung 2: .Unterschiedliche Organisationskulturen*

Kriterien	Organisationskultur		
	monokulturell	pluralistisch	multikulturell
Haltung zur Diversität des Personals	Diversität spielt keine Rolle bzw. ist unerwünscht	Diversität wird toleriert	Diversität wird als strategische Ressource geschätzt
Kultur	Selbstverständlichkeit einer Kultur	Dominanz einer Kultur	Selbstverständlichkeit mehrerer Kulturen
Leitvorstellung	Abwehr von Heterogenität	Integration der Heterogenen	Interkultureller Austausch und Kooperation

* nach Hecht-El Minshawi, Berninghausen, Hartwig: Diversity Kompetenz durch Auditierung, 2007.

Während nach diesem Modell ein pluralistischer Organisationstyp Vielfalt zwar bereits lebt, jedoch nur unter der Prämisse toleriert, dass sich alle Mitarbeiter/innen an das kulturelle Leitbild der Organisation anpassen, wird in einer multikulturellen Organisation (bei Leenen und Groß interkulturelle Organisation genannt) Vielfalt ausdrücklich als strategische Ressource gesehen und für die Entwicklung von Kreativitätspotentialen und einer Steigerung der Leistungs- und Innovationsfähigkeit der gesamten Organisation erschlossen (Aretz/Hansen 2002; Leenen/Groß 2007).

Organisationen auf der monokulturellen Stufe verhalten sich, als ob alle Angestellten über einen Kamm zu scheren wären. In der Literatur beschriebene organisationale Monokulturen sind dadurch gekennzeichnet, dass eine dominante Gruppe die Norm definiert, von der Abweichungen als Defizite angesehen werden. In den meisten Fällen wird die dominante Gruppe in Organisationen durch hoch qualifizierte, deutsche, verheiratete Männer mittleren Alters dargestellt. SWAMP wird diese Gruppe in den USA genannt.

Abbildung 3: Monokulturelles Leitbild

S traight (heterosexuell)

W hite (weiß)

A nglosaxon (angelsächsisch)

M ale (männlich)

P rotestant (protestantisch)

Dieser Gruppe kommt ein Vorteil bei der Karriereplanung und der Besetzung von Führungspositionen zugute. Erfolg wird nur erreicht, wenn man, oder besser gesagt „Frau", den Erwartungen und Verhaltensweisen dieser Normen entspricht. Alle anderen, ältere Personen, Menschen mit Migrationserfahrung etc. müssen sich dem unterordnen. Das Stichwort heißt „Anpassung", es wird erwartet, den dominierenden Stil der Organisation zu übernehmen. Verschiedenheit wird heruntergespielt, anders zu sein (z.B. behindert, schwul) bedeutet, defizitär zu sein (vgl. Gardenswartz/Rowe 1998).

Die Entwicklung hin zu einer pluralistischen Kultur wird durch Maßnahmen gefördert, welche die Beseitigung des unfairen Vorteils der dominanten Gruppe erreichen möchten. Im Allgemeinen sind auf dieser Stufe die Gruppen der Frauen, der über 50 Jährigen, der Menschen mit körperlichen und geistigen Einschränkungen und die der Personen mit Migrationshintergrund am stärksten von einer unfairen Verteilung jeglicher Ressourcen oder bei der Besetzung von Führungspositionen betroffen (vgl. Gardenswartz/Rowe 1998).

Irgendwann erreichen Unternehmen bzw. Organisationen durch zunehmende Internationalisierung von Arbeits- und Absatzmärkten die multikulturelle Stufe. In einer multikulturellen Organisation geht man davon aus, dass alle Individuen, plurale oder auch multiple Identitäten mit ihren vielfältigen und unterschiedlichen Begabungen und Prioritäten, Werten, Erfahrungen und Kompetenzen, Sicht- und Lebensweisen zum Gewinn für die Organisation beitragen. Eine multiple Identität greift die Vielfalt gesellschaftlicher oder organisationaler Diskussionen über soziale Verantwortung für die Belegschaft, für nachhaltigen Umweltschutz, für optimale Wirtschaftlichkeit und für sinnvolle Kundenorientierung auf, aber auch ethnische und ethische, *gender-* und generationsspezifische Aspekte und setzt individuelle Prioritäten in Einklang dazu. Sobald die Identität als Summe vielfältiger Zugehörigkeiten begriffen wird, sobald in der eigenen Biographie diverse Komponenten, Vermischungen, Schnittstellen, Einflüsse erkannt werden, eröffnen sich Kreativitätsspielräume und es entsteht ein verändertes Verhältnis zu sich selbst und zu Anderen. Konsequent verfolgt gibt es nicht mehr das „Selbst" und das „Andere", sondern jeweils Teile beider Seiten, die sich in einer „*patchwork-*Identität" äußern (Maalouf 2000).

Diese Interkulturalität einer Person birgt Ressourcen an kognitivem und emotionalem kulturspezifischem Wissen in sich. Unternehmen sind gut beraten, kulturelle Normen, Strukturen und Strategien zu schaffen, die den Mitarbeiterinnen und Mitarbeitern Freiräume erlauben, ihr Potenzial im Sinne einer echten Wertschöpfung für die Organisation einzubringen.

Immer noch wird der überwiegende Anteil der Führungskräfte aus der männlichen, muttersprachlichen (oft weißen) Oberschicht rekrutiert. Ausländer/innen (es sei denn, sie sind weiß und kommen aus Europa oder den USA) und Frauen sind im Top-Management kaum vertreten. Eine sexuell abweichende Orientierung oder eine körperliche Behinderung werden nicht selten zu Stolpersteinen auf dem Karriere-Weg.

Da in Deutschland bisher eher wenige Firmen den *diversity*-Gedanken aufgegriffen haben, ist es nicht allzu verwunderlich, dass bei uns Monokulturen noch durchaus als üblich und normal angesehen werden. Denn die deutschen Erwerbstätigen sind mit dieser Kultur der gewünschten kulturellen Übereinkünfte und mit den geltenden, aber nicht für jedermann unmittelbar erkennbaren, Normen und

Werten sowie Ritualen oder der Verwendung von Fachausdrücken vertraut, sei es auch schon bei solch alltäglichen Dingen, wie z.b. den Speisen und Getränken in (Werks-) Kantinen, oder der Anerkennung nur christlicher Feiertage in Betrieben. Dies macht auch einen großen Teil unserer nationalen Identität aus. So gesehen werden Monokulturen in zahlreichen Gemeinschaften (Schulen, Vereinen, Freizeit- und Sport Clubs; auch im Fernsehen, Radio, in Zeitungen und Journalen...) durch Denkens- und Verhaltensweisen aufrechterhalten und bieten Individuen der Insidergruppe sogleich Identität und Einheit in der Eigengruppe (Hecht-El Minshawi/Berninghausen/Hartwig 2007)."

Die Entwicklung einer multikulturellen Organisation ist Ziel des aus angelsächsischen Ländern (Australien, Neuseeland, Großbritannien und besonders aus den USA) stammenden *diversity* Ansatzes, der seit den 1990er Jahren auch in Deutschland in den Fokus der Maßnahmen gegen Benachteiligungen und für eine Wertschätzung kultureller Vielfalt gerückt ist.

Während *diversity* sich in den 1960er Jahren noch ausschließlich in Zusammenhang mit Quotenregelungen und Antidiskriminierungsgesetzen hinsichtlich der Integration nicht-weißer Mitarbeiter/innen in Organisationen diskutiert wurde, sind im Laufe der Zeit weitere Unterschiede hinzugekommen, wie zum Beispiel Geschlecht, Alter, Ethnizität, körperliche und geistige Befähigung, Religion und sexuelle Orientierung.

Abbildung 4: Erscheinungsformen von Diversity

Erscheinungsformen von Diversity			
wahrnehmbar	**kaum wahrnehmbar**		
		Werte	Wissen & Fähigkeiten
• Rasse (ethnische Herkunft) • Geschlecht • Alter • Nationalität		• Persönlichkeit • Kulturelle Werte • Religion • Sexuelle Orientierung • Humor, etc.	• Bildung • Sprachen • Hierarchie • Fachkompetenz

Oft wird in der Literatur zwischen direkter und indirekter Diskriminierung unterschieden. Die direkte Diskriminierung macht sich dabei an klar definierten und sichtbaren Merkmalen fest, wie Mann/Frau, hell/dunkel, hetero-/homosexuell, während sich indirekte Diskriminierung auf Wertungen von Lebensmustern, Tätigkeiten oder Kompetenzen bezieht.

Diversity ist die positive Bewertung menschlicher Vielfältigkeit (zum Beispiel von Herkunft, Geschlecht, Alter, Religion, Fachkompetenz, sexueller Orientierung) und wird erreicht durch eine Geisteshaltung und einen Perspektivwechsel, der den Blick auf die Potenziale und Kompetenzen der Menschen lenkt. Beim täglichen Miteinander am Arbeitsplatz ist *diversity* daher als ein Facettenreichtum anzusehen.

Managing Cultural Diversity bezeichnet den Umgang mit kultureller Vielfalt in der Art und Weise, wie Menschen ihre persönlichen kulturellen Prägungen zum Ausdruck bringen, sich durch ihre plurale Identität und in ihrem Verhalten unterscheiden sowie ähneln und entsprechend auf die umgebende menschliche Vielfältigkeit und personale Vielfalt reagieren. Es ist normal, dass es zu Reibungen kommen kann, wenn unterschiedliche Zugehörigkeits-Kategorien und Kulturelemente aufeinander treffen. Das tägliche Miteinander im Betrieb umfasst daher ein hohes Maß an Toleranz, Respekt und Wertschätzung und ist somit als (inter-) kulturelle Kompetenz anzusehen.

Diversity Management ist die verantwortungsvolle Nutzung dieser Diversität und das gezielte und strategisch durchdachte, planmäßige Umgehen mit kultureller Vielfalt. Verantwortungsvoll heißt hier, dass Verschiedenheit nicht zu Diskriminierung oder Ausgrenzung führt, sondern dass der Wert der Vielfalt anerkannt und im positiven Sinne mit seinen Synergieeffekten genutzt wird. Zentrale Bereiche der Umsetzung von *Diversity Management* in Organisationen sind die Vermeidung von Bevorzugung oder Benachteiligung bestimmter Gruppen zum Beispiel in der Personalauswahl, Personalentwicklung, in der Erweiterung der Kundenkreise und der Erschließung neuer Marktsegmente. *Diversity Management* bedeutet die systemische Nutzung der Potenziale der Menschen, die in der Organisation tätig sind. Entscheidend ist der Wille der Geschäftsleitung, Vielfalt als Ressource im Betrieb zu etablieren. Die *diversity*-Perspektive muss in eine langfristige Strategie einfließen.

Moderne Dienstleistungsunternehmen, die global agieren, müssen sich nicht nur auf internationale Kunden, Marktstrukturen und Rechtssysteme einstellen, sondern auch auf eine zunehmende internationale und „diverse" Belegschaft. Männer und Frauen unterschiedlicher Nationalität, ethnischer und religiöser Zugehörigkeit werden sowohl die Kunden und Kundinnen als auch die Dienstleister/innen und Wissensarbeiter/innen der Zukunft sein. Ihre vielfältigen Kompetenzen, Interessen, Lebensstile und persönlichen Zielsetzungen generieren eine Vielfalt, die in

multikulturellen Organisationen zum Erfolgsfaktor werden können. Und Arbeit-
geber/innen und Arbeitnehmer/innen sehen sich heute außerdem wirtschaftlichen
Rahmenbedingungen gegenüber, die sich verändern und Flexibilität zum immer
wichtiger werdenden Erfolgsfaktor machen.

*In der polnischen Ausgabe der Kundenzeitschrift „IKEA Family Live" wurde
ein homosexuelles Paar in einer IKEA-Wohnküche beim Mittagessen abgelich-
tet. Rund 20 Familien werden in einer Serie präsentiert. Eine davon besteht
aus zwei Männern. Das griffige IKEA-Motto dazu: „Familienleben verändert sich." Im Text über dem Bild steht: „Wir haben nicht vor, Kinder anzu-
schaffen. Dies hier ist unser Lieblingsort: Die Küche und unsere Kräuter im
Garten. Steve pflückt die Kräuter und ich verwende sie bei der Essenszuberei-
tung." Die Kundenzeitschrift wurde an 200 000 Polen verschickt. Sie hat den
gleichen Inhalt. Nun hagelt es Kritik. „Ich bin Katholik und kaufe nicht bei
IKEA", proklamiert die offen homophobe polnische Monatszeitschrift Fron-
da und mit ihr viele Katholiken. „Wir sind uns darüber im Klaren, dass ein
Boykott gegen uns vorbereitet wird. Aber bislang hat keines unserer sieben
Warenhäuser in Polen etwas davon gespürt", sagt IKEA-Sprecherin Aleksan-
dra Sikora. Das Unternehmen habe vor, in Polen die Anzahl der Warenhäuser bis 2015 zu verdoppeln. An dem Plan ändert sich jetzt auch nichts. Vom
Gepolter der strenggläubigen Polen lasse man sich nicht verunsichern. „Wir
akzeptieren Vielfalt und respektieren alle Menschen unabhängig von deren
sexueller Orientierung oder Rasse", so Sikora.*

Die explizite Wertschätzung von Vielfalt kann zu Konflikten führen, kann aber
durchaus auch synergetisch genutzt werden. Es geht hierbei darum, sowohl die
Gleichstellung aller beteiligten Gruppen in ihrer Verschiedenheit zu gewährleisten als auch die Verschiedenheit als Potenzial zur Effektivitätssteigerung des Unternehmens zu nutzen.

Literatur

Aretz, H.J./Hansen, K. (2002): Diversity und Diversity-Management im Unternehmen. Eine Analyse aus systemtheoretischer Sicht. Münster: LIT Verlag.

Berninghausen, J. (2007): Managementkonzepte im interkulturellen Kontext. In: Berninghausen, J./ Kuenzer, V. (Hrsg): Wirtschaft als interkulturelle Herausforderung - Business Across Cultures. Frankfurt: IKO-Verlag.

Berninghausen J./Hecht-El Minshawi, B. (2007): Interkulturelle Kompetenz, Managing Cultural Diversity, Trainingshandbuch. Frankfurt am Main: IKO Verlag.

Berninghausen J./Gunderson C./Kammler E./Kühnen U./Schönhagen R. (2009): Lost in Transnation. Towards an Intercultural Dimension on Campus. Bremen: Kellner Verlag.

Cox, T./Beale, R. L. (1997): Developing Competency to Manage Diversity. San Francisco: Berret-Koehler.

Gardenswartz, L./Rowe, A. (1998): Managing Diversity. A Desk Reference and Planning Guide. Revised Edition. New York u.a.: McGraw-Hill.

Hecht-El Minshawi, B. (2004): Managing Cultural Diversity. Interkulturelle Kompetenz für pluralistische Belegschaften. Lübeck: IHK.

Hecht-El Minshawi, B. (2005): Kulturelle Vielfalt. Herausforderung für Menschen und Organisationen. Neidlingen: Gonimos-Verlag.

Hecht-El Minshawi, B. (2005): Managing Cultural Diversity in Bremen und Bremerhaven – Report der Evaluation (unveröffentlicht).

Hecht-El Minshawi, B. (2007): Diversity-Kompetenz durch Emotionale Intelligenz. Umgang mit kulturellen Unterschieden im Betrieb. In: Berninghausen, J./Kuenzer, V. (Hrsg): Wirtschaft als interkulturelle Herausforderung, Business Across Cultures. Frankfurt am Main: IKO-Verlag.

Hecht-El Minshawi, B. (2007): Profit durch Diversity-Kompetenz. Wie funktioniert Managing Diversity als Management- und Führungskonzept? In: Personal Manager, HR International 1/2007, 2/2007, 3/2007, 4/2007.

Hecht-El Minshawi, B. (2008): Interkulturelle Kompetenz. Soft Skills für die internationale Zusammenarbeit. Weinheim u.a.: Beltz.

Hecht-El Minshawi, B. (2008): Lernmaterial: Diversity Management und Interkulturelle Kompetenz. In: Interkulturelles Management. Souverän und erfolgreich im internationalen Geschäft! Eschborn: Management Circle, H. 1.

Hecht-El Minshawi, B./Berninghausen, J./Hartwig, S. (2007): Diversity Kompetenz durch Auditierung, Kultur – Struktur – Strategie. Frankfurt am Main: IKO Verlag.

Hecht-El Minshawi, B./Szodruch, M. (2008): Weltweit arbeiten. Gut vorbereitet für Job und Karriere im Ausland. München: Redline Wirtschaft.

Hoffmann, H. E. (2004): Die Bedeutung kultureller Unterschiede. In: Hoffmann, H. E./Schoper, Y. G./ Fitzsimons, C. J. (Hrsg.): Internationales Projektmanagement: Interkulturelle Zusammenarbeit in der Praxis. München: DTV.

Krell, G. (2001): Chancengleichheit durch Personalpolitik. Wiesbaden: Gabler.

Leenen, R./Groß A. (2007): Internationalisierung aus interkultureller Sicht: Diversitypotentiale der Hochschule. In: Otten, M./Scheitza, A./Cnyrim, A. (Hrsg.): Interkulturelle Arbeitsfelder im Wandel. Ausbildung, Training und Beratung in Praxis und Wissenschaft. Frankfurt am Main: IKO-Verlag, S. 185-214.

Lewis, R. D. (2000): Handbuch Internationale Kompetenz. Frankfurt am Main u.a.: Campus.

Maalouf, A. (2000): Mörderische Identitäten. Frankfurt am Main: Suhrkamp.

Otten, M./Scheitza, A./Cnyrim, A. (Hrsg.) (2007): Interkulturelle Arbeitsfelder im Wandel. Ausbildung, Training und Beratung in Praxis und Wissenschaft. Frankfurt am Main: IKO-Verlag.

Stumpf, S. (2005): Synergien in multikulturellen Arbeitsgruppen. In: Stahl, G. K./Mayrhofer, W./ Kühlmann, T. M. (Hrsg): Internationales Personalmanagement: Neue Aufgaben, neue Lösungen. München u.a.: Rainer Hampp.

Schreiber, E./Berninghausen, J. (Hrsg.) (2008): Global Competence for the Future, Employability, Mobility, Quality. Bremen: Kellner Verlag.

Winkler, I. (2006): Interkulturelle Handlungskompetenzen als strategischer Erfolgsfaktor bei Unternehmens- und Geschäftstätigkeiten in der Volksrepublik China. Frankfurt am Main u.a.: IKO-Verlag.

Interkulturalität und Unternehmen

Alexander Thomas

1. Vorbemerkungen

Die Internationalisierung und Globalisierung unserer Gesellschaft hat in den letzten Jahrzehnten zu vielfältigen Entwicklungen in deutschen Unternehmen geführt und zur Entfaltung unterschiedlicher Kräfte beigetragen. Deutsche Großunternehmen waren immer schon international tätig und zum Teil global aufgestellt und so konnten sie aufgrund ihrer langjährigen Erfahrungen die neuen Herausforderungen meistern. Im Laufe der Entwicklung wurden immer mehr klein- und mittelständige Unternehmen gezwungen, sich international zu orientieren, damit sie überleben konnten. Das verlangten ihre Großkunden, die von ihnen beliefert werden, und das verlangten die Banken, die für ihre Kredite Rendite sehen wollten. Die notwendige internationale Orientierung erhöht für viele dieser traditionellen klein- und mittelständigen Unternehmen auf einen Schlag die Diversität in allen Bereichen: Unternehmensstruktur, Personalmanagement, Personalinvestitionen und -förderung, Marketing, Einkauf, Verkauf, Produktion, Kostenkalkulation, Controlling, Entlohnung etc. Nichts blieb mehr so wie es früher war, alles war in Veränderung begriffen und das bei immer kürzeren Zyklen. Unter diesen Umständen sind Schnelligkeit und Umstellungsfähigkeit und -bereitschaft gefragt. Für junge Mitarbeiter ist diese Entwicklung womöglich eine gewünschte Herausforderung, weil sie Gestaltungsmöglichkeiten bietet und zur Bereicherung der Arbeitstätigkeit beiträgt. Ältere Mitarbeiter erleben demgegenüber, dass ihr über Jahrzehnte erworbenes berufsspezifisches Wissen, also das, was sie immer als Experten ausgezeichnet hatte, plötzlich nichts mehr wert ist. Die Verfallszeiten berufsspezifischen Wissens und Könnens beschleunigen sich. Dies führt zu bedeutenden Veränderungen mit der Konsequenz, dass die Identität mit dem Unternehmen verloren geht und eine allmähliche Entfremdung einsetzt. Erhebliche psychische und physische Belastungen sind die Folge – verbunden mit der häufigen Erfahrung, dass man den erwarteten Anforderungen im Arbeitsalltag nicht mehr gerecht wird.

2. Reaktionen auf Diversität in Wissenschaft und Praxis

Wie die mit zunehmender Diversität einhergehenden Entwicklungen vom Einzelnen auch wahrgenommen werden, ob sie erwünscht sind oder abgelehnt werden, Mannigfaltigkeit, Heterogenität, und Diversität nehmen ständig zu. Sie bestimmen den beruflichen Alltag und verlangen einen produktiven Umgang, eine effiziente Bearbeitung und eine gerechte, wertschätzende Beurteilung. Die immer wieder erhobene Forderung nach lebenslangem Lernen ist Ausdruck dieser Entwicklung. Es liegt also nahe, dass sich jeder Mitarbeiter im Unternehmen unabhängig von Status und Rolle um die Entwicklung einer Art unternehmens- und arbeitsrelevanten *Diversity-Competence* bemüht, die darin besteht, dass man eine Sensibilität für alle möglichen Diversitäten in der internationalen Zusammenarbeit, von einer diversitätsbewussten Perspektive für die Unternehmensführung bis hin zu einer diversitätsbewussten Gruppen- und Teamarbeit, entwickelt.

Manche Forscher gehen schon jetzt davon aus, dass es eben keine eindeutig zu definierende Kultur (mehr) gibt, die im Verlauf des Enkulturationsprozesses im Kontext einer nationalen Herkunft entwickelt wird. Es gibt nur noch vielfältige Zugehörigkeiten zu so genannten Differenzlinien, entlang derer Gemeinsamkeiten und Unterschiede zwischen den Individuen auszumachen sind. Relevante Differenzkategorien sind dann Alter, Geschlecht, sozialer Status, Wohnort, Bildung, Religion, Hautfarbe, sexuelle Orientierung usw. Alle denkbaren Differenzkategorien sind selbst wieder dynamisch und entwickeln und verändern sich ständig. Schließlich lassen sich diese Entwicklungen unter dem Begriff „kulturell hybride Systeme" fassen (Schmid/Thomas 2008).

Auf der anderen Seite ist zu beobachten, dass heute jede Führungskraft, die sich mit internationalen Unternehmensfragen befasst, den Namen Geert Hofstede und dessen Forschungsarbeiten kennt. Geert Hofstede, ein niederländischer Psychologe, hatte in den Jahren 1968 – 1972, also immerhin vor über 40 Jahren, arbeitspsychologische Untersuchungen durchgeführt und zwar Fragebogenuntersuchungen mit einer Teilnehmerzahl von 116.000 Personen in allen Niederlassungen eines weltweit tätigen US-amerikanischen Konzerns (Hofstede 1980). Er hatte seine Daten nach Nationen gruppiert, faktorenanalytisch bearbeitet und daraus seine weltweit berühmt gewordenen zunächst nur vier und dann (unter Hinzunahme von Daten aus dem chinesischen Kulturkontext), fünf Kulturdimensionen entwickelt. Diesen Kulturdimensionen hat er universelle Gültigkeit zugebilligt: 1. Kollektivismus vs. Individualismus; 2. Maskulinität vs. Femininität; 3. Machtdistanz hoch vs. Machtdistanz niedrig; 4. Unsicherheitsvermeidung hoch vs. Unsicherheitsvermeidung niedrig; 5. Langzeitorientierung vs. Kurzzeitorientierung. Darüber hinaus hat er in Form von Skalen (0 – 110) den Ausprägungsgrad der Kulturdimensionen in Bezug auf jede der in die Untersuchung einbezogenen Nationen (N = 53) bestimmt. So konnte er Aussagen machen wie: Großbritannien zeichnet sich aus durch niedrige Machtdistanz und Unsicherheitswerte, mittlere Maskulinitätswerte und einen hohen Individualismuswert. In nicht wenigen Unternehmen wurden von den Personalverantwortlichen für den Auslandseinsatz von Mitarbeitern diese Resultate aufgegriffen, um den Grad kultureller Unterschiede zwischen Herkunftskultur und Zielkultur zu bestimmen und um daraus Rückschlüsse auf die Akkulturationsbelastungen für einen zu entsendenden Mitarbeiter in das Land X zu ziehen. Auf dieser Basis wurde dann nach geeignetem Einsatzpersonal gesucht.

Als diese Forschungsarbeiten 1980 erschienen, hätte man erwarten können, dass sowohl die Wissenschaft – besonders diejenigen wissenschaftlichen Disziplinen, die sich mit kulturvergleichender Forschung beschäftigen – als auch die Praxis wie bisher üblich diese Studie einfach zur Kenntnis nehmen, auf Tagungen diskutieren und einer kritischen Bewertung unterziehen. Die Argumente aus der Praxis zu diesen Forschungsarbeiten hätten beispielsweise lauten können: Das bringt uns weder im Rahmen der Entwicklung von internationalen Managementstrategien noch in der Personalarbeit voran. Das ist doch zudem alles viel zu abstrakt und zu akademisch.

Die Argumentation aus wissenschaftlicher Sicht hätte demgegenüber lauten können: Wieso repräsentieren die Mitarbeiter eines US-amerikanischen Computer-Unternehmens, auch wenn sie Einheimische sind, die Bevölkerung einer Nation? Wieso ist ein in den USA entwickelter Fragebogen, selbst wenn er in die Sprache der Einheimischen übersetzt wird, weltweit einsetzbar? Welche Validität kommt denn den Ausprägungsgraden der einzelnen Dimensionen zu? In wieweit wurden überhaupt kulturspezifische Einflussfaktoren auf den Forschungsprozess kritisch untersucht, um sicherzustellen, dass keine intervenierenden Variablen die Qualität des Datenmaterials beeinträchtigen?

Interessanterweise sind alle diese naheliegende Fragen und kritischen Bemerkungen in der Wissenschaft und in der Praxis kaum diskutiert worden. Noch bis vor wenigen Jahren hat man die Ergebnisse der Hofstede-Studie und insbesondere die als universell gültig deklarierten Kulturdimensionen kritiklos hingenommen und in vielfältiger Weise genutzt. Dabei sind interessanterweise nicht alle fünf Kulturdimensionen in gleicher Weise populär geworden und zum Einsatz gekommen.

In der Praxis teilt man seit Hofstede die Welt in Individualisten und Kollektivisten ein und leitet daraus Führungsrichtlinien für den Umgang mit einheimischen Mitarbeitern ab. Die euro-amerikanische, westliche Welt gehört dann zum Bereich der Individualisten und der Rest der Welt besteht mehr oder weniger aus

Kollektivisten. Nach den Vorgaben von Hofstede wurden Personalauswahlkonzepte und Trainingsprogramme entwickelt und eingesetzt (Landis/Brislin 1983, Landis/Bhagat 1996; Landis/Bennett/Bennett 2004).

Die Wissenschaft hat sich ebenfalls der Kollektivismus-Individualismus Dimension bemächtigt. So sind in den vergangenen dreißig Jahren Tausende von Arbeiten weltweit durchgeführt worden, in denen diese Kulturdimension als unabhängige Variable behandelt wurde. Erst in den letzten Jahren regt sich zaghafte Kritik an der wissenschaftlichen Verlässlichkeit und Brauchbarkeit der Kulturdimensions-Konzeption von Geert Hofstede, der von ihm angenommenen universellen Gültigkeit und der Validität der Messwerte.

Ohne hier auf die Details eingehen zu können, stellt sich die interessante Frage: Warum entwickeln sich so gegenläufige Tendenzen? Auf der einen Seite das Infragestellen der Existenz festumrissener Kulturen, die durch Merkmalszuschreibungen definierbar sind und somit auch die Definition hybrider Kulturen; auf der anderen Seite das unkritische Festhalten an relativ simplen Kulturdimensionen, erhoben auf der Basis höchst kulturspezifisch beeinflusster Datensätze, denen aber unwidersprochen universelle Gültigkeit zugebilligt wird? Die Antwort ist relativ einfach:

Die Internationalisierung und Globalisierung zeigt, dass bisher gültige Kategorien brüchig werden wie: Wir sind ein deutsches (Traditions-) Unternehmen. In unserem Unternehmen haben die bewährten deutschen Tugenden Pünktlichkeit, Sauberkeit, Fleiß, Eigenverantwortlichkeit, Zuverlässigkeit etc. zu gelten. In unserer Kultur sollen diese Werte selbst dann gelebt werden, wenn sie in der Gesellschaft auch schon nicht mehr mehrheitsfähig sind. Wer hier lebt, hat sich nach den Werten der deutschen „Leitkultur" zu richten und an ihnen zu orientieren und das, obwohl sie möglicherweise nicht mehr mehrheitsfähig sind.

Wenn Diversität, Vielfalt und Unterschiedlichkeit im Alltagsleben und im Berufsleben ernst genommen werden müssen, also nicht mehr ohne unerwünschte Folgen ignoriert werden können und wenn dann die bisher gültigen Kategorien, Definitionen, Abgrenzungen und identitätsstiftenden Merkmale nicht mehr greifen, entsteht Orientierungsunsicherheit. Das eingespielte Gleichgewicht zwischen dem gerade noch handhabbaren Maß an Diversität einerseits und andererseits der Überforderung durch eine Vielzahl an Diversitäten, die alle der Beachtung bedürfen, erscheint bedroht oder wird als brüchig erfahren.

Die gewohnten und bisher verlässlichen Maßstäbe gelten nicht mehr, vertraute Bezugssysteme verlieren ihre kollektiv geteilte Gültigkeit. Die daraus entstehenden Unsicherheiten treten nicht plötzlich auf, sondern entwickeln ihre Wirkung schleichend. Diese Prozesse sind auch nicht bewusst, beeinflussen aber alle logischen,

relevanten Ebenen menschlichen Verhaltens: Perzeption, Kognition, Emotion, Volition. Schon das Gefühl, von Orientierungsverlust bedroht zu sein, und erst recht
der erlebte Orientierungsverlust haben Konsequenzen in Bezug auf Selbstwirk-
samkeits-, Macht- und Kontrollverlust und führen in der letzten Konsequenz zu
Handlungsunfähigkeit. Es droht Orientierungsverlust, verbunden mit Selbstwirk-
samkeits-, Macht- und Kontrollverlust. In der letzten Konsequenz kommt es dann
zur Handlungsunfähigkeit. Genau das aber kann sich keiner in der modernen Arbeitswelt leisten, schon gar nicht eine Führungskraft, die aufgrund ihrer Stellung,
ihres Auftrags und ihrer Selbstdefinition jeder Situation gewachsen sein muss, die
alles unter Kontrolle haben muss und die immer wissen muss, welche Richtung
einzuschlagen und was zu tun ist.

Geert Hofstede lieferte mit seinem als universell gültig vorgestellten System von nur fünf Kulturdimensionen mit denen kulturelle Unterschiede definierbar, beschreibbar, kategorisierbar und sogar messbar gemacht werden sollten zur
rechten Zeit eine klare Orientierung für die Praxis. Dazu konnte er das Konzept
noch wissenschaftlich, empirisch absichern. Da es zudem – da aus dem internationalen Unternehmensalltag stammend – legitimiert erschien, war es für die internationale Unternehmenstätigkeit gut geeignet. Der Wissenschaft lieferte es ein
ideales Instrument, um schnell an viele kulturvergleichende Daten zu kommen.
Interessant ist, dass selbst ein so einfach strukturiertes Instrument noch weiter reduziert und vereinfacht wurde, denn übrig blieb nur die beliebte Individualismus
vs. Kollektivismus–Dimension, mit der es möglich war, die Welt in zwei kulturell voneinander zu differenzierende Teile zu zerlegen. Die anderen Dimensionen,
wie zum Beispiel die Maskulinitäts- vs. Femininitäts–Dimension, spielten weder
in der Praxis noch in der Wissenschaft eine nachhaltige Rolle.

Solche gegenläufigen Entwicklungen, das bewusste Wahrnehmen und Registrieren unausweichlicher Diversität einerseits bei gleichzeitigem Klammern und
Festhalten an vereinfachten Konzepten, Modellen und Kategorien andererseits,
sind in ihren Auswirkungen nicht zu unterschätzen:

1. Sie verhindern Orientierungsverlust und damit einhergehende Handlungs-
    unfähigkeit.

2. Sie vermitteln das Gefühl, die Zeichen der Zeit erkannt und ernst genommen
    zu haben.

3. Sie verhindern aber auch vertiefte Situationsanalyse und die Entwicklung
    alternativer Handlungsstrategien.

Zum näheren Verständnis der Prozesse, die unter diesen Bedingungen auf der Ebene individuellen Handelns ablaufen, liefern die Sozialpsychologie (Bierhoff/Frey

2006), die Persönlichkeitspsychologie (Weber/Rammseyer 2005) und im Kontext
der interkulturellen Thematik die interkulturelle Psychologie (Thomas 2008) auf
der Grundlage einer Fülle von empirischen Studien theoretische und anwendungs-
wissenschaftliche Beschreibungs- und Erklärungsmodelle. So lassen sich aus dem
Theoriefundus der Sozialpsychologie (Frey/Irle 1993) und aus dem Bereich der
kognitiven Theorien die „Hypothesentheorie der sozialen Wahrnehmung" (Lilli/
Frey 1993), die „Theorie der sozialen Vergleichsprozesse" (Frey u.a. 1993), die
„Theorie der Selbstaufmerksamkeit" (Wicklund/Frey 1993), die „Attributionsthe-
orie" (Meyer/Försterling 1993) und die „Theorie der kognitiven Dissonanz" (Frey/
Gaska 1993) und aus dem Bereich der Gruppentheorien die „Theorien intergruppalen Verhaltens" (Mummendey/Otten 2002), die „Theorie der sozialen Identität"
(Tajfel/Turner 1986) und die „Theorie zu Kooperation, Kompetition und Verhandeln bei interpersonalen Konflikten" (Frank/Frey 2002) nennen. Dabei wird zwei-
erlei deutlich: Menschen sind bestrebt, Vielfalt herzustellen, zu erhalten und zu
nutzen, sie sind zugleich aber auch gezwungen und bestrebt, sich vor einer Über-
fülle an Vielfalt zu schützen. Dazu haben sie ein reichhaltiges Arsenal an Methoden entwickelt: hypothesenorientiertes Wahrnehmen, Stereotypisieren, stereotype
Urteilsbildung, vorurteilsbehaftetes Werten und Bewerten, Rückgriff auf frühere
Erfahrungen, Festhalten an Bewerten, Beseitigen von kognitiven und emotionalen Dissonanzen, Fixierung auf personale Attribuierungen (fundamentaler Attri-
butionsfehler).

Bislang sind die aus diesen Theorien ableitbaren und empirisch überprüfbaren
Hypothesen für individuelles Handeln unter den Bedingungen kultureller Überschneidungssituationen (also situative Bedingungen, in denen Menschen mit anderen kulturspezifischen, internalisierten Orientierungssystemen als den eigenen
interagieren), noch gar nicht entwickelt worden. Allenfalls die "Theorie des intergruppalen Verhaltens" hat in der Folge der Arbeiten von Tajfel/Turner (1986) im
Zusammenhang mit der Eigen- und Fremdgruppendiskriminierung, der interethni-
schen Diskriminierung und der Antirassismusdebatte eine gewisse Aufmerksamkeit erfahren.

3. Anforderungen interkulturellen Handelns in der Unternehmenspraxis

Die Formel „Interkulturalität und Unternehmen" kann vieles beinhalten, je nach
Betrachtungsrichtung. Von zentraler Bedeutung, so erkennt es die Wissenschaft
(Thomas u.a. 2005) und erfährt es der Praktiker vor Ort (Thomas u.a. 2007), ist
eine von Verstehen und gegenseitiger Wertschätzung getragene Kommunikation
und eine für alle beteiligten Personen produktive und zufrieden stellende Koopera-

tion. Die Tatsache, dass schon über Jahrzehnte hinweg 50 % der Auslandseinsätze von den Mitarbeitern vorzeitig abgebrochen werden und 75% der Auslandsengagements, die in sie gesetzten Erwartungen nicht erfüllen zeigt, dass die Bewältigung der sich stellenden Herausforderungen nicht von alleine gelingt oder sich im Verlauf eines Einsatzes von selbst einstellt. Es ist zudem zu erwarten, dass eine unbekannt hohe Zahl an Expatriates ihr Führungs- und Leistungspotenzial im Auslandseinsatz nicht optimal ausschöpfen kann. Auch diese zu erwartende Entwicklung bedarf besonderer Aufmerksamkeit.

Der chinesische Kriegsphilosoph Sun Shu hat bereits vor 2500 Jahren in seinen Vorschlägen zur Vermeidung von Kriegen festgestellt: „Nur wer den Gegner und sich selbst gut kennt, kann in 1000 Schlachten siegreich sein!" Eine moderne Variante dieser Erkenntnis kann lauten: „Nur wer den fremdkulturell geprägten Partner und sich selbst in seine kulturellen Bedingtheiten erkennt, kann in allen Kommunikations- und Kooperationssituationen erfolgreich sein".

Aus ausschließlich logischer Sicht ist allerdings klar, dass die geforderte Selbsterkenntnis, also das Erkennen und Reflektieren des eigenen kulturellen Orientierungssystems zur Bewältigung kulturell bedingter Überschneidungssituationen, der schwierigste Teil der Bemühungen ist. Die beiden folgenden Beispiele zeigen mit welchen Herausforderungen in der konkreten Begegnungssituation zu rechnen ist.

Beispiel 1: Das deutsch-chinesische Verhandlungsproblem

Hier handelt es sich um die Schilderung eines kulturell bedingt kritischen Interaktionsszenariums aus Sicht eines deutschen Managers im Verhandlungskontext mit chinesischen Partnern. Eine Fülle ähnlicher Situationen findet sich in dem Trainingsmaterial für deutsche Manager zur Vorbereitung auf China (Thomas/ Schenk/Heisel 2008).

„Der Manager eines deutschen Unternehmens ist innerhalb kurzer Zeit zum vierten Mal zu Joint-Venture-Vertragsverhandlungen nach China gereist. Die bisherigen Gespräche fanden in einer außerordentlich angenehmen Atmosphäre statt. Die Chinesen waren sehr interessiert an dem, was der deutsche Manager vorschlug.

Doch richtig vorwärts ging bei diesen Verhandlungen nichts. Inzwischen bekam der deutsche Firmenrepräsentant erhebliche Schwierigkeiten im eigenen Stammhaus. Die Zeit drängte, der Geschäftsführung des Unternehmens schienen die Verhandlungen nicht effektiv genug zu laufen, und man äußerte Missfallen über die „wenig glückliche" Verhandlungsführung des Beauftragten. Bei ihm stauten sich Frust und Verärgerung auf. Zudem hatte er feststellen müssen, dass die Chinesen immer wieder andere Personen in die Verhandlungsrunde schickten, die mehr oder weniger gut über den bisherigen Verhandlungsverlauf informiert waren. Als auch in einer weiteren Verhandlungsrunde keine Einigung zustande zu kommen schien, glaubte der Manager, die Taktik seiner chinesischen Verhandlungspartner endlich durchschaut zu haben. Die wollten ihn doch nur hinhalten, um möglichst viele Informationen aus ihm herauszupressen, mit denen sie dann sein Unternehmen gegen die Konkurrenz ausspielen könnten. Er war wütend und verärgert über seine Verhandlungspartner, hinzu kamen die Belastungen der zermürbenden Verhandlungswoche.

Zu guter Letzt zeigte er eine Reaktion, die man hierzulande mit dem Ausdruck „denen mal ordentlich Bescheid sagen" und „kräftig auf den Tisch hauen" umschreiben würde. Völlig unvermittelt schrie der deutsche Manager seine chinesischen Verhandlungspartner an, er sei nicht mehr bereit, sich weiter hinhalten zu lassen, das „um den heißen Brei Herumreden" müsse endlich aufhören, er wolle Klarheit und Verbindlichkeit und überhaupt seine Geduld sei nun am Ende.

Für chinesische Verhältnisse wurden diese Beschwerden in einer schockierenden Direktheit und Lautstärke vorgetragen. Die chinesischen Verhandlungspartner wurden blass und schwiegen. Die Verhandlungen kamen nicht zum Abschluss.

Nach seiner Rückkehr in die Heimat erfuhr der Manager von seinem Vorgesetzten, dass dies seine letzte Chinareise gewesen sei. Die Chinesen hätten zwar brieflich weiterhin Interesse an dem geplanten Joint-Venture geäußert, ohne aber auf die von ihm geführten Verhandlungen auch nur mit einem Wort einzugehen. Man müsse wohl mehr oder weniger wieder von vorne anfangen und dies mit einem anderen Firmenvertreter (vgl. Thomas 2005).

Diese interkulturelle Verhandlungssituation ist gescheitert, weil beide Parteien aufgrund ihrer kulturellen Orientierungssysteme das interaktive Geschehen unterschiedlich wahrnehmen, ihr Verhalten nach unterschiedlichen Konzepten planen und steuern, unterschiedliche Erwartungen an das Partnerverhalten haben, die dann nicht erfüllt werden, und zur Bewertung der Verhaltensreaktionen unterschiedlichen Bezugsmaßstäbe nutzen.

Der deutsche Manager erwartet vermutlich durchaus schwierige Verhandlungen, die aber aus seiner Sicht einen positiven Verlauf nehmen sollten und in einem überschaubaren Zeitraum beendet sein müssen. Dies erwartet auch die Firmenzentrale in Deutschland. Seine Erwartungen und die seiner Chefs werden aber aufgrund der langen Verhandlungszeit ohne greifbares (Zwischen-)Ergebnis nicht erfüllt. Ihm wird gerüchtweise schon Versagen in der Verhandlungsführung zum Vorwurf gemacht. Er steht also erheblich unter Zeit- und Erfolgsdruck und hat das Gefühl die Kontrolle über die Ereignisse zu verlieren. Er glaubt nicht mehr, Herr des Geschehens zu sein und ist es womöglich auch nicht mehr. Genau das aber kann er sich aus vielfältigen Gründen nicht leisten. Sein im Laufe der beruflichen Sozialisation entwickeltes Selbstwertgefühl und die mit seiner Rolle verbundenen Leistungserwartungen lassen es nicht zu, eine solche, berufstypische Verhandlungssituation nicht mehr unter Kontrolle zu haben. So „konstruiert" er für sich eine einleuchtende Erklärung für das Verhalten seiner chinesischen Partner, die zwar nicht völlig aus der Luft gegriffen ist, denn es gibt tatsächlich Fälle von Hinhaltetaktik zur konkurrenzorientierten Informationssammlung, für die es aber in Bezug auf seine konkrete Verhandlungssituation keinen Beleg gibt. Wie sich nachher herausstellte, war der von ihm gehegte Verdacht völlig unbegründet.

Für den deutschen Manager aber ist der Verdacht als Erklärungskonstrukt wichtig, um Kontrollverlust zu verhindern bzw. abzubauen. Er macht unmissverständlich klar, dass man so nicht mit ihm verhandeln und ihn so nicht behandeln kann. Die Art und Weise, wie er das demonstriert, stellt aus Sicht der chinesischen Partner einen massiven Gesichtsverlust dar und ist für sie ein Beweis dafür, dass er keine Manieren besitzt, sich zu wenig unter Kontrolle hat, nicht vertrauenswürdig ist und auch fachlich kein adäquater Verhandlungspartner sein kann, mit dem man auf Dauer zusammenarbeiten könnte. Aus chinesischer Sicht verliefen die Verhandlungen gut, alle zukünftig an dem Projekt beteiligten Personen wurden in die Verhandlungen mit einbezogen und konnten sich so ein Bild über den Verlauf der Verhandlungen machen. Die Vorbereitungen des Joint-Managers brauchen eben in China ihre Zeit, denn die dazu erforderlichen Investitionen, die einzugehenden Risiken und die Erwartungen an die langfristige Zusammenarbeit sind hoch. Alles dies will sorgfältig bedacht, diskutiert und abgewogen sein. Seitens der chinesischen Partner gibt es auch keine Veranlassung dem deutschen Partner Hinweise auf den Verhandlungsverlauf auf chinesischer Seite und seine Dauer zu geben. Schließlich ist er selbst auch nicht auf die Idee gekommen, Informationen über Planung und Zeitdauer einzuholen.

Der deutsche Manager hat keinerlei Sensibilität für das, was seine chinesischen Partner bewegt und was sie im Verhandlungsverlauf leisten. Er macht sich auch keine Gedanken darüber, ob seine eigenen Erwartungen bezüglich des Verhandlungsverlaufs und dessen Dauer den Bedingungen in China überhaupt angemessen sind. Die Firmenzentrale lässt ihren Mitarbeiter nicht nur im Stich, sie setzt ihn auch noch unter Druck. Die Schlussbemerkung, man müsse wohl jetzt mit einem neuen Firmenvertreter wieder von vorne anfangen, zeigt die Inkompetenz der Vorgesetzten in Bezug auf das, was die chinesischen Partner erwarten. Der neue deutsche Verhandlungspartner muss nicht von vorne anfangen, sondern sehr gut vorbereitet da anknüpfen, wo sein Vorgänger ausgestiegen ist. Andernfalls nehmen die chinesischen Partner an, dass das deutsche Unternehmen zwar gute Technik liefern kann, aber kein qualifiziertes Personal für Verhandlungen mit ihnen zur Verfügung hat oder solche, überall sonst wohin, aber nicht zu ihnen nach China schickt und die chinesische Seite nicht ernst nimmt.

Beispiel 2: Mitarbeiterführung

Hier wird eine Interaktionssituation zwischen einem US-amerikanischen Vorgesetzten und einem griechischen Mitarbeiter geschildert, mit Angabe des entsprechenden Verhaltens und der Kognitionen der beteiligten Personen. Das Beispiel stammt aus einer Untersuchung von Triandis/Vassiliou (1972).

Abbildung 1: Interkulturelle Kommunikation und Kooperation zwischen amerikanischem Vorgesetzten und griechischem Angestellten (Triandis/Vassiliou 1972)

Überlegungen und Empfindungen des *amerikanischen* Vorgesetzten	Verhalten	Überlegungen und Empfindungen des *griechischen* Angestellten
Ich bitte ihn, sich zu beteiligen.	*Amerikaner:* Wie lange brauchst du, um diesen Bericht zu beenden?	Sein Verhalten ergibt keinen Sinn. Er ist der Chef. Warum sagt er es mir nicht?
Er lehnt es ab, Verantwortung zu übernehmen.	*Grieche:* Ich weiß es nicht. Wie lange soll ich brauchen?	Ich bat um eine Anweisung.
Ich zwinge ihn, Verantwortung für seine Handlungen zu übernehmen.	*Amerikaner:* Du kannst selbst am besten einschätzen, wie lange es dauert.	Was für ein Unsinn! Ich gebe ihm wohl besser eine Antwort.
Er ist unfähig, die Zeit richtig einzuschätzen; diese Schätzung ist völlig unrealistisch.	*Grieche:* 10 Tage.	
Ich biete ihm eine Abmachung an.	*Amerikaner:* Besser 15. Bist du damit einverstanden, es in 15 Tagen zu tun?	Das ist meine Anweisung: 15 Tage.
In Wirklichkeit braucht man für den Bericht 30 normale Arbeitstage. Also arbeitete der Grieche Tag und Nacht, benötigte aber am Ende des 15. Tages immer noch einen weiteren Tag.		
Ich vergewissere mich, dass er unsere Abmachung einhält.	*Amerikaner:* Wo ist der Bericht?	Er will den Bericht haben.
	Beide schlussfolgern, dass er noch nicht fertig ist.	
	Grieche: Er wird morgen fertig sein.	
Ich muss ihm beibringen, Abmachungen einzuhalten.	*Amerikaner:* Aber wir haben ausgemacht, er sollte heute fertig sein.	Dieser dumme, inkompetente Chef! Nicht nur, dass er mir falsche Anweisungen gegeben hat, er würdigt noch nicht einmal, dass ich einen 30-Tage-Job in 16 Tagen erledigt habe.
Der Amerikaner ist überrascht.	***Der Grieche reicht seine Kündigung ein.***	*Grieche:* Ich kann für so einen Menschen nicht arbeiten.

Zweifelsohne treffen hier zwei fachlich qualifizierte Personen aufeinander, die in einer klaren Rollenbeziehung zueinander stehen: Chef und Mitarbeiter. Auch die Aufgabenstellung ist klar: Es soll ein Bericht erstellt werden und dieser soll nach einer bestimmten Zeit vorliegen. Die Festlegung des Zeitraums für den Bericht erweist sich allerdings als ein unlösbares Problem, womit aber keiner der beteiligten Personen gerechnet hat.

Für den US-amerikanischen Chef ist klar, dass über den Zeitraum für die Berichterstellung eine Vereinbarung zwischen ihm und seinem griechischen Mitarbeiter zu treffen ist und dass sein Mitarbeiter aus seinen Erfahrungen mit der Erstellung ähnlicher Berichte sicher gut einschätzen kann, wie viel Zeit er dafür benötigt.

Für den griechischen Mitarbeiter ist klar, dass ein Chef nicht diskutiert, sondern Anweisungen gibt. Auf diese Anweisungen wartet er, allerdings vergeblich. Aus Sicht des US-amerikanischen Vorgesetzten zeigt sein griechischer Mitarbeiter noch Schwächen in Bezug auf Verantwortungsübernahme, die aber überwunden werden können.

Aus Sicht des griechischen Mitarbeiters ist der US-amerikanische Chef nicht nur inkompetent, weil er die Zeit für die Berichterstattung falsch angibt, sondern auch noch unfähig, Leistungsbereitschaft (Tag- und Nachtarbeit) und Leistungsqualität anzuerkennen. Seine Unfähigkeit kaschiert der Chef zudem noch, indem er von ihm selbst zu treffende Entscheidungen auf ihn, seinen Mitarbeiter, verlagert. Für so einen Chef kann er nicht arbeiten!

Beide Partner gehen freundlich miteinander um und das Ergebnis nach 16 Arbeitstagen wird keineswegs beanstandet. Aber beide sind enttäuscht, frustriert und ratlos bis hin zum Abbruch der Beziehungen. Sie arbeiten nebeneinander her ohne Sensibilität und Verständnis für die Erwartungen und Intentionen des Partners und die interkulturell interdependenten Prozesse.

4. Reaktionen und Verarbeitungstypen kulturell bedingt kritischer Interaktionssituationen

Die Frage, wie Menschen auf kulturelle Divergenzen reagieren, beschäftigt die interkulturelle Forschung und die kulturelle Austauschforschung schon länger. Aus den dazu vorliegenden Forschungsarbeiten und den Beobachtungen aus der Praxis interkultureller Trainings und entsprechender Evaluationsstudien lassen sich eine ganze Reihe wichtiger Erkenntnisse gewinnen.

Bereits 1982 unterschied der amerikanische Psychologe Bochner vier Typen des Wandels kultureller Identität als Reaktion auf Erfahrungen mit fremdkulturellen Lebens- und Handlungsbedingungen:

1. Der *Assimilationstyp* lehnt die eigene Kultur radikal ab und übernimmt problemlos die Werte und Normen der Fremdkultur. Es kommt zum Verlust der eigenen kulturellen Identität. Die Anpassungstendenzen werden verstärkt, was zu interkulturellen Konflikten führen kann.

2. Der *Kontrasttyp* erlebt die Unterschiede zwischen der eigenen und der fremden Kultur sehr deutlich. Er lehnt die Gastkultur radikal ab und betont auf dem Hintergrund der fremdkulturellen Erfahrungen den Wert der eigenen Kultur. Die Folgen zeigen sich in einer Verstärkung ethnozentrischer Tendenzen bis hin zum Chauvinismus.

3. Der *Grenztyp* erfährt die beiden Kulturen als Träger bedeutungsvoller Werte und Normen. Da diese aber für ihn inkompatibel sind und ihm keine Integration gelingt, schwankt er unentschlossen zwischen beiden Kulturen. Dies kann einen belastenden Identitätskonflikt zur Folge haben, aber auch in Reformbestrebungen und Bemühungen um sozialen Wandel münden.

4. Der *Synthesetyp* kann die für ihn bedeutsamen Elemente beider Kulturen so zu einer „neuen Ganzheit" verschmelzen, dass dies für ihn zu einer Bereicherung seiner Persönlichkeitsentwicklung führt. Für die Gesellschaft erwachsen daraus Chancen zur interkulturellen Verständigung und zur Entwicklung einer multikulturellen Identität oder kulturellen Universalität.

Nach Furnham/Bochner (1986) gelingt nur dem Synthesetyp eine wirklich produktive Lösung des durch fremdkulturelle Einflüsse erzwungenen Wandels der kulturellen Identität.

Bei diesem Konzept ging Bochner von einem individuellen Persönlichkeitsmodell aus. Er nahm an, dass im sozialen Kontakt mit Personen, zunächst der eigen- kulturellen, dann der fremdkulturellen Umwelt, das Individuum Einstellungen, Bewertungsmuster und Verhaltensweisen entwickelt, die einem der vier Typen zuzuordnen sind. Damit wäre das Individuum auf einen dieser Typen relativ eindeutig festgelegt. Es bleibt aber zu fragen, ob der Handelnde im Verlauf des Akkulturationsprozesses und der damit verbundenen interkulturellen Lernvorgänge nicht durchaus verschiedene Reaktionstypen durchlaufen kann. Es bleibt auch zu fragen, ob nicht sogar verschiedene Typen nebeneinander existieren können, wenn sie sich auf unterschiedliche Sachverhalte beziehen. So lässt sich beobachten, dass z.B. im Bereich des beruflichen Lernens bei Praktikanten und Studenten aus Entwicklungs- und Schwellenländern Reaktionen des Assimilationstyps vorherrschen, wohingegen im sozialen Handlungsfeld eher der Kontrast- oder der Grenztyp vorkommt.

Im Zuge der Akkulturationsforschung, besonders unterstützt durch die weltweit akzeptierten Forschungen des kanadischen Psychologen Berry (1997), ließen sich ebenfalls vier Arten der Akkulturation generieren: 1. Assimilation, 2. Separation, 3. Marginalität und 4. Integration. Diese Akkulturationstypen können aus der Beantwortung der Fragen abgeleitet werden, inwieweit das Individuum oder eine ethnische Gruppe unter Migrationsbedingungen in einem Gastland ihre eigene kulturelle Identität bewahrt oder inwieweit ein Bemühen um Herstellung positiver interkultureller Beziehungen zu den Bewohnern des Gastlandes vorliegt. Assimilation liegt dann vor, wenn der Verlust kultureller Identitäten zu Gunsten positiver Beziehungen zu Mitgliedern der dominanten kulturellen Gruppe erfolgt. Separation liegt vor, wenn die eigene kulturelle Identität bei gleichzeitiger Isolation von der dominanten kulturellen Gruppe bewahrt wird. Marginalität liegt vor, wenn ein Verlust der eigenen kulturellen Identität mit einem als ungenügend empfundenen Zugang zur dominanten kulturellen Gruppe einhergeht. Integration bedeutet die Beibehaltung der eigenen kulturellen Identität und zugleich die Herstellung positiver Beziehungen zur dominanten kulturellen Gruppe.

Die Forschungen dazu zeigen, dass die Wahl der Akkulturationsstrategie sehr wohl davon abhängig ist, wie sehr die Bewohner der Gastkultur bereit sind, das Beibehalten der eigenen kulturellen Identität zu tolerieren oder ob sie überzeugt sind und dafür eintreten, dass die in der Aufnahmegesellschaft vorherrschende Identität angenommen werden muss (Layes 2005).

Im Zusammenhang mit interkulturellen Vorbereitungstrainings für den Studienaufenthalt oder den beruflichen Einsatz im Ausland konnten folgende Reaktionstypen gegenüber der interkulturellen Anforderungsthematik festgestellt werden (Thomas 2005):

1. Der *Ignorant*: Für diesen Typ ist jeder, der nicht so denkt und handelt, wie er es gewohnt ist und wie es aus seiner Sicht „richtig" ist, entweder dumm (ihn muss man aufklären), unwillig (ihn muss man motivieren oder zwingen) oder unfähig (ihn kann man trainieren). Wer sich nach allen erdenklichen Bemühungen immer noch falsch verhält, dem ist nicht zu helfen. Er kommt als Partner nicht in Betracht. Kulturell bedingte Verhaltensunterschiede werden somit gar nicht erst wahrgenommen, ihnen wird keine Bedeutung zugemessen und sie werden einfach negiert.

2. Der *Universalist*: Dieser Typ geht davon aus, dass Menschen auf der ganzen Welt im Grunde genommen gleich sind. Kulturelle Unterschiede haben, wenn überhaupt, nur unbedeutende Einflüsse auf das Managementverhalten. Mit Freundlichkeit, Toleranz und Durchsetzungsfähigkeit lassen sich alle Probleme meistern. Im Zuge der Tendenz zur kulturellen Konvergenz werden die noch bestehenden Unterschiede im „ global village" sowieso rasch verschwinden.

3. Der *Macher*: Für diesen Typ ist es nicht so wichtig, ob kulturelle Einflüsse das Denken oder Verhalten bestimmen oder nicht. Entscheidend ist für ihn, dass man weiß, was man will, dass man klare Ziele hat, sie überzeugend vermitteln kann und sie durchzusetzen versteht. Wer den eigenen Wettbewerbsvorteil erkennt und ihn zu nutzen versteht, gewinnt, unabhängig davon, in welcher Kultur er lebt und tätig wird.

4. Der *Potenzierer*: Dieser Typ geht davon aus, dass jede Kultur Eigenarten des Denkens und Handelns ausbildet (kulturspezifisches Orientierungssystem), die von den Mitgliedern der Kultur gelernt und als „richtig" anerkannt werden. Produktives internationales Management muss diese unterschiedlichen Denk- und Handlungsweisen als handlungsrelevantes Potenzial erkennen und ernst nehmen. Kulturelle Unterschiede können – aufeinander abgestimmt und miteinander verzahnt – synergetische Effekte erzeugen und so einen Wettbewerbsvorteil im internationalen Management bieten.

Im Verlauf der letzten 15 Jahre wurden annähernd 1.000 deutsche Fach- und Führungskräfte in 40 Ländern über ihre immer wieder, fast täglich erlebten, kulturell bedingt kritischen Interaktionssituationen befragt. Dabei wurden nahezu 120.000 kritische Interaktionssituationen erhoben. Die deutschen Fach- und Führungskräfte wurden dabei auch immer wieder gefragt, wie sie sich das Verhalten ihrer Partner erklären und wie sie in der Regel darauf reagieren. Dabei handelt es sich in den seltensten Fällen um Expatriates, die auf ihren Auslandseinsatz gezielt interkulturell vorbereitet worden waren. Die überwiegende Mehrheit hatte kein ziellandspezifisches Training absolviert, war aber dennoch im Rahmen ihrer beruflichen Aufgabenstellungen erfolgreich. Bei dieser Untersuchung ging es zwar nicht um die Erfassung der Art und Weise der Bearbeitung kulturell bedingter Handlungsstörungen, (eine solche Forschungsarbeit steht noch aus). In den Interviewtranskripten fanden sich jedoch genügend Angaben, um die in Abb. 2 dargestellten, wenn auch zunächst einmal nur als hypothetisch zu betrachtenden, drei Varianten der Bearbeitung interkulturell bedingter Handlungsstörungen zusammenzustellen:

1. Abwehr;
2. Anpassung/Gewöhnung;
3. Wertschätzung/Innovation

Abbildung 2: Varianten der Bearbeitung interkulturell bedingter
Handlungsstörungen

Die Provokationsphase (Aufmerksam werden, Nachdenken, Verunsicherung, Desorientierung und das Gefühl, missverstanden zu werden) ist für alle drei Varianten nahezu gleich. Es entsteht das Gefühl und die Überzeugung, „So richtig vorwärts geht nichts!", und dennoch muss reagiert werden. Die weitere Bearbeitung der Störung verläuft allerdings je nach situativen Gegebenheiten, Erfahrungen in der Vergangenheit, Erfolgsdruck sowie personenspezifischen Reaktionsgewohnheiten sehr unterschiedlich. Das Gefühl, missverstanden zu werden, obwohl man sich zur Herstellung von Verständnis schon viel Mühe gegeben hat, kann durchaus dazu führen, dass man sich nicht genug geachtet, anerkannt und wertgeschätzt glaubt. Ein Gefühl der Kränkung entsteht, das einen Prozess bis hin zur „Abwehr" in Gang setzt. Diese Situation war in den beiden o. a. Beispielen gegeben.

Das Gefühl, missverstanden zu werden, kann aber auch als Warnsignal aufgefasst werden, im Interaktionsprozess innezuhalten, automatische Bewertungen zu stoppen und erst einmal eine detaillierte Situationsanalyse vorzunehmen, die womöglich in der Überzeugung endet, an dem Gegebenen doch nicht viel ändern zu können, sich anpassen zu müssen und damit irgendwie zurechtzukommen. Hierbei wird im Vergleich zum starken Ich-Bezug im Fall der „Abwehr,, auf die spezifischen situativen Bedingungen, die nun einmal in kulturellen Überschneidungssituationen komplex und oft intransparent sind, abgehoben. Zudem konzentriert sich der Handelnde in diesem Fall eher auf die Situationsbewältigung nach gewohnten Mustern und nicht so sehr auf Attributionvorgänge mit Schuldzuweisungen.

Schließlich kann das Gefühl, missverstanden zu werden, obwohl schon vieles zur Verständnisgewinnung unternommen wurde, auch – wie im dritten Bearbeitungstyp –, als Herausforderung zur Analyse der individuellen und situativen Bedingungen und der Erwartungen auf beiden Seiten genutzt werden. Hier geht es darum, den entstandenen kommunikativen und interaktiven Problemen auf die Spur zu kommen und sie zu verstehen, um interkulturell adäquat darauf reagieren zu können und evt. sogar neue Verhandlungsroutine in das eigene Verhaltensrepertoire aufzunehmen. Die diesem Bearbeitungstyp zu Grunde liegende, generelle Wertschätzung gegenüber kulturell bedingten Diversitäten ist die Voraussetzung dafür, dass die im Abweichendem, im Unerwartetem und im Erwartungswidrigem liegenden Potenziale zur Entwicklung neuer Formen der Zusammenarbeit überhaupt entdeckt und genutzt werden können. Nach den bisher vorliegenden Erfahrungen mit der Wirksamkeit interkultureller Trainings werden die dazu erforderlichen Leistungen in der Regel nur von interkulturell trainierten Personen zu erbringen sein. Aber auch diese Behauptung bedarf noch genauerer wissenschaftlicher Überprüfung.

Natürlich ist diese ausschließliche Betrachtungsrichtung aus der Sicht des Handelnden viel zu einseitig. In der Regel wird auch der eine Partner, der ja als Handelnder ebenfalls entsprechende Erwartungen an seinen Partner hat, merken, dass hier irgendwie etwas nicht stimmt. Auf jeden Fall trifft dies bei der Variante „Abwehr" evt. auch bei der Variante „Wertschätzung/Innovation" zu. Er wird merken, dass sein Verhalten beim Partner unerwartete Folgen zeigt und er wird dementsprechend reagieren. Das erzeugt wiederum eine Reihe von Diversitäten im Vergleich zur Kommunikation und Interaktion mit Personen aus dem eigenen, vertrauten kulturellen Umfeld. Kulturelle Überschneidungssituationen stellen also für beide Partner neue Erfahrungs- und Handlungsmöglichkeiten bereit, erzeugen aber auch Handlungsbarrieren und -Grenzen, die erkannt und genutzt resp. beachtet werden müssen.

Fest steht aber, dass die Zunahme von Diversität nicht automatisch die Bereitschaft und Fähigkeit erhöht, sich sensibel und reflektierend auf die neue Situation einzustellen. Unter Umständen werden Tendenzen zur Vereinfachung verstärkt, um so ein einen höheren Grad an vermeintlicher Klarheit und Transparenz zu erreichen, um handlungsfähig zu bleiben bzw. um die Handlungsfähigkeit nicht zu verlieren.

5. Schlussbemerkungen

Forschung und Praxiserfahrungen belegen, dass deutsche Unternehmen, die viel mit ausländischen Partnern zu tun haben oder ausländische Mitarbeiter – auf welchen Hierarchieebenen auch immer – beschäftigen, von interkultureller Kompetenz des Personals profitieren, um die internationale Zusammenarbeit zu optimieren und ein produktives Betriebsklima herzustellen. Tatsache ist aber auch, dass bisher selbst in großen Unternehmen mehr Mitarbeiter ohne spezielle interkulturelle Vorbereitung ins Ausland entsandt werden oder mit ausländischen Partnern zu tun haben als solche mit Trainingserfahrung. Kleine und mittlere Unternehmen bieten ihren Mitarbeitern in der Regel überhaupt keine Entwicklungsmöglichkeiten für interkulturelle Kompetenz an, selbst dann nicht, wenn die zuständigen Industrie- und Handelskammern Ausbildungsangebote bereitstellen. Kostenargumente werden genannt ebenso wie mangelnde Möglichkeiten auf Mitarbeiter zu verzichten, wenn sie an mehrtägigen Trainings teilnehmen. Unter Berücksichtigung der Arbeitsanforderungen wäre es allerdings nötig, interkulturelle Kompetenz als Teil der Personalentwicklung aufzubauen. Auch Mitarbeiter, die nicht im Auslandseinsatz, sondern im Stammhaus tätig sind, müssen über solche Kompetenzen verfügen, weil sie jederzeit mit entsprechenden Aufgaben befasst sein können, die diese Qualifikationen erfordern (Thomas/Kinast/Schroll-Machl 2005; Thomas/Kammhuber/Schroll-Machl 2007). So kann ein Stammhausmitarbeiter (auf welcher Führungsebene auch immer) die konkrete Problemlage eines Mitarbeiters im Auslandseinsatz und mögliche Lösungsoptionen nicht verstehen, wenn er nicht selbst über ein gewisses Maß an interkultureller Kompetenz verfügt, wie das oben angeführte Beispiel 1 gezeigt hat.

Schon heute zeichnen sich für die nahe Zukunft einige Entwicklungen zu dieser Thematik ab, die in folgenden zwölf Thesen zusammengefasst sind:

1. Der Bedarf an interkulturellen Trainings und interkultureller Beratung wird in der Breite und Tiefe zunehmen.

2. Die Trainings müssen länder-, kultur- und aufgabenspezifischer angelegt sein.

3. Die im Unternehmen vorhandenen interkulturellen Erfahrungen sind als Ressourcen stärker als bisher zu nutzen.

4. Trainingsinhalte müssen neben der kognitiven noch stärker die emotionale, die motivationale und die Verhaltens-Ebene berücksichtigen.

5. Training und Beratung sind stärker bi-personal/bi-kulturell zu organisieren, da nur so kulturelle Einseitigkeiten zu vermeiden sind.

6. Es werden mehr *blended-learning* und *e-learning*-Konzepte entwickelt und eingesetzt werden.

7. Die interkulturelle Thematik wird immer stärker schon im schulischen Lern-kontext und in der Hochschulausbildung eingebunden werden (müssen).

8. Auch der internationale Wissenschaftsbetrieb erfordert von seinen Akteu-ren in zunehmendem Maße interkulturelle Handlungskompetenz, denn in-ternationale wissenschaftliche Zusammenarbeit ist im Kern interkulturelles Handeln.

9. In Forschung und Praxis ist bei internationalen Trainings, mehr als bisher, neben der kognitiven Ebene auch die emotionale und die motivationale Ebe-ne zu beachten. Dazu fehlen aber bisher noch geeignete Konzepte.

10. Das Verständnis für kulturell bedingte Probleme und die Vorbereitung auf die Lösung solcher Probleme ist bisher noch zu einseitig vom Handelnden auf den Partner gerichtet und viel zu wenig auf die wechselseitige Bezug-nahme.

11. Interkulturelle Forschung und interkulturelle Trainingspraxis sind bislang noch weitgehend einseitig euro-amerikanisch/westlich dominiert. Indigene Ansätze, die aus den Kulturtraditionen nichtwestlicher Länder stammen, existieren nur in Ansätzen.

12. Viele Beratungs- und Trainingskonzepte sind künftig von der Fixierung auf den individuellen Lerner stärker auf bi- und plurikulturell zusammengesetz-te Projektgruppen auszurichten.

Literatur

Berry, J. (1997): Immigration, acculturation, and adaptation. In: Applied Psychology: An Internatio-nal Review, Vol. 46 (1), pp. 5-34.

Bierhoff, H.-W./Frey, D. (Hrsg.) (2006): Handbuch der Sozialpsychologie und Kommunikationspsy-chologie. Göttingen: Hogrefe Verlag.

Bochner, S. (1982): The social psychology of cross-cultural relations. In: Bochner, S. (Ed.): Cultures in Contact. Oxford: Pergamon Press.

Frank, E./Frey, D. (2002): Theoretische Modelle zu Kooperation, Kompetition und Verhandeln bei in-terpersonalen Konflikten. In: Frey, D./Irle, M. (Hrsg.): Theorien der Sozialpsychologie, Bd. 2 Gruppen-, Interaktions- und Lerntheorien. Bern: Huber Verlag, S. 120-155.

Frey, D./Gaska, A. (1993): Die Theorie der kognitiven Dissonanz. In: Frey, D./ Irle, M. (Hrsg.): Theorien der Sozialpsychologie. Bd. 1 kognitive Theorien. Bern: Huber Verlag, S. 275-326.

Frey, D./Irle, M. (Hrsg.) (1993): Theorien der Sozialpsychologie. Bd. 1: Kognitive Theorien. Bern: Huber Verlag.

Frey, D./Dauenheimer, D./Parge, O./Haisch, J. (1993): Die Theorie sozialer Vergleichsprozesse. In: Frey, D./Irle, M. (Hrsg.): Theorien der Sozialpsychologie. Bd. 1: Kognitive Theorien. Bern: Huber Verlag, S. 81-122.

Furnham, A./Bochner, S. (1986): Culture Shock: Psychological Reactions to Unfamiliar Environments. London: Methuen.

Hofstede, G. (1980): Culture's Consequences. International Differences in Work Related Values. Beverly Hills: Sage.

Landis, D./Bennett, J. M./Bennett, M. J. (Eds.) (2004): Handbook of Intercultural Training. London: Sage.

Landis, D./Bhagat, R. S. (Eds.) (1996): Handbook of Intercultural Training. London: Sage.

Landis, D./Brislin, R.W. (Eds.) (1983): Handbook of Intercultural Training. Vols. 1-3. Elmsford: Pergamon.

Layes, G. (2005): Interkulturelles Lernen und Akkulturation. In: Thomas A./Kinast E.-U./Schroll-Machl S. (Hrsg.): Handbuch interkulturelle Kommunikation und Kooperation. Bd. 1 Grundlagen und Praxisfelder. Göttingen: Vandenhoeck & Ruprecht, S. 126-137.

Lilli, W./Frey, D. (1993): Die Hypothesentheorie der sozialen Wahrnehmung. In: Frey, D./Irle, M. (Hrsg.): Theorien der Sozialpsychologie. Bd. 1: Kognitive Theorien. Bern: Huber Verlag, S. 49–80.

Meyer, W.–U./Försterling, F. (1993): Die Attributtheorie. In: Frey, D./Irle, M. (Hrsg.): Theorien der Sozialpsychologie. Bd. 1: Kognitive Theorien. Bern: Huber Verlag, S. 175-216.

Mummendey, A./Otten, S. (2002): Theorien intergruppalen Verhaltens. In: Frey, D./Irle, M. (Hrsg.): Theorien der Sozialpsychologie. Bd. 2 Gruppen-, Interaktions- und Lerntheorien. Bern: Huber Verlag, S. 95-119.

Schmid, S./Thomas, A. (2008): Transdifferenz aus der Perspektive der interkulturellen Psychologie. In: Kalscheuer, B./Allolio-Näcke, L. (Hrsg.): Kulturelle Differenzen begreifen. Das Konzept der Transdifferenz aus interdisziplinärer Sicht. Frankfurt: Campus Verlag, S. 117-128.

Tajfel, H./Turner, J. C. (1986): The social identity theory of intergroup behavior. In: Wochel, S./Austin, W.G. (Eds.): Intergroup behaviour. Oxford: Blackwell, pp. 66-110.

Thomas, A. (2003): Psychologie interkulturellen Lernens. In: Thomas, A. (Hrsg.): Kulturvergleichende Psychologie. Göttingen: Hogrefe, S.433-486.

Thomas, A. (2005): Grundlagen der interkulturellen Psychologie. Nordhausen: Bautz Verlag.

Thomas, A. (2008) (Hrsg.): Psychologie des interkulturellen Dialogs. Göttingen: Vandenhoeck & Ruprecht.

Thomas, A./Kammhuber, S./Schroll-Machl, S. (Hrsg.) (²2007): Handbuch interkulturelle Kommunikation und Kooperation. Bd. 2 Länder, Kulturen und interkulturelle Berufstätigkeit. Göttingen: Vandenhoeck & Ruprecht.

Thomas, A./Kinast, E.-M./Schroll-Machl, S. (Hrsg.) (²2005): Handbuch interkulturelle Kommunikation und Kooperation. Bd. 1. Grundlagen und Praxisfelder.. Göttingen: Vandenhoeck & Ruprecht.

Thomas, A./Schenk, E./Heisel, W. (2008): Beruflich in China. Trainingsprogramm für Manager, Fach- und Führungskräfte. Göttingen: Vandenhoeck & Ruprecht.

Triandis, H. C./Vassiliou, V. (1972): A comparative analysis of subject culture. In: Triandis, H. C. et al. (Eds.): The analysis of subjective culture. New York: Wiley, pp. 299-335.

Weber, H./Rammsayer, T. (Hrsg.) (2005): Handbuch der Persönlichkeitspsychologie und Differentiellen Psychologie. Göttingen: Hogrefe Verlag.

Wicklund, R. A./Frey, D. (1993): Die Theorie der Selbstaufmerksamkeit. In: Frey, D./Irle, M. (Hrsg.): Theorien der Sozialpsychologie. Bd. 1: Kognitive Theorien. Bern: Huber Verlag, S. 155-174.

Angaben zu den Autoren

Prof. Dr. Cristina Allemann-Ghionda

Studium der deutschen, englischen und italienischen Philologie in Basel und Turin, Promotion. Habilitation in Erziehungswissenschaft/Vergleichende Erziehungswissenshaft, Westfälische Universität Münster. Lehrt vergleichende Erziehungswissenschaft am Institut für Vergleichende Bildungsforschung und Sozialwissenschaften der Universität zu Köln. Forschungsschwerpunkte: Mehrsprachigkeit und Bildung, Strukturelle Behandlung von Differenzen in Bildungssystemen, Theorien der Interkulturalität und Diversität, Interkulturelle Kompetenz, Zeitpolitiken in (Schul) Bildung und Betreuung, Reformen der Hochschulbildung. Mitglied des Center for Diversity Studies (cedis) der Universität zu Köln. Zu den aktuellen Veröffentlichungen gehört: „Migration, Identität, Sprache, und Bildungserfolg", 55. Beiheft der Zeitschrift für Pädagogik (2010), Hrsg. Von Allemann-Ghionda, C./Stanat, P./ Göbel, K./Röhner, C.

Kontakt: cristina.allemann-ghionda@uni-koeln.de

Prof. Dr. Jutta Berninghausen

Konrektorin für Internationales und Diversity an der Hochschule Bremen, Professorin für interkulturelles Management, Diversity und Kulturwissenschaften Südostasiens in der Fakultät Wirtschaft. Gutachterin, Dozentin und Trainerin in den Bereichen Interkulturelles Management, Diversity Management, Genderanalyse. Neun Jahre Entwicklungszusammenarbeit in Indonesien für ILO, UNDP und GTZ. Zu diesen Themen ist von ihr zuletzt erschienen: Berninghausen, J./Hecht- El Minshawi, B. (2009): Intercultural Competence. Managing Cultural Diversity. Bremen: Kellner.

Kontakt: Jutta.Berninghausen@hs-bremen.de

Prof. Dr. em. Wolf.-Dietrich Bukow

Geb. 1944, Studium der Evangelischen Theologie, Soziologie, Psychologie und Ethnologie in Bochum und Heidelberg. Promotion im Jahr 1974 in Soziologie an der Universität Heidelberg und Habilitation in Soziologie im Jahr 1989 an der Universität zu Köln. Emeritus am Institut für vergleichende Bildungsforschung und Sozialwissenschaften an der Universität zu Köln, Gründer der Forschungsstelle für Interkulturelle Studien (FiSt) sowie des Center for Diversity Studies (cedis). Forschungspreis der Reuter-Stiftung im Stiftungsverband der Deutschen Wissenschaft. Zu den aktuellsten Veröffentlichungen gehört: Bukow, W.-D./Heck, G./ Schulze, E. u.a. (Hrsg.) (2011): Neue Vielfalt in der urbanen Stadtgesellschaft. Wiesbaden: VS-Verlag.

Kontakt: wbukow@t-online.de

Prof. Dr. Dominic Busch

Juniorprofessor für interkulturelle Kommunikation an der Europa-Universität Viadrina Frankfurt (Oder). Dominic Busch leitet den an der Universität ansässigen Masterstudiengang Intercultural Communication Studies. Dominic Busch lehrt und forscht zu den Themenbereichen interkulturelle Mediation, interkulturelle Kommunikation in Grenzregionen, interkulturelle Trainingsforschung, Kulturverständnisse in medienvermittelter Kommunikation sowie diskursive Konstruktionsprozesse zum Umgang mit Interkulturalität. Jüngste Publikation: Busch, D. (2010): „Shopping in hospitality: Situational constructions of customer-vendor relationships among shopping tourists at a bazaar on the German-Polish border." In: Language and Intercultural Communication 10 (1), pp. 72-89.

Kontakt: busch@europa-uni.de

Dr. Kerstin Göbel

Vertretungsprofessur „Deutsch für Schülerinnen und Schüler mit Zuwanderungsgeschichte", Institut für Bildungsforschung, School of Education, Bergische Universität Wuppertal. Forschungsschwerpunkte: Akkulturationsprozesse, Interkulturelle Sensibilität und Mehrsprachigkeit in Schule und Unterricht.

Kontakt: kgoebeluni@wuppertal.de

Houda Hallal M.A.

Magistra Artium (Geschichte, Islamwissenschaft und Klassische Literaturwissenschaft). Wissenschaftliche Mitarbeiterin im Projekt EISBÄR (Entwicklung und Integration von Schlüsselkompetenzen des Berufsbildes von Ärztinnen und Ärzten) der Universität zu Köln, Teilprojekt: Migration, Kultur und Gesundheit- Interkulturelle Kompetenz in der medizinischen Lehre, geleitet von Prof. Dr. Cristina Allemann-Ghionda. In diesem Rahmen begleitet H. Hallal Medizinstudierende kurz vor dem praktischen Jahr, um sie auf die soziokulturelle Vielfalt in der medizinischen Praxis vorzubereiten. Arbeitet an einer Dissertation zum Thema „Migration, Kultur und Gesundheit - Interkulturelles Lernen in der medizinischen Hochschuldidaktik."

Kontakt: hhallal@uni-koeln.de

Dr. Béatrice Hecht-El Minshawi

Seit über 35 Jahren Expertin für interkulturelle Geschäftsbeziehungen und *Diversity*-Kompetenz. Als renommierte interkulturelle Trainerin und Autorin vielfältiger Publikationen und Fachbücher zu diversen Kulturräumen ist sie den Anforderungen des internationalen Marktes an Trends und Konzepten oft voraus. Sie studierte Sozialwissenschaften (Psychologie, Philosophie, Pädagogik, Soziologie) mit dem Schwerpunkt Interkulturelle Kompetenz und Internationalisierung. Nach langjährigen Auslandsaufenthalten als Fachkraft und spätere Führungsperson in internationalen Projekten in diversen asiatischen und arabischen Ländern war sie auch längere Zeit in Australien und den USA tätig.

Kontakt: B.Hecht@interkultur.info

Prof. Dr. Kira Kosnick

Professorin für Soziologie mit dem Schwerpunkt Kultur und Kommunikation, Goethe Universität Frankfurt am Main. Forschungsschwerpunkte: Transnationale Mobilität, migrantische Öffentlichkeiten, kulturelle Diversität und soziale Ungleichheit, urbane Kulturen. Zu ihren aktuellen Publikationen gehört: (2010): „Sexualität und Migrationsforschung: Das Unsichtbare, das Oxymoron und heteronormatives Othering" in Lutz, H./Herrera, M. T./ Supik, L. (Hrsg.), Fokus Intersektionalität, Wiesbaden: VS Verlag, S.145-163.

Kontakt: kosnick@em.uni-frankfurt.de

Prof. Dr. Jerome Krase

Emeritus and Murray Koppelman Professor at Brooklyn College of The City University of New York. He is a Public Scholar who consults with public and private agencies regarding inter-group relations and other urban community issues. He uses visual methods to study urban neighborhoods globally and develop curriculum for all educational levels. He has also written and lectured widely on urban life and culture. Recent publications include : „Kein Mix", „Good Morning America: Ein Land wacht auf". Special Issue of Kulturaustausch, 3, 2009, pp. 24-25 (http://www.ifa.de/en/pub/kulturaustausch/); „A Visual Approach to Multiculturalism", in: Prato, G. (ed.): Beyond Multiculturalism:Views from Anthropology. Farnhams: Ashgate Publishing 2009, pp. 21-38.

Kontakt:krase@brooklyn.cuny.edu

Dr. Annette Müller

Prof. Dr. phil., Universität Osnabrück, Institut für Erziehungswissenschaft, Lehrstuhl für Interkulturelle Pädagogik. Forschungsschwerpunkte: Sexuelle Sozialisation in der weiblichen Adoleszenz bei Heranwachsenden mit und ohne Migrationshintergrund; Prävention und Intervention bei Partnergewalt im Migrationskontext. Veröffentlicht wurde zuletzt: Müller, A. (2009) *Religiosität im Einwanderungskontext – Aufgezeigt am Beispiel der Virginitätsnorm.* In: Meder, N./Allemann-Ghionda, C./Uhlendorff, U./Mertens, G. (Hg.). Umwelten (Band III, Teilband 2). Erschienen in der Reihe: Mertens, G./Frost, U./Böhm, W./Ladenthin, V. (Hrsg.). Handbuch der Erziehungswissenschaft. Paderborn: Schöningh, S. 1075-1081.

Kontakt: annette.mueller@uni-osnabrueck.de

Dr. Gabriele Osthoff-Münnix

Studium der Philosophie, Mathematik und Pädagogik an der Universität Köln. Promotion in Philosophie an der Humboldt- Universität Berlin bei Oswald Schwemmer und Volker Gerhardt mit einer Arbeit zur Postmoderne. Lehrtätigkeit am Gymnasium sowie später als Dozentin für Philosophie an einem Institut für Lehrerfortbildung. Wechsel an die Universität Münster, heute Lehrtätigkeit am Philosophischen Institut der Universität Innsbruck. Arbeitsschwerpunkte derzeit: Interkulturelle Philosophie und ihre Didaktik, Ästhetik, Bildtheorien und angewandte Ethik, u.a. Medienethik.

Kontakt: gabriele@muennix.de

Dr. Paolo Ruspini

Holds a PhD (Milan) and is currently Senior researcher at the Faculty of Communication Sciences of the University of Lugano, Switzerland, as well as Associate Fellow at the Centre for Research in Ethnic Relations (CRER) of the University of Warwick, United Kingdom. A political scientist, he has been researching issues of international and European migration and integration since 1997. He applies a comparative approach to migration focusing on policy analyses and based on qualitative methods. He is an active member of the IMISCOE (International Migration, Integration and Social Cohesion) research network as well as a consultant for national and international organizations. He combines research activities with routine lectures in a number of universities and international institutions. Besides a significant number of papers which he contributed to international conferences, he is also the author of various publications on migration.

Kontakt: e-mail paolo.ruspini@usi.ch

Dr. Susanne Spindler

Professorin für Interkulturalität, Jugendarbeit und Sozialraum an der Hochschule Darmstadt. Arbeitsschwerpunkte: Rassismus, Migration und Jugend. Zu ihren aktuellen Veröffentlichungen zählt: Spindler, Susanne (2011): Wer hat Angst vor Mehmet? Medien, Politik und die Kriminalisierung von Migration. In: Hentges, G./Lösch, B. (Hrsg.): Die Vermessung der Sozialen Welt. Neoliberalismus – Extreme Rechte – Migration im Fokus der Debatte. Wiesbaden: VS-Verlag.

Kontakt: susanne.spindler@h-da.de

Prof. Dr. Alexander Thomas

Born in 1939. Master's degree in psychology, University of Münster, Germany, 1968; doctor's degree in psychology, University of Muenster, 1970; professor of sport psychology, Free University of West-Berlin, 1973 to 1979; professor of psychology (social psychology and applied psychology), University of Regensburg, 1979 until 2005 (now retired). Founding member of the IKO-Institute for Cooperation Management at the University of Regensburg. Main research areas: action psychology, cross-cultural psychology, psychology of intercultural action, organizational psychology. Among his recent publications: Thomas, A. (Hrsg.). (2003): Kulturvergleichende Psychologie. Göttingen: Hogrefe.

Kontakt: alexander.thomas@psychologie.uni-regensburg.de